なぜ弱さを見せあえる組織が強いのか

An Everyone Culture

Becoming a Deliberately Developmental Organization

すべての人が自己変革に取り組む
「発達指向型組織」をつくる

ロバート・キーガン
Robert Kegan
リサ・ラスコウ・レイヒー
Lisa Laskow Lahey
中土井僚 監訳
Ryo Nakadoi
池村千秋 訳
Chiaki Ikemura

英治出版

子や孫、甥や姪、その子どもたちへ
未来において、より多くの組織が
人々の潜在能力を開花させる場所になっていることを願って

An Everyone Culture
Becoming a Deliberately Developmental Organization
by
Robert Kegan and Lisa Laskow Lahey

Published by arrangement with Harvard Business Review Press, Watertown, Massachusetts
through Tuttle-Mori Agency, Inc., Tokyo

監訳者まえがき

「組織を変革する」「業界に革新を起こす」――このような言葉は、近年実に多くの企業で耳にするようになりました。変革や革新によって、これまで自社が生み出しえなかった価値や世の中に存在していなかった価値を創出し続けなければ生き残れないという危機感は、多くの経営者やビジネスリーダーの中に深く刻み込まれています。

その危機感は、組織に属するビジネスパーソンに対して、仕事のやり方を変革するように、つまり日々の業務を「劇的に進化させること」を求めています。かつては、「これまでのやり方を覚える」あるいは「創意工夫をして改善する」ような業務スキルで通用していましたが、もはやそれだけでは不十分であると認識されるようになっていると言えます。

一方で、「自分らしくありのままでいること」や「人間らしい生活」の大切さが、ここ一〇年くらいで強調されるようになりました。その背景には、変革や革新を求め続ける現代の私たちの生き方が自然の営みとはかけ離れたものになっていないか、そのために本来の自分がもつバランスが崩れてしまっているのではないかという苛立ちや、どこまでも、いつまでも変わることを強いられるかのような過酷なレースが続いていくことへの漠然とした不安があるのかもしれません。

二一世紀に入ってまもなく二〇年が過ぎようとしているいま、私たちはこうした「変わらざるをえない」外的なプレッシャーと、「人間らしく、自分らしく暮らしたい」という内的な衝動、この高まり続ける二つのエネルギーの圧力鍋の中で翻弄されながら生きているのかもしれません。

私は、エグゼクティブコーチングやセミナーを通じてビジネスリーダーのリーダーシップ開発に携わるとともに、ファシリテーターやプロセスコンサルタントとして組織開発に関する仕事に長年携わってまいりました。そんな中で、ある知人から「自分らしく生きるのはいいけれど、それでどうやって生活していけばいいのでしょうか？　仕事では新しい価値を生み出すための変化を求められますが、それは自分らしく生きることと矛盾してしまうのではないでしょうか？」と切なる疑問を投げかけられたことがあります。こうした漠然とした疑問を抱いている人は一人や二人ではなく、さまざまな場面で同じような問いを投げかけられてきました。

こうした厄介な二者択一かのように見えるこの命題は、実際には二者択一ではなく「乗り越えていくものである」という考え方がリーダーシップ開発の世界には存在しています。

人の心を動かし、多大な影響を与えてきたリーダーの多くには、有名無名を問わず、一つの共通点があります。それは、その人が自然体であり、かつ、その人が担うべき役割を果たしているということです。リーダーシップ開発の文脈では、高いパフォーマンスを発揮しているリーダーは、「本来の自己（Authentic Self）」と「役割の自己（Role Self）」が高い次元で統合されていると言われています。

リーダーが過度に自分をよく見せようとしたり弱さを隠そうとしたりして、その人らしさを見せずにいたら、いくら役割としてふさわしい行動を取っていたとしても、周りはそのリーダーの本音が見えず、疑心暗鬼に苛まれたり、顔色を窺ったりせざるをえなくなります。人はそうしたリーダーの言葉には心を動かされません。

一方で、そのリーダーが自然体で、その人らしさにあふれていたとしても、状況に適した言葉遣いや振る舞いをしていなかったり、言行が一致せず担うべき役割を果たしていなかったりしたら、大きな成果を生み出し続けることはできないか、場合によっては信頼を損なってしまうことになりかねません。

このように本来の自己（Authentic Self）と役割の自己（Role Self）の統合は、リーダーシップの発揮において決定的に重要と言えますが、先ほどの知人の疑問は、これがリーダーだけの課題ではないことを示唆しています。

つまり、この二つの自己の高い次元での統合が、リーダーポジションにある人たちに対してだけではなく、組織に属する全ての人に問われる時代になっているということが、外的なプレッシャーと内的な衝動の圧力鍋の正体なのではないか、と私は考えています。

企業にとっては、従業員のすべてが二つの自己を統合させて働けるような組織を築くことが、取り組むべき変革の本質なのではないでしょうか？

そうだとしたら、それを可能にする組織とはいったいどんな姿をしているのでしょうか？

その野心的な問いにハーバード大学の研究者たちが挑んだのが本書です。


著者たちは、大人の発達に関する領域を専門分野として研究を重ねてきています。それまでの研究では人間の知性の発達は肉体的な発達と同じように二〇代でほぼ止まると考えられていたのに対して、彼らの研究は大人になっても知性の発達は可能なのだということを示してきました。

彼らの前作『なぜ人と組織は変われないのか』（英治出版）では、大人の知性の発達とはどのようなものであるかに言及しつつ、人と組織が持つ「変革をはばむ免疫システム」に着目し、人が改善目標（コミットメント）に対して一貫した行動を取ることができない謎と、それを克服していくためのプロセスを紹介し、発達をいかに促すのかを明示していました。

本書では、そうした大人の発達を組織全体で可能にする運営を行っており、かつ好業績を上げている三社の事例をもとに「発達指向型組織（ＤＤＯ＝Deliberately Developmental Organization）」と著者たちが名づけた会社の実態とその可能性に迫っています。

取り上げられる企業は三社だけですが、業種も組織の雰囲気も大きく異なります。解雇ゼロを掲げる会社もあれば、社風に合わない社員の退職はやむを得ないと考える会社もあります。エリート主義的な会社もあれば、非エリート主義を誇る会社もあります。かなり大胆に見える取り組みも紹介されるため、「この会社だけが可能なのではないか」と驚く読者もいるかもしれません。

しかし三社に通底するのは、本質的かつ先進的な「発達指向」の考え方に基づいた文化を築いていることであり、それは人と組織のあり方の新たな可能性を示しています。

前作と本書に共通するのは、「発達」という概念を中心に据えていることです。本書ではとくに組織文化に焦点をあて、「発達」を全社的に、そして自律的に可能にしている組織とはどういうものか、という問いが主題となっています。

人材育成に取り組んでいる企業は星の数ほどあり、人材育成に対する施策もその原理や手法を紹介する書籍も山のように存在しています。

それにもかかわらず、著者たちが「発達指向型組織（ＤＤＯ）」という特殊用語を生み出してまで、その必要性と重要性を訴えている点が注目に値します。

仕事を覚えることも、仕事のやり方を創意工夫することも、それまでできなかったことができるようになる、効率が上がっている、品質が向上しているという意味では、変化であることには変わりありません。しかし、それでは元々その組織で存在していた価値を超越し、無から有を生み出すかのように何かを創造しているとは言えません。

著者たちは前作の中で、単なる知識や行動パターンのレパートリーを増やすだけでなく、ＯＳ

（オペレーティングシステム）の進化という本当の能力開発（成長）が必要だと述べています。

「私たちがこれまで組織の中で取り組んでいた『育成』という概念と取り組みが、単なるアプリケーションの追加にすぎなかったのだとしたら、OSの進化に値するものとはいったい何だろうか？」

「もし、変革や革新のために必要であったものがOSの進化であったが故に、変革や革新が成功してこなかったのだとしたら、自分はそのOSの進化に値するものをまったく知らないのかもしれない。それはいったいどんな姿をしており、どうすれば実現できるのだろうか？」

これらの問いを考えながら本書を読んでいただくと、より著者のメッセージが読み解きやすくなるのではないかと考えています。

そして、自分らしさを保ちながら変化しつづけるという、二つの自己を統合させる組織のあり方が浮かび上がってくるかもしれません。


「発達」を軸にした組織文化を築く道筋は、決して平坦ではないでしょう。しかし、その先には、「人と組織とは本質的にいったい何であるのか？　そして、私たちは何を可能にしうる存在なのか？」という、根源的で、大きな可能性が開かれる未来の問いへのヒントが映し出されていくことを信じてやみません。本書のメッセージは、事業環境が大きく変容し、働き方改革が急務となっている日本企業にとっても意義深い示唆を提供してくれるでしょう。

営利、非営利といった事業形態を問わず、トップポジションにある方、経営幹部、経営企画、人事といった組織運営に携わる方はもちろんのこと、キャリアカウンセラー、コーチ、組織開発ファシリテーター、戦略コンサルタントなど、人と組織の可能性の拡大にご関心のある方にぜひ本書をお勧めしたいと思います。

著者たちの長年の研究に基づく提言が、混迷の時代における人と組織の姿に関する新しい常識の礎となることを心より願っています。

二〇一七年七月一日

オーセンティックワークス株式会社　代表取締役　中土井　僚

第4章

グルーヴ――組織文化を築くための慣行と訓練

第7章 「ホーム」をつくる——DDOへの道を歩みはじめる

編集部注

・登場人物の肩書きは原書執筆当時のもの。

・理解を深める一助として、原書にはない改行、太字、傍点の処理を施した。

・『なぜ人と組織は変われないのか』（英治出版）の内容をもとに加筆修正された箇所について、読みやすくするために一部の表現の修正・改訂を加えた。

・未邦訳の書籍は、仮題のあとの括弧に原題を記載した。

序章

なぜ弱さを見せあえる組織が強いのか

実は、組織に属しているほとんどの人が、本来の仕事とは別の「もう一つの仕事」に精を出している。お金ももらえないのに、その仕事はいたるところで発生している。大企業でも中小企業でも、役所でも学校でも病院でも、営利企業でも非営利団体でも、そして世界中のどの国でも、大半の人が「自分の弱さを隠す」ことに時間とエネルギーを費やしている。まわりの人から見える自分の印象を操作し、なるべく優秀に見せようとする。駆け引きをし、欠点を隠し、不安を隠し、限界を隠す。自分を隠すことにいそしんでいるのだ。

思うに、組織でこれほど無駄を生んでいる要素はほかにない。もっと価値あることにエネルギーを費やすべきではないのか？　この無駄が生み出す弊害ははっきりしている。組織とそこで働く人たちが潜在能力を十分に発揮できなくなってしまう、ということだ。その損失はあまりに大きい。

本書で紹介する組織は、「人材開発」のまったく新しいモデルがもつ可能性の大きさを実証している。発達心理学の専門家である私たちが知るかぎり、組織がメンバーの能力を開花させる方法として、これほど強力なものはほかにない。

具体的に、どのような成果があるのか？　実例を通じて見えてくるのは、以下のような恩恵だ。

● 収益性の向上、退職率の低下、昇進の加速化、より率直なコミュニケーションの実現、業務設計と戦略設計におけるミス検出率の改善、より効果の高い権限委譲、責任感の強化。

● コストの削減、社内政治や部門間対立の緩和、社員の意欲減退やサボりの解消。

● 一見すると解決不可能に見える問題の解決（たとえば、次のような問題だ。どうやって、縄張り意識の強いリーダーたちをまとめ上げ、大きな成果を上げられる真のリーダーチームに変身させるか？　どうやって、社内で誰も経験のない危機を先回りして予測し、それを乗り切るか？　どうやって、誰も経験のない未来の可能性を切り開き、それをものにするか？）。

ひとことで言えば、本書は、組織と個人の両方の潜在能力を開花させる方法を示すことを目的にしている。組織と個人が貢献し合うための、言い換えれば両者が互いの成功を後押しする力を飛躍的に高めるための新しいモデルを紹介したい。

現代社会にありふれた組織、つまり、自分の弱さを隠すという「もう一つの仕事」に誰もが明け暮れている組織の状況を考えてみてほしい。経営者は、そのような仕事しかしていない人にフルタイムの給料を支払っている。しかも、弱点を隠している人は、その弱点を克服するチャンスも狭まる。その結果、組織は、その人の弱点が日々生み出すコストも負担し続けることになる。

社員の側から見た場合、日々の現場で偽りの自分を見せるという、いわば二重生活を送ることには、どのような弊害があるのか？　確かに、人間は自分を守るようにつくられている。しかし、心理面で成長し、進化し、発達するようにつくられていることもまた事実だ。研究によると、人が仕事で燃え尽き状態に陥る最大の原因は、仕事の負担が重すぎることではない。その要因とは、成長を感じられずに長く働き続けることだ。だから、弱点の克服に取り組もうとせず、弱点を隠そうとする結果、みずからの人としての成長をはばんだり、その足を引っ張ったりすることの弊害は、あまりに大きい。

VUCAという略語でしばしば表現される、不安定さ（Volatility）、不確実さ（Uncertainty）、複雑さ（Complexity）、曖昧さ（Ambiguity）が強まる世界では、ビジネスを取り巻く試練もチャンスも増える。このような環境では当然、組織全体と社員の一人ひとりに要求されるものが多くなる。問題は、これまで当たり前とされてきた組織デザインでは、そのニーズに応えられなくなっていることだ。

ところで私たち執筆チームは、どのようにして、組織に属している多くの人が「もう一つの仕事」をしているという結論にいたったのか？　その種の組織を注意深く観察したわけではない。ありふれた組織をいくら丹念に観察しても、ありふれたことしか見えてこない。「もう一つの仕事」など誰もしていない組織を丹念に観察してはじめて、ありふれたことが実は「普通」でないのだとわかる。本書で紹介する組織は、組織のタイプこそまちまちだが、ある際立った共通点がある。人々の能力をはぐくむのに最も適した環境をもっているのだ。そうした環境は、みんなが自分の弱さをさらけ出せる、安全であると同時に要求の厳しい組織文化によって生み出される。本書では、このような組織を「発達指向型組織（DDO＝Deliberately Developmental Organization）」、略して「DDO」と呼ぶことにしたい。

全員が成長する文化をつくる

本書の著者であるキーガンとレイヒーは、研究者人生を通して、大人の発達に関する理論の研究と普及に打ち込んできた。これは、人の世界認識のシステムと心理的能力が、年齢を重ねるにつれて段階的に進化していくプロセスを描き出す理論だ。人材開発に携わる人たちの間では、個人に対する専門的な支援の方法は昔から確立していた。しかし、その原則と手法を組織全体に適応する可能性には、ほとんど目が向けられてこなかった。

本書で光を当てる三つのＤＤＯを調査しはじめると、驚かされたことが三つあった。第一に、三つの組織はいずれも、発達理論で推奨されるとおりのことを実践していた。しかも、それをきわめて独創的で効果的な方法でおこなっていた。発達理論を意識的に研究していた組織は一つだけだったが、どの組織も、人の成長を加速させる方法を直感的・実践的に見抜いていたようだ。

第二に、これらの組織はそれを大がかりに実践し、現場スタッフからマネジャーやリーダーにいたるまで、すべての人に成長の機会を提供していた。本書では、三つの風変わりな組織の実例を記すだけでなく、発達理論についても紹介する。理論を知ることで、三つの組織の文化がメンバーにどのように影響を及ぼしているかという理解が深まるだろう。また、理論がわかれば、表面的な活動だけでなく、その活動がどのような機能を果たしているかも見えてくる。人が能力を開花させるためには、その妨げになっている固定観念と自己防衛反応を白日の下に引っ張り出し、それと向き合い、最終的にはそれを乗り越えなくてはならない。三つの組織でそれがどのように実現しているかを知ってほしい。

このような理論と実例の記述は、ＤＤＯを築いたり、そのような組織で働いたりしたい人にとって有益な手引きになるだろう。実例だけ紹介されてコピーしようとするより、よほど効果がある。ひょっとすると、まだどの組織でも実践されていない新しい方法を考案できるかもしれない。

第三に、三つの組織はすべて、組織と個人が意識的・継続的に成長することを——そして、組織と個人が互いの成長を支援し合うことを——最重要課題に位置づける文化を築いている。しかも、すべての人が毎日、その活動を最も優先させて取り組んでいる。このような組織文化は、人材開発と企業戦略の設計においてきわめて画期的なものだ。

これからの時代にふさわしい発達の方法論

本書はある面で、「職場で人を成長させる最も強力な方法は？」という問いに対する二一世紀的な回答を示した本と言えるだろう。幹部向けのエグゼクティブ・コーチング、有望人材の育成プログラム、メンタリング、企業内大学、職場を離れて実施するオフサイト研修や合宿研修、リーダーシップ開発などは、それぞれ異なる取り組みに見えるかもしれないが、ある共通する有害な特徴をもっている。その点で、これらの施策はすべて、能力開発に関する二〇世紀的なアプローチと位置づけられる。

その有害な共通点とはなにか？　第一は、継続的ではなく、ときおり期間限定で提供されること。これでは頻度も強度も不十分だ。人を真に成長させることの難しさを考えれば、あまりに弱々しいはたらきかけと言わざるをえない。

第二は、「特別」なものであることだ。日常の仕事とは切り離された活動になっているのだ。そのため、学習成果の移転とコストの両面で難しい問題が生じる。仕事と離れた場で強力な学習が後押しされたとしても、そこで学んだことを、以前と変わらない職場で実践するのは至難の業だ。それに、研修そのものにかかる費用と、研修中に社員が業務を離れることのコストを両方負担し続けるのも容易でない。

第三は、対象がメンバーのごく一部に限られること。たいてい、五〜一〇%程度の「高い潜在能力の持ち主」とみなされた社員しか参加しない（ということは、ほかの九〇〜九五%の人の能力を否定するに等しい）。

第四は、これが最も重大な問題なのだが、開発の対象が組織ではなく個人に限られる点だ。二〇世紀型の人材育成法では、組織がメンバーの能力を大きく高めたければ、組織外の新しい要素を「付け足し」て与えるべきだと考えられている。コーチやメンターを雇ったり、研修プログラムや講習会を実施したりする。これでは、組織自体はまったく変わらない。言ってみれば、ガソリンの性能は強化されても、エンジン自体は同じままなのだ。

では、こうした問題をもつ二〇世紀的なアプローチの代わりに、どのようなアプローチを採用すべきなのか？　人々の能力をはぐくむことを大切に考えるなら、日々の仕事のなかで成長を目指す活動に、メンバー全員がどっぷり浸かれるような組織文化を設計しよう。

そして、組織から切り離された特別なプログラムを実施するのではなく、組織そのものを能力開発の場にしよう。また、個人の発達を組織の大目標と位置づけよう。つまり、組織文化がほかのビジネス上の目標（収益性や品質など）を後押ししているかだけでなく、文化が人々の成長を――メンバーがみずからの限界と死角を克服し、複雑さを増す仕事に対する習熟度を高めることを――後押しできているかを問い、それを目指そう。そうした成長の支援は、はっきり目に見える形で、日々の業務を通じてつねに継続的に実践されなくてはならない。

さらに、安心感をもてる環境をつくり、人々が自分の弱さを見せることを許し、それを促そう。それにより、同僚同士が弱点の克服を支援し合うようにすることが目的だ。そしてもう一つ、メンバーのエネルギーすべてが組織のミッションの達成に注がれるようにしよう。

以上のようなアプローチを実行する組織は、組織文化を通じて人々の成長を支援する「培養器《インキュベーター》」ないしは「加速器《アクセラレーター》」の役割を果たせる。それが本書で言う「発達指向型組織（ＤＤＯ）」である。

このような組織では、個人を優先させるか、組織を優先させるかという二者択一は迫られない。また、コーチングやリーダーシップ研修の類いがなくなるわけでもなく、これらの取り組みは、もっと個人の発達を重んじる組織文化にしっかり根ざしたものになるだろう。ＤＤＯでは、個人の発達は「付け足し」ではない。発達指向の考え方が、組織のガソリンとエンジンの両方に浸透しているのだ。

戦略に文化からアプローチする

本書で紹介するＤＤＯのリーダーたちが目指していることは、きわめてはっきりしている。ビジネスを成長させ、同時に社員も成長させるために、組織文化を充実させようとしているのだ。その取り組みを、日々精力的におこなっている。彼らはビジネスの成長と社員の成長を別個の目標や使命と考えず、一体のものとみなしている。ＤＤＯでは、この二つはトレードオフの関係にはない。両立させることにより相乗効果を生み出せる関係にある。これらの企業は、ビジネスを成功させるための画期的なアプローチを教えてくれていると、私たちは思っている。

本書では、ＤＤＯがメンバーの成長をどのように促しているかだけでなく、最も手ごわい試練と向き合い、最も有望なチャンスを生かすための独創的な手段をどのようにつくり出しているかも見ていく。本書で取り上げる企業の一つは、社員の退職率が年平均四〇％の業界にあって、その数字を毎年一桁に抑えることに成功している。もう一社は、目を見張るスピードで新しい業種への進出を成し遂げた。もう一社は、二〇〇八年の金融危機を予測し、うまく乗り切った業界唯一の会社である可能性がある。

ＶＵＣＡ時代の企業は、「技術的な課題」だけでなく、「適応を要する課題」にもしばしば直面する。技術的な課題は、かならずしも簡単とは限らないが、これまでのマインドセットと組織デザインを改良することで対処できる。一方、適応を要する課題は、個人や組織がそれまでの自己を超越しなければ対処できない。ＤＤＯは、そうした適応を要する課題に対処するための最良のアプローチなのではないかと、私たちは考えている。

本書では、ひとことで言うと、「経営戦略としての組織文化」とはどういうものかを明らかにしていきたい。

本書の読み方

あなたが本書の読み方を考える際の参考として、各章の概略を記しておこう。

第1章では、あなたをいきなりＤＤＯの現場に放り込む。三つの組織を案内するので、四方八方に目を向けて、できるだけ多くの刺激を吸収してほしい。包括的もしくは体系的になにかを論じることは目的にしていない。あなたに斬新さを実感してもらうことが狙いだ。『オズの魔法使い』で、竜巻に運ばれて魔法の国にやって来た主人公のドロシーは、愛犬のトトに言う――「トト、ここは（地元の）カンザスじゃなさそうね」。このときのドロシーと同じ感覚を味わってほしい。

第2章と第3章では、DDOを俯瞰し、理論的な土台と各組織の共通要素を見ていく。第2章では、「Deliberately Developmental Organization」のDevelopmental（＝発達）という言葉の意味を掘り下げる。第3章では、「成長への意欲」「実践される慣行《プラクティス》」「コミュニティ意識」という三つのカテゴリーにわけて、DDOに共通する一二の特徴を挙げる。

もしあなたが「部分から全体へ」という順序でものを学ぶことを好むタイプなら――要するに、一般的・概念的に学ぶ前に雰囲気と手触りを知りたいのなら――第1章から第3章まで順番に読み進める帰納的なアプローチを気に入るだろう。しかし、具体的な実例を検討する前に全体像を知りたい「全体から部分へ」派の人は、もっと演繹的なアプローチを好むかもしれない。そういう人は、第2章と第3章を先に読んでから第1章に戻ってもいい。

第4章では、本書で取り上げる企業が発達指向の文化を支えるために、どのような手法を確立しているかを詳しく論じる。第2章で発達理論を学んだあとのほうが深く理解できるだろうが、DDOの現場でなにが実践されているかを知りたいという欲求が強い人は、第1章のあと、いきなり第4章、第5章に進んでもいい。

第5章では、DDOの狭い意味でのビジネス上の価値に光を当てる。あなたは、こう思っているかもしれない。「そういう組織で働くのは、社員にとってさぞ素晴らしい経験でしょう。でも、そんなやり方で営利企業を経営できるのですか?」。この章では、三つの企業が個人の成長を重んじているにもかかわらず成功しているのか、それともそれゆえに成功しているのかを論じる。

第6章では、あなた自身の能力の限界――それは裏を返せば、新たな成長が実現する最前線でもある――を実際に経験してもらう。DDOで後押しされる個人レベルの学習がどのようなものかを肌で感じてほしい（第4章を読んだあと、自分がどのような死角をもっているか、自分がＤＤＯに加わったとしてどのような居心地悪さを感じるかが気になった人は、第5章を飛ばしてこの第6章に進み、そのあとで第5章に戻ってもいい）。

第1章から第6章まで読んだうえで、自分の職場（チームや部署、あるいは組織全体）をＤＤＯに近づけたいと思ってもらえたとすれば、最後の第7章が役に立つだろう。ここでは、私たちの観察結果に基づいて、組織がその一歩を踏み出すための方法論を論じる。

新しい「所得」の重要性が高まる

今日は前例のない時代だ。ＶＵＣＡという地殻変動と並行して、人々が日々の仕事に対してなにを求めるかという点でも目を見張る変化が起きている。「経済人」向けの報酬、すなわち、物質的な自己を満足させ、自分の外側にある社会的地位を高めるような報酬だけで満足した時代は、過去のものになった。それは、旧来の「所得」（給料、医療保険、週労働時間の短縮など）だけで働き手が納得していた時代だった。

それに対し、近年は新しいタイプの「所得」を欲する働き手が増えている。個人としての満足感、充実感、幸福感といったもののことだ。この種の報酬は、非物質的な自己を満足させ、内面の充足感を高めるという意味で、「心理人」のための所得と呼ぶことができる。もちろん、給料やボーナス、さまざまな手当などの重要性は失われないが、それだけでは満足できない人が増えているのだ。こうした「新しい所得」の重要性が高まっている結果、仕事と報酬の関係に、一九世紀に労働運動が登場して以来最大の変化が訪れつつあるのかもしれない。最近は、世界の多くの国と国連までもが、GNH（国民総幸福量）などの新しい開発指標を模索しはじめている。これは、従来のGNP（国民総生産）やGDP（国内総生産）とはまったく性格が異なるものだ。こうした動きは、「新しい所得」がいかに大きな意味をもっているかを浮き彫りにするものと言えるだろう。

しかし、幸福とはそもそもなんなのか？　いまポジティブ心理学の隆盛を背景に、幸福をある種の「状態」と位置づける考え方が広まっている。喜びを感じられる状態、苦痛や退屈を感じない状態、そして前向きな感情やレジリエンスを通じて、ものごとへの関わりとやり甲斐を感じられる状態が幸福だ、という考え方である。一般によく称賛される「いい職場」でやり取りされる「新しい所得」は、たいていこのようなタイプの幸福感だ。具体的には、フレックスタイムの勤務体系、職場のビリヤード台とダーツボード、二四時間体制でシェフがおいしく栄養のある食事を用意するカフェテリア、有識者を招いた講演会、昼寝スペース、無制限に取得できる休暇などが提供される。

しかし、幸福には別の定義がある。それは、**人間が可能性を開花させる「プロセス」を幸福とみなす**考え方で、古代ギリシャの哲学者アリストテレスが提唱した「エウダイモニア（＝幸福）」の概念に起源をもつ。この種の幸福も、やり甲斐と関わりの要素をともなうが、その感覚は、自己の成長と開花を経験すること、あるべき自分の姿に近づくこと、より自分らしく世界と関わることによる充実感との関係で得られるものだ。

新しい命を産み落とすときに陣痛を経験するように、人が成長し、自分の限界を知って克服するプロセスにも痛みがついて回る場合がある。「ポジティブ」な感情をもてる状態を幸福とみなすのではなく、成長のプロセスを幸福と考えるとすれば当然、幸福を経験するためには、喪失や痛みや苦しみを遠ざけるのではなく、それを味わわなくてはならない。

このようなタイプの幸福のあり方は、喜びと刺激、そして苦痛の回避がことさらに重んじられる時代には、あまり人気を得られないかもしれない。しかし、実際に経験すれば、それがこの上なく大きな価値をもつ「所得」だとわかるだろう。その点は、本書で紹介するＤＤＯのメンバーたちが語っているとおりだ。そのとき、人はどんなに厳しい状況にあっても、自分の意識と存在をより明確に認識することにより、未開拓の新しい世界で喜びを味わい、生き生きとした自分を感じられるのだ。

ＤＤＯは、人間の発達を意識的に後押しすることを通じて、この種の「所得」を提供する。ＤＤＯの文化では、全員がそのプロセスに参加する。それも、すべてのメンバーがみずからの可能性を開花させるだけではない。全員がほかのメンバーの開花を見守り、支援し、ときにはそれを促す。非生産的な行動パターンや弱点と向き合うことは、不愉快だったり不安だったりする場合も多い。それでも、興奮と熱気、そして自分と同僚たちと組織全体が成長する感覚を、みんなで共有できる。

仕事のあり方を大きく見直そうとするとき、「状態」か「プロセス」、いずれか一つの幸福の定義を前提にした取り組みしか実行しないと決めるのは性急すぎる。可能性の開花（「プロセス」）を指向する職場と、快適さ（「状態」）を指向する職場の両方を模索すべきだ。この二種類の職場が一体化する日がいつか訪れるのかはわからないが、両者は互いに支え合い、互いに関心をいだき、応援する関係でなくてはならない。二種類の職場は、新しい「所得」が労働の対価となる潮流を導く両輪を成すべきなのだ。

快適さを目的とした職場を求める声は、すでに高まりはじめている。しかし、幸福を一つの家にたとえるなら、そうした主張は幸福の家の半分しか見ていない。本書では、残る半分の領域へ、可能性の開花を目的とする職場へ、みなさんをご案内したい。

第1章 ようこそ、「発達指向型組織」へ

弱さの重要性に気づいた人は、それとどう向き合うのか？　私には関係ないと言ったり、弱さを認めるような人とは付き合いたくないと言ったりする人もいる……でも、弱さは、恥や恐れや自己肯定感の乏しさの基である反面、喜びと創造性、帰属意識、愛情の根源にもなるように思える。

——ブレネー・ブラウン（ヒューストン大学）

本章では、三つの発達指向型組織（ＤＤＯ）の内側に読者を案内したい。その会社を「ホーム（＝わが家）」と呼ぶ人たちも紹介する。リーダーも登場するし、採用されたばかりの新人や経験豊富なベテラン社員も登場する（あとの章でもまた登場する人たちもいる）。それぞれの企業の全容を紹介することは目指していない。ＤＤＯについての概論を記すこともしない。本章の狙いは、それぞれの組織に短期間でも身を置くことの擬似体験を読者にしてもらうことだ。これらの企業の職場に行ったら実際に目にするものと、同じものをお見せしたい。

しかしその前に、いくつか述べておきたいことがある。あなたは、ヒューストン大学のブレネー・ブラウンの表現を借りれば、自分が弱さを感じた経験を価値あるものと認めて、それにまっすぐ

向き合うような珍しい人物だろうか？[1]　もしそうなら、本章を読み進める際に注意すべき点は、三社の取り組みについて早合点したり、無批判に賛同したりしないようにすることだけだ。

一方、ほとんどの人がそうであるように、とくに仕事の場で自分の弱さを意識したり、恥を感じたり、自分に価値がないと思ったりすることへの抵抗感が強い人は、読みはじめてすぐに警戒心が頭をもたげてくるかもしれない。あなたが組織のリーダーで、弱さをさらけ出すことなど許されないと思っていれば、とりわけその傾向が強いだろう（「みんなが私を頼りにしているんだ。仕事を片づけるために、私を必要としている人たちがいる」と考えるような人がそうなりやすい）。いずれにせよ、人は意図して警戒心をいだくわけではない。警戒心は、自動的に湧き上がるものだ。そして、神経科学の見地からすれば、警戒心をいだいた人は自動的に防御反応を示す。

あなたは、警戒心をいだくと、「逃走《フライト》」により自分を守ろうとするかもしれない。たとえば、本を閉じてほかのことを始めてしまう人もいるだろう。しかし、もっとありがちな逃走のパターンは、本を読み続けながらも、書かれていることと自分の間に距離を取るという反応だ。具体的には、ここに目新しいことは書かれていない、と判断すべき理由を探しはじめるかもしれない。「こんなことはもう実践済みだ」「どこかで聞いたような話ばかりだ」という具合だ。あるいは、こんなふうに考えるかもしれない。「こうした働き方はきわめて特殊だ。ほかの場ではうまくいかない。大半の人や組織には役に立たないから、深く考えても意味がない」

一方、逃走ではなく「闘争《ファイト》」により自分を守ろうとする人もいるだろう。とっさに攻撃を始めるのだ。無意識のうちに、目の前にあらわれてくるものを叩き壊そうと、あらゆることをする。「この人たちは頭がおかしい」「あまりに極端だ」などと思うかもしれない。あるいは、「Aすぎる」「Bに関する私の信条やCについての私の価値観に反する」と考えるかもしれない。

以上のような反応を示すこと自体は問題ない。本章を読むなかであなたの頭に湧き上がる考えの多くは、注意深く検討する価値がある。その点については、あとの章で考察する機会を設けている。重要なのは、この種の思考が自動的に浮上するとき、自分がそれを意識していないことをよく理解しておくことだ。あなたは、その思考を「所有」していない。むしろ、その思考に「所有」されている。思考があなたを支配しているのだ。

ここでは、あとの章で掘り下げて検討できるように、そのような自動的な反応を記録しておこう。また、本章で誘《いざな》う世界を探索するとき、「逃走」や「闘争」のような反応だけに終始することも避けてほしい。

ある意味では、自分がこれらの反応を示していることに気づくのは素晴らしい。DDOで働く誰もが真っ先に取り組まなくてはならない課題に、早くも着手したことになるからだ。その課題とは、自分の精神の作用に責任をもつこと。「今ここ」に集中し、職場で機能し続けるために、それが必要なのだ。

もう一つ述べておきたい。本書で取り上げる三つの会社は、互いにまったく似ていない。まず、業種が違う。デキュリオン・コーポレーションはエンターテインメントと不動産、ネクスト・ジャンプはECサイトの運営、ブリッジウォーター・アソシエーツは金融の会社だ。会社の雰囲気も違う。ブリッジウォーターが営利企業と海軍特殊部隊を掛け合わせたような組織なのに対し、デキュリオンは営利企業に東洋と西洋の叡智を注入したような組織と言えるかもしれない。ネクスト・ジャンプは、「無解雇」の方針を掲げ、どんなときも社員の味方になることをはっきり約束している（「子どもを家族からクビにしないのと同じこと」と、同社のリーダー、チャーリー・キムはよく言っている）。一方、ブリッジウォーターは同じくらい明確に、「私たちが目指すのは、人を育てることであって、癒やすことではない。辞めてもらうしかない人もいる」と言っている。ブリッジウォーターはさまざまなものごとを「機械《マシン》」によくなぞらえるが、これはデキュリオンではけっして聞かれない表現だ。ネクスト・ジャンプは非エリート主義を誇りにしているが（二人のトップリーダーは、子どもの頃、家庭や学校の「スター」ではなかったと言っている）、ブリッジウォーターのリーダーたちは、万に一つの企業になるためには万に一人の人材を雇うべきだと考えている。

要するに、DDOにはさまざまなタイプの組織があるのだ。しかし、雰囲気はまちまちで、現在の文化を築くまでの道のりも違い、哲学と行動パターンの形成過程も違うかもしれないが、これらの組織には目を見張る共通点がある。DDOになるための正しい道が一つに決まっているわけではなく、採用すべきプログラムや施策、評価報奨制度、福利厚生制度などの「正解」があるわけでもないが、すべてのDDOの土台には共通する前提があるのだ。これらの組織はみな、大人になっても人が成長できること、大人の成長には大きな価値があることを信じている。そして、個人が仕事を通じて成長するための仕組みや、人々がフィードバックとコーチングのやり取りを通じて最大限の恩恵を享受するための仕組み、個人の成長とビジネスの成長を一体化させるための仕組みについて、共通の認識をいだいている。

DDOは、メンバーが会社の利益に貢献するために、みずからの限界を克服することを支援し、事業を継続させてメンバーの成長を助けるために利益を追求する（なお、ここでお断りしておきたい。三つの企業は、私たちのコンサルティング活動の顧客ではない。あくまでも研究の調査対象として関わってきた。これらの企業にコンサルティングサービスを提供する関係にはない）。

最後に、本章で三つのDDOについて知る過程で、あなたはもしかすると、いやおそらくぜったいに、みずからの反応を通じて自分自身のいくつかの側面を知ることになるだろう。これもDDO

の精神どおりだ。デキュリオンのブライアン・ウンガードCOOは言う。「ここでは、傍観者を決め込むことはできない。会社に加わった瞬間に、誰もがプレーヤーになる。みなさん、ようこそ！」

ネクスト・ジャンプ――失敗が成長を加速する

何事も「上達」するためには、とりあえずやってみることに勝る方法はない。へたくそでもいい。スタートを切ること。挑戦して失敗しよう！　私たちがものごとに上達することが得意なのは、失敗することがとても得意だからだ。

――チャーリー・キム（ネクスト・ジャンプCEO）

土曜日、早朝のニューヨーク。大会議室を二〇代の若者たちが埋めていた。ほとんどは、もうすぐ卒業する大学生。マサチューセッツ工科大学（MIT）、カーネギー・メロン大学、ジョージア工科大学などの名門大学でエンジニアリングあるいは経営学を専攻した人たちだ。若者たちは不安を打ち消そうとするかのように、騒々しくおしゃべりをしている。前の晩に飛行機でニューヨークに連れてこられて、スーツで身なりを整え、面接とプレゼン、そしてチームでの課題挑戦により、みずからの思考力を披露する一日を待っているのだ。

今日は、電子商取引企業ネクスト・ジャンプの「スーパー・サタデー」だ。同社は年二回の土曜日に、新規採用候補者の面接、試験、選抜をおこなう。共同創業者兼シニア・ヴァイスプレジデントのグレッグ・クンケルが大勢の若者をかきわけて大会議室の正面に進み出て、歓迎の挨拶を始める。一〇〇〇人の応募者が大学のキャンパスでふるいにかけられ、四四人が合格して今日の面接にやってきたと、クンケルは説明する。このあとは、独特の採用プロセスが待っている。それを通じて、ネクスト・ジャンプの企業文化を体感してもらいたい、とのことだ。

「今日は、ネクスト・ジャンプのことと同じくらい、自分のことも知るでしょう」と、クンケルは言う。「九時間のブラインドデートだと思ってください。九時間あれば、人間の本質が見えてくるようになります」。若者たちは神経質な笑みを浮かべ、互いをちらちら見ている。クンケルは続ける。「長い一日になります。すべて終わる頃には、疲れ切っているかもしれない。でも、忘れないで。本当の自分を偽り、隠そうとすれば、ありのままの自分でいるより二倍のエネルギーを要するのです」

このあと、クンケルはソフトウェアエンジニアのナヤン・ブサを紹介し、ネクスト・ジャンプでの経験を披露させる。

「二〇一〇年からここに勤めています」と、ブサは会議室を埋めた若者たちに静かに語りかける。「最初は自信がありませんでした。不安だったのです。同僚の目に自分がどう見えているのかと考えると、怖くて仕方なかった。この感情を乗り越えるのは、簡単ではありませんでした。多くの訓練が必要でした。考えてみると、私は人生のあらゆることに自信がなかった。家にどの家具を買おうとか、どのレストランに入ろうといったことも、すぐに決められなかったのです」。そこで、仕事を通じて自信をはぐくもうとしてきたという。「同僚の前で自分の成長をテーマにスピーチするという形で、訓練をしてきました。いまみなさんの前で話しているのも一つの訓練です。社員が成長しはじめると、売上とビジネス全般にも好ましい影響が及びます。私はもっと自分を改善しなくてはなりません」

若者たちは、ブサの言葉の調子と内容から、ネクスト・ジャンプがほかの就職先候補の会社とまるで違うことをはっきり理解できた。「成長を目指すことには理由があります」と、ブサは言う。「私たちの目標は、世界で十指に入るテクノロジー企業を築くことです。そして、職場の文化を変えることを通じて、世界を変えたいと思っています」

ネクスト・ジャンプは、多くの企業の従業員を対象とする商品割引販売サイト「パークス・アットワーク」を通じて年間何十億ドルもの売上を上げている。このサイトは、大企業四〇〇〇社（フォーチュン誌一〇〇〇社のうちの七〇〇社も含まれている）と中小企業一〇万社以上の七〇〇〇万人を超す従業員と、三万社の販売業者を結ぶ巨大市場だ。大勢が買い物をする「規模の経済」を生かし、値引きなどの特典を購入者に提供している。

ブサの役割は、「パークス・アットワーク」のEC市場を運営すること。大きな責任をともなう仕事だ。ブサのように若く（このとき二八歳）、比較的経験の乏しい人物がそうした役職に就くのは異例だと、自分でもよくわかっている。「二〇〇九年にコーネル大学で修士課程を終えました。友達の多くは、アマゾン、グーグル、ブルームバーグといった会社に就職しました。そして、いまも五年前と同じ仕事をしています。相変わらずプログラミングに格闘しているのです。もちろん、担当するプロジェクトの規模は大きくなったでしょう。部下が一人か二人いるかもしれない。でも、なんらかの形で会社を動かしていると言える人は一人もいない。その点、チャーリー（ネクスト・ジャンプの創業者でCEOのチャーリー・キム）は私たちを頼りにし、会社の戦略を考えるよう求めます。取締役の会議にも出席しましたが、『えっ！　取締役たちが戦略を話し合う会議に、ぼくみたいな若造のエンジニアを座らせる会社がほかにどこにある？』とびっくりでしたよ」

本書で紹介するほかの二つのDDOと同じく、ネクスト・ジャンプは、社員に現状では成功できないような難しい役割を与える。そのうえで、絶えずフィードバックをおこない、新しい役割にふさわしく成長するよう促す。これらの会社では、ある人物がいまの役割を完璧にこなせるようになれば、もはやその役割はその人にふさわしくないと考えられる。それ以上、「背伸び」する余地が残されていないからだ。以前、ネクスト・ジャンプで社員の互選によって選ばれるリーダーチーム「MV21」が合宿研修をしたとき、メンバーの一人であるブサは、みんなの前で長くたどたどしいスピーチをした。ほかのメンバーからのフィードバックは、ストーリーテリングとプレゼンのスキルを磨くべきだ、という内容だった。それ以来、ブサはそのスキルを磨く機会を逃さず、頻繁に大勢の社員の前で話をするようにしてきた。その都度、聴衆のフィードバックを求め、そこから学ぼうとしている。

この日のスーパー・サタデーも例外ではない。四四人の採用候補者を前にスピーチを終えたあと、若者たちが最初の面接のために書類に記入している間、ブサは長く詳細なフィードバックを受ける。CEOのキムがこう述べる。「怒りの感情が伝わってきた。自分のことばかり考えすぎだ。もっと聞き手のことを考えたほうがいい」。別の一人は、ある題材に言及し忘れたことを指摘する。

ブサは冷静に相槌を打ちながら聞き、最後に協力へのお礼を言う。ネクスト・ジャンプでは、厳しいフィードバックを受けたとき、このような態度を取るのが当たり前なのだ。ブサは、こうした訓練とフィードバックを学習の機会と位置づけている。「要するに、失敗を経験するための投資です」と、私たちは説明された。「失敗を経験するための投資」は、同社で模範的な行動とされている。元々は、パフォーマンス・コーチのジョッシュ・ウェイッキンの言葉だ。ウェイッキンによれば、人がリスクを取り、失敗を味わったとき、学習の環境が生まれ、柔軟性が高まる。その意味では、高い水準を追求する過程で失敗して学習することに比べれば、勝利を収めることの価値は小さい。[2]

ブサは、最初からこのような考え方をしていたわけではない。ネクスト・ジャンプで働きはじめた頃は、自己改善とフィードバックによる相互サポートなどの活動は、うわべだけだと思っていた。しかし、同僚たちがフィードバックを通じて自分への気遣いを示してくれていると気づいたとき、大きな転換点が訪れたという。「自分にはもっとできることがある、そして自分には弱点があるということを認めるようになりました。それを受け入れた日が、ネクスト・ジャンプでの転機になったのです」

スーパー・サタデー——成長を基準にした独自の採用プロセス

ネクスト・ジャンプが大学で採用活動をおこない、新卒のエンジニアを採用しはじめたのは、二〇〇六年。それにより同社は、採用活動にもっと金をかけられるテクノロジー業界の巨人たち、グーグルやフェイスブック、マイクロソフトなどと人材を奪い合うことになった。「ほかの企業が求めるのと同じような資質の持ち主を採ろうとしていました。つまり、最も頭がよくて、最もやる気のある学生です」と、キムは振り返る。「ことのほか競争心が強く、上昇志向の強い人物が欲しかったのです。でも、そうやって採用した人たちは、結局のところ『光り輝く役立たず』にすぎませんでした」

同社は、チームプレーが苦手な一匹狼や自信過剰の「才能の原石」を多く抱えすぎるようになった。この状況で、リーダーたちは選択を迫られた。いずれ他社に引き抜かれることを覚悟の上で、これまでどおり「光り輝く役立たず」を採り続けるのか？　それとも、思い切って企業文化を大きく転換し、まったく違うタイプの人材を採用するのか？　「二〇〇八年のある日、私たちは文字どおりエンジニアの半分を解雇しました」と、キムは言う。

同社の創業者たちは、勇気ある決断をくだしたのだ。スーパー・サタデーが始まったのは、そのすぐあとのことだ。

スーパー・サタデーの当日は、七五人のネクスト・ジャンパー（ネクスト・ジャンプで働く人たち）が携帯端末に専用アプリを入れて社内を歩き回り、採用候補者たちの印象と採点を記録する。なるべく目立たないように気を配りつつ、好印象や悪印象、採用への賛否を報告するのだ。正式な面談以外の場でも、ネクスト・ジャンパーたちは情報を集める。ほかの人の話をちゃんと聞いているか？　あまりに無礼だったり、自己中心的だったりしないか？　評価とコメントがひっきりなしに送信されてくる。

時間が経つにつれて、一人ひとりの候補者の人物像が浮かび上がってくる。続々と届くデータを集約するための「スーパー・サタデー司令室」に陣取った採用チームは、個々の候補者が重要な資質をどれくらい備えているかをはっきり理解できる。具体的に問われるのは、以下の資質だ。

- スーパー・サタデーに招かれる候補者たちはみな、選考プロセスでは高度な技能の持ち主に見えていた。しかし、仕事の現場でもしっかりしたスキルを発揮できるのか？
- 謙虚さをもっているか？　ほかの人から学び、自分を成長させようという意欲があるか？
- グリット（やり抜く力）をもっているか？　厳しい状況でも諦めずに、最後までやり通せるか？
- 自分のためだけに行動するテイカー（受け取る人）になっていないか？　ギバー（与える人）として、ほかの人たちの成長を助けることができるか？

ネクスト・ジャンプのリーダーたちは、こうして一人ひとりの候補者の人柄を見ようとしている。どの企業のリーダーも、自社の企業文化と目的に合致した人物を採用しようとする。しかし、ネクスト・ジャンプやほかのＤＤＯが求めていることは、それだけにとどまらない。つねにものごとを実践して失敗し、フィードバックを受けることにより成長していける人物を採用している。

採用チームは、スーパー・サタデーで集まったデータを分析して議論した末、全員が賛成した人物だけ採用する。割合にして一〇人に一人、多くても三人に一人程度だ。採用された新入社員には、スーパー・サタデーの評価データが渡される。入社初日に、ただちに改善に着手できる点について、具体的なフィードバックを与えられるのだ。

新入社員が自分の弱点を知るブートキャンプ

新入社員は、新人研修（オンボーディング）で徹底的に企業文化に触れさせられる。ネクスト・ジャンプの企業文化はほかの組織と大きく違うので、新入社員の成長を加速させるためには、入社直後に文化への適応を促すのが最も手っ取り早いと考えられているのだ。

最初の三週間、すべての新入社員が「パーソナル・リーダーシップ・ブートキャンプ（ＰＬＢＣ）」に参加する。豊富な経験と実績があって、上級幹部として中途採用された人も例外扱いしない。そのプログラムはまず、参加者が自分の弱点を学ぶことから始まる。同社では、個人の弱点を「バックハンド」と呼んでいる。元々はテニスの言葉だ。誰でも強み（＝フォアハンド）をもっているが、テニスプレーヤーとして成功するためには、やりにくいこと、自然でないこと、苦手なこと、つまりバックハンドも磨かなくてはならない。

同社では、心理面・人格面での長大な「性格」のリストを使って社員のバックハンドを明らかにしてきた結果、ほとんどの人の弱点の根っこにあるのは、自信満々すぎること（同社では、そういう性質を「傲慢」と呼んでいる。ただし、それを問答無用に非難する意図はない）か、謙虚すぎること（「不安」）かのいずれかだとわかった。どちらか一方に偏りすぎれば、好ましい結果にならない。そこで、誰もがこうした点で「バランスの取れた人格」をはぐくみ続けるべきものとされている。入社したばかりのエンジニアからトップの共同創業者まで、すべてのメンバーがそれに取り組む。

同社の社員は、全員がほかの全員のバックハンドを知っており、知らなければそれを尋ねるのが当たり前と考えられている。バックハンドを克服するための取り組みとしては、たとえば傲慢すぎる人なら、一時間の会議で四五分が過ぎるまで発言を自制する。逆に、不安すぎる人なら、会議で最初の一五分以内に発言することを心がけるといった具合だ。こうして、バックハンドを克服する力を鍛え、深く根を張ったマインドセットを乗り越えるための訓練を積む。

ブートキャンプに参加する新人ネクスト・ジャンパーは、顧客サービス部門で三週間過ごす。顧客対応業務は、同社のビジネスの土台だ。顧客サービス部門には、日々消費者から、セキュリティやログインの問題、注文プロセスなど、ＥＣサイト利用にまつわるあらゆる種類の問い合わせが寄せられる。

ブートキャンプでは、顧客対応に関して一日ごとの達成目標を課される。それを達成するために、リスクを取り、学んだことをよく考え、バックハンドの克服に努めなくてはならない。それに加えて、「プラスワン・プロジェクト」にも取り組まされる。各自のアイデアで、顧客サービスを改善する方法を模索するのだ。これは、新人がリーダーシップを発揮するための重要な練習場になる。ブートキャンプの参加者は、同僚やマネジャーから絶えずフィードバックを受け、自分の弱点を見つけ、リーダーシップを磨く。

三週間のブートキャンプの最後に、一人ひとりが自分の得た学びと経験を披露する場が設けられている。幹部委員会と同僚たちの前で、ブートキャンプで（多くの場合は痛みを味わいながら）どのような強力な学びを得たかを語るのだ。同僚やコーチやリーダーのフィードバックに基づいて、この委員会が「卒業」の可否を判断する。晴れて卒業となれば、名前が刺繍された特製のジャケットが与えられる。ネクスト・ジャンプでの旅路の新しい段階に進めるのだ。

卒業が認められないとすれば、おそらくブートキャンプに全身全霊、ありのままの自分で臨んでいないと判断されたためだ。本当の自分を隠しているとか、自分について学ぼうとする姿勢を十分に示していないとみなされた人物が卒業不可になる場合が多い。そういう人は、グレッグ・クンケルの言葉を借りれば、「現実と向き合う」瞬間を経験していない。このように、言われたことを上っ面だけこなしていたと判断された人は、五〇〇〇ドルを受け取って会社を去るか、卒業を認められるまでブートキャンプに参加し続けるかを選ぶことになる。

ブートキャンプでみずからの弱点と向き合い、仕事に対する新しい姿勢を試みたネクスト・ジャンパーたちは、バックハンド克服のプランを携えてそれぞれの本来の業務に就く。ブートキャンプを卒業する際、一人ひとりがプランをつくり、どのような局面での行動を積極的に訓練するかをはっきりさせる。そして、同僚のメンターが割り振られ、その人物がコーチ役を務めて本人に責任をもたせ、プランの継続を後押しするという仕組みだ。こうした充実したサポート体制があっても、バックハンドの克服に向けた努力を続けられない人もいる。その場合は、本人が望めば、ブートキャンプをやり直すこともできる。

自分の成長《ベター・ミー》＋他者の成長《ベター・ユー》＝みんなの成長《ベター・アス》

ネクスト・ジャンプは、自社の企業文化の根底に流れる価値観を一つの数式で表現している。「自分の成長《ベター・ミー》＋他者の成長《ベター・ユー》＝みんなの成長《ベター・アス》」というものだ。

「自分の成長《ベター・ミー》」とは、絶え間ない自己改善のこと。ブートキャンプでのエクササイズはその実践例だ。ネクスト・ジャンプは社員に対して、みずからの弱点にまっすぐ向き合い、それを克服するために訓練を積むことを求める。本社施設では、自己改善支援の一環として、既存のマインドセットの超越だけでなく、健康なライフスタイルへの転換も支援している。職場にトレーナーつきのスポーツジムを設置し、栄養価の高いスナックを無料提供するなどして、社員が健康的な生活を送ることを求めているのだ。

「他者の成長《ベター・ユー》」とは、社内外でほかの人を助けることにより、仕事を通じて生き甲斐を見いだすことだ。ネクスト・ジャンプのリーダーたちに衝撃を与えた研究結果がある。人間には、他人に奉仕する天性の性質が備わっており、もし仕事の場で他人に奉仕して充実感を味わえなければ、職場以外でボランティア活動に携わり、その充実感を得ようとする、というものだ。その研究を知った同社のリーダーたちは、どのように対応したか？　業務の一環として他者に奉仕して充実感を味わえるような仕組みをつくったのだ。「それを文化に組み込んだ」と、キムは言う。

同社の社員は、さまざまな奉仕活動を主導したり、それに参加したりしている。専門技能を生かした奉仕活動もある。エンジニアなら、年に最大二週間、非営利団体のためにプログラミングをしてもいい。こうした活動により恩恵を受けるのは、支援を受ける側だけではない。「他者の成長」の取り組みは、社員たちにも好ましい影響を及ぼす。奉仕活動は、会社の業績へのリスクをあまり心配せずに、失敗して学習できる環境になりうる。社員はそれを通じてリーダーシップを磨けるのだ。「みんなの成長《ベター・アス》」とは、会社と地域コミュニティ、そして究極的には世界全体に及ぶ恩恵のことで、「自分の成長」と「他者の成長」を軸に形づくられるものだ。これが実現すれば、社内の全員がいっそう充実した日々を送り、より深い豊かさを経験できる。人は、みずからの成長を感じ、同時にほかの人を助ける活動（同僚の成長を助ける活動もその一つだ）に携わっているとき、真の豊かさを、つまり長く続く幸福感を味わえる——それが、ネクスト・ジャンプのさまざまなプログラムの土台にある信念だ。この種の「豊かさ」は、給料からは得られない。

ネクスト・ジャンプの給料は高い。しかし、同社の幹部たちによれば、長期の幸福感は、意義を感じられるような仕事をつくり出せる文化があってはじめて得られるという。この考え方の下、昇給審査では、売上と文化、その両方への貢献を同じくらい重視している。

ネクスト・ジャンプのリーダーたちに言わせれば、慈善団体や非営利団体でなくても、意義を感じられる仕事の機会は提供できる。企業文化を重んじるなかで、社員が他人の力になる機会をつくり、そうした行動を称賛しているのも、その一環だ。同僚たちに朝食を提供したり、エンジニアのスキル開発のために社内ニュースレターを発行したり、「取引先感謝デー」を開催したり……。こうした活動は、仕事に意義を感じられるようにするだけでなく、社員が自己改善に励み、リーダーシップを磨き、通常業務よりもリスクの小さい局面で大きく失敗する機会をつくれる。

「フォロワー・リーダー組織」——リーダーがすぐに次のリーダーを育てる

ネクスト・ジャンプは、社員の成長を後押しするために、企業文化に関わる活動を主導するリーダーチームの役割分担を明確化する仕組みを採用している。同社で「フォロワー・リーダー組織（ＦＬＯ）」と呼ぶモデルだ。

ＦＬＯは、異なる役割を担う四人のメンバーで構成される。「キャプテン」「コーチ」「右腕」「左腕」である。活動を指揮するのはキャプテンだが、カギを握るのはコーチだ。この役割は、直近に同じ活動でキャプテンを務めた経験者が担う。最大の任務は、キャプテンにリーダーシップの振る い方をコーチし、「バックハンド」を克服するためのフィードバックを提供することだ。「右腕」は、キャプテンと緊密に協力し、次の役割交替のときに自分がキャプテン役を担うことを前提に行動する。「左腕」は、次に右腕役を担うという立場で活動の成功に尽くす。

共同創業者のミーガン・メッセンジャーが言うように、ＦＬＯモデルの特異な点はコーチの存在にある。ＦＬＯでは「最も優れたプレーヤーを実行役からはずし、コーチ役に移行させる」。新たにコーチに就任する人物は、その活動を主導する方法を学んだばかりの人物だ。せっかく軌道に乗りはじめたキャプテンをコーチに移行させるのではなく、引き続きキャプテンを務めさせ、経験の恩恵を生かしたほうがいいのではないか？　そう疑問に思うかもしれない。

一見すると、才能の無駄遣いに見えるかもしれないが、これは理にかなっている。ＦＬＯの主たる目的は、特定の活動でリーダーシップを振るう方法を徹底的に学ばせることではない。一つひとつのプロジェクトは、対象者がリーダーとしての弱点を克服するための練習の場なのだ。だから、プロジェクトの内容を次々と変えつつ、さまざまな文化関連の活動を経験させている。ＦＬＯで目指しているのは、たとえばスーパー・サタデーの運営が得意なキャプテンを育てることではなく、全員の全般的なキャプテン能力とコーチ能力を高めることなのである。

キャプテンが交替すると「最初はゆっくりとしか進まない」と、メッセンジャーも認める。しかし、それと引き換えに、失敗を経験するための投資ができる。コーチはＦＬＯのチームから離れる前に、自分の後任のキャプテンをコーチに育てる。また、かならずプログラムを改善してから去らなくてはならない。メッセンジャーによれば、ＦＬＯは長期にわたり安定的に成果を上げ続けている。「長い目で見れば、人材の層を厚くし、組織を強化できている」というのだ。

自分のことしか考えていない――ジャッキーの旅

ネクスト・ジャンプの一員であるジャッキーは、自分がどの点でバックハンドを改善すべきかをよく理解している。しかし、最初からそうだったわけではない。

入社一〇年のベテランであるジャッキーは、マーケティング部門のリーダーに昇進していた。競争心が強く、仕事に没頭するタイプで、大きな契約をまとめるなど、一人でできる仕事では目覚ましい活躍を見せていた。とくに、販売業者との関係で大きな成果を上げ、着実に売上を上げていた。

しかし、私たちがはじめて面会する数カ月前、ショックな出来事があった。同社のリーダーチーム「ＭＶ21」から除外されたのだ。このリーダーチームのメンバーは、上層部が選ぶのではなく、社員の互選で決める。いったん選出されても、次の投票で十分な票が集まらなかったり、同僚たちから退任を求められたりすれば、メンバーからはずれなくてはならない。ＭＶ21の一員であることは、ネクスト・ジャンパーにとって大きな栄誉と言える。ほかの人の成功を助けられる存在として、広く信頼を集めている証だからだ。同社の幹部たちは、アメリカンフットボールにたとえて「クオーターバックよりラインバッカー」を評価するという表現をする。つまり、スタープレーヤーよりも、ほかのプレーヤーの成功を助けられるプレーヤーに報いたい、というわけだ。ジャッキーは、業者との取引をまとめることにかけてはスタープレーヤーだったかもしれないが、同僚の支援を十分に実践していないと判断されはじめていた。

MV21からの落選を知り、ジャッキーは「打ちのめされた」と言う。しかし、同僚たちから続々と寄せられていたフィードバックでは、自分のことしか考えていないという評価をくだされていた。仲間に手を差し伸べ、力になってくれる人物とは思われていなかったのだ。質問されれば答えるけれど、ほかの人のために時間を割こうとしない、という印象をもたれていた。

ジャッキーは最初、同僚たちの拒絶に関して自分以外に原因を求めようとした。「MV21の新メンバーたち？　きっと失敗する。三カ月、六カ月、せいぜい一〇カ月後には、戻ってほしいと言われるに決まっている」と自分に言い聞かせ、内省を拒み、落選のダメージを振り払おうとしたのだ。しかし、ほどなく、新チームが彼女抜きで成果を上げはじめたことを認めざるをえなくなった。

その後、多くの内省をおこない、幹部や同僚たちからコーチングを受け、いくつかの企業文化関連の活動を経験してはじめて、みずからの頭に深く根を張ったマインドセットの限界がわかってきた。これ以前も、自分の弱点についての指摘は耳に入っていた。しかし、それは「あくまでも他人の評価であって、自分自身ではそんなふうには思っていなかった」と、本人は振り返る。そんなジャッキーのサポート役になった一人が上司のデヴィッドだった。二人は胸襟を開いて、互いの弱点について語り合った。ネクスト・ジャンプでは、人がみずからの行動パターンを問い直す背中を押すために、このようにサポート役と深く語り合うことも実践しているのだ。これを機に、ジャッキーは他人の言葉ではなく、みずからの言葉で自分のバックハンドについて語りはじめた。

自分の振る舞いのなかで、認めるのがつらくて恥ずかしいことだけれど、深刻な意味をもっていることとは、なんだろう？　それがその人の本当のバックハンドなのだと思います。私の場合、それは、自分の成功を他人の成功より優先させることでした。私はあまり他人を助けたがらない面がある。自分が前に進みたいという思いが強く、ほかの人の力になろうという親切さをもてていないのです。

ネクスト・ジャンプでは、「10X」と呼ばれる全社員参加のミーティングを開催している。詳しくは第4章で述べるが、社員が会社にどのように貢献するかをスピーチし、その場でフィードバックを受けるイベントだ。ジャッキーは、自己改善でなにを重んじているかを話した。

現実を直視すべきだと思いました。私は自己中心的すぎる。みんなの成功より、自分の成功を優先させているのです。この一〇年は、トップに立つことを目指してきた日々でした。改めて振り返ると、その過程で何百人ものネクスト・ジャンパーたちを置き去りにしていました。でも、自分のそういう面を自覚できるようになったので、計画的に訓練を始めています。奉仕型のリーダーになるための訓練です。

私をそれに突き動かす要因があります。私には、振り払えない恐怖があるのです。それは、二人の子どもたちに関わるものです［ここで感極まって言葉に詰まる。そして、どうにか落ち着きを取り戻すと、話を続けた］。いちばん恐れているのは、子どもたちが私と同じバックハンドをもつようになることです。自分のことばかり考えて、ほかの人たちを助けようとしない人間になるのではないかと恐れています。

私は、ほかの人たちを助けなくてはならない。そうすることが、自分を成長させるうえで不可欠だとわかっているからです。昔の私なら、「いますぐＭＶ21に復帰させて！」としか言わなかったでしょう。

このスピーチのあと、他人を助ける訓練をする機会を増やしはじめた。最初は小規模に、月に一回から出発した。「それだけでも、はじめのうちは苦痛でした」と、本人は振り返る。しかしすぐに、月に一回が週に一回になり、自分が直接管轄するグループ外の人も対象にするようになった。たとえば、ロンドン・オフィスのスタッフの力にもなった。以前は、このような人たちのために時間を割くことなどなかっただろう。

やがてコーチングの時間をさらに増やし、毎週月曜日を終日そのための時間にした。同僚たちは、ジャッキーがリスクを取って行動し、つねに同僚と会社のために力を貸すようになったことに気づいた。「ほかの人のために時間を費やしていることに、みんなが目をとめてくれました。私はそのような時間の使い方をしながらも、自分の仕事もいままでどおりやり遂げていました。そんなことは無理だと、前は思っていた。ほかの人のために時間を使いすぎると、自分が成功できなくなると思い込んでいたのです」。一年も経たないうちに、ジャッキーは再びＭＶ21のメンバーに選ばれた。予想外のことだったが、評価された理由には確信がある。本人が思うに、その理由は、まったく新しいタイプの成功のあり方を実践してみせていることだ。ジャッキーはほかの人を育てるために時間を費やしているだけでなく、新しい仕事の仕方を実践することにより、全社員に恩恵をもたらしているのだ。そのことに、本人もほかのネクスト・ジャンパーたちも気づいている。

このようなストーリーは、ネクスト・ジャンプでは珍しくない。そのすべてに共通するのは、その人が会社をよくするために、職場で自己改善に励んでいることだ。ジャッキーは、ネクスト・

ジャンプの社員が会社のおかげで成長できる理由をこう語っている。

うまくいく日もあれば、そうでない日もあります。でも、それがいいのだと思う。ありきたりな言い方になるけれど、ネクスト・ジャンプはつねに練習の場を与えてくれる。今日うまくいかなくても、明日はうまくいくかもしれない。だから、失敗を恐れる必要がないのです。

デキュリオン――人々が能力を開花させられる場をつくる

自分の弱点をごちそうだと思え。さもなければ、自分のエゴを満たしたいと飢えることになる。
――ブライアン・ウンガード（デキュリオンCOO）

大型映画館アークライト・ハリウッドの最上階。朝早く、大会議室に大勢の人が集まっている。人々はにぎやかに冗談を言い合ったり、国道101号線の渋滞を話題にしたり、コーヒーを片手にマフィンを食べたりしている。デキュリオンのアークライト部門でCOO（最高執行責任者）を務めるノラ・ダッシュウッドに招集されて、本社のリーダーたちと傘下の映画館の支配人たちが集まったのだ。この定例会議は、「映画館ワークグループ」と呼ばれている。

テレビで大勢のスターが登場するイベントが紹介されるときは、アークライト・ハリウッドがその舞台であることが少なくない。ハリウッドの歴史ある地区、サンセット大通りとバイン・ストリートが交わる一角に建つショッピングモール内にあるアークライト・ハリウッドは、アークライトの主力映画館だ。天井の高いガラス張りのロビーが特徴的な映画館の前は、大きな広場になっていて、試写会でスターが歩くレッドカーペットが敷かれたり、話題作の先行上映でファンが行列をつくったりする。アークライトは、映画の町ハリウッドで最も愛される映画館として知られている。

コミュニティに加わる

その朝、映画館ワークグループの二〇人ほどのメンバーが集まった会議室にテーブルは置かれておらず、椅子が大きな円形に配置されている。誰からもほかのメンバー全員の顔が見えるようにするためだ。全員が一つのコミュニティのメンバーとして一体感をもてる環境をつくることは、デキュリオンではすべての会議の土台になっている。

部屋の壁にはいくつもポスターが張ってあり、デキュリオンの信条と価値観を再確認できるようになっている。同社では、それらを「アクシオム（公理）」と呼ぶ。そこには、同社の「人と仕事に関する基本理念」が表現されている。内容は以下のとおりだ。

① **仕事はやり甲斐を味わえるものであるべきだ**、つまり仕事は人生に意義を与えるものだと、私たちは信じている。そうしたやり甲斐を生む要素は三つある。それは、自分を成長させること、卓越した不朽のものを生み出すこと、そしてほかの人たちに奉仕することである。

② **人は手段であるだけでなく、それ自体として尊重されるべき目的である**と、私たちは信じている。大半の企業は、社員や顧客や取引先を、契約獲得や目標達成など、なんらかの目的を実現するための手段と位置づけている。しかし、あるプロセスにおける役割しか見ないことは、その人を人間として見ていないに等しい。私たちは、人々が担う役割を重んじつつも、

人々を自分と同じ人間とみなし、それ自体として尊重されるべき存在と考えている。

③ **個人とコミュニティは成長する可能性をもっている**と、私たちは信じている。発達理論の研究の多くは、青少年期までしか対象にしていない。しかし、人は大人になっても成長し続ける。そこで私たちは、人々が知的成長を遂げ、可能性を開花させる後押しをするための仕組みと慣行《プラクティス》を築いている。

④ そして、最初からそう信じていたわけではなかったが、実践を重ねるにつれて、**利益の追求と人間の成長は一体を成すものだ**とわかってきた。両者はトレードオフの関係にあるわけではないし、別々に両立させるべき二つの要素という関係でもない。両者は二つで一つなのだ。だから、人を成長させるために、日々の業務外で「特別なことをする必要はない」と、私たちは考えている。

これらの公理は、デキュリオンの土台を成す共通言語であり、規範でもある。同社のメンバー（この会社では、社員ではなく「メンバー」という言葉が好んで用いられる）は、公理が正しいと信じるよう要求されることはけっしてないが、すべてのメンバー、とくにすべてのマネジャーは、職務の一環として公理に従って行動することが期待される。

この日の映画館のワークグループでも、これらの公理が実践されることになる。ダッシュウッドは、厳しい話し合いをしなくてはならないと思っていた。メンバーが着席すると、部屋が静かになる。輪になって座る面々に、不安げな様子はない。携帯端末やノートパソコンをいじる人もいない。見るからにリラックスした様子の人もいて、静かに内省しているようだ。そうすることで、ほんの少し前のコーヒー片手の雑談から、頭を切り替えているらしい。

出席者の一体感を高めるために、ダッシュウッドが「チェックイン」を促す。デキュリオンでは、ほとんどの会議の最初にそれをおこなう。この会議くらいの大人数のミーティングだと、一時間かかる場合もある。

具体的にはなにをするのか? まず、発言する際は(発言を強制されることはない)、たいてい名前を名乗ってから話しはじめる。「こんにちは、私はカルロス」といった具合だ。チームのメンバーが互いの名前を知らないことはめったにない。それでも名前を言うのは、すべて本音の発言であること、そして役職や肩書きではなく自分という人間の発言であることを、みずからとほかの出席者に再確認させるためだ。

発言者は、自分が全人格とともに職場に臨み、ほかの全員と一体になるために必要だと思うことを述べる。自分の内面の状態を述べる人もいる(興奮しているとか、不安を感じているとか)。自己改善の進捗状況を語る人もいる(たとえば、その会議を利用して、異論にもっと耳を傾けるという課題を実践するつもりでいることなど)。あるいは、この場にどうしても影響を及ぼす家庭の出来事を語る人もいる(もうすぐ娘が教会の重要な儀式にはじめて参加するとか、泊まりに来ている親戚にうんざりしているとか)。デキュリオンの会社全体のCOOであるブライアン・ウンガードは、こう説明する。「すべてをさらけ出すために、それが必要なのです。話す内容を指図することはできません。そんなことをすれば、その瞬間にこの取り組みは意味を失うでしょう。求められるのは、全人格をもって臨むこと。そのためには、自分を偽らずに関わることが必要なのです」

チェックインは、デキュリオンの公理を具体化する活動の一つだ。人を手段ではなく目的と位置づけ、成長途上にある大人として無条件に尊重するなら、メンバー一人ひとりの人間性と内面に光を当てる機会を絶えずつくり出す必要がある。デキュリオンの企業文化では、個人の内面は職場生活の「対象外」ではなく「対象内」とされる。一般には、仕事が公的なものなのに対し、人間としての側面は私的なものなので、人間的な要素は仕事に持ち込むべきでない、という考え方が暗黙の前提になっていることが多い。デキュリオンは、このような前提を表面に引っ張り出したうえで覆している。同じ趣旨により、単純にワーク・ライフ・バランスを目標やキャッチフレーズにすることも拒む。もし、ライフが職場から完全に排除されれば、ワークは非常に暗澹たるものになるからだ。喜びのある人生と仕事がトレードオフの関係になってしまう。

実際は、なんらかの仕事の経験がある人なら知っているように、仕事とはきわめて個人的な性格をもつ活動だ。人は日々、仕事で痛みや喜び、不安、やり甲斐を感じている。人は毎日、全人格をもって仕事に臨んでいるのだ。どこへ行っても、自分のあらゆる要素が一緒についてくる。DDOは、デキュリオンのチェックインのような慣行を通じて、毎日職場に全人格を持ち込むことを奨励する。

デキュリオンでは、会議の終わりには「チェックアウト」をおこなう。たいていチェックインより短いが、非常に重要なプロセスだ。会議の好ましい締めくくりができるように、話したい人は、個人的な振り返りをしたり、感じたことを述べたりする。これから取り組む仕事への興奮を語る人もいれば、手ごわい課題の突破口が見えたという感想を述べる人もいる。もっと周囲の助けが欲しいと求める人もいる。いずれにせよ、チェックアウトを通じて、そこにいるのが生身の人間だと再認識できる。あらゆる会議にチェックインとチェックアウトを織り込んだ結果、デキュリオンで働く人たちは、個人のマインドセットと成長に関心を払うことが習慣化している。しかも、その習慣が、強力なコミュニティ意識の形成と維持を後押ししている。

映画館ワークグループの会議に話を戻そう。出席者が互いに打ち解けて話が弾みはじめると、ダッシュウッドは引き続き、うわべだけでない生産的な会話が成り立つ環境づくりに励む。デキュリオンでは、そうした環境づくりを「場の設定」と呼んでいる。同社に大きな影響を与えたジョセフ・ジャウォースキー、カズ・ゴジズ、ピーター・センゲの言葉を借りたものだ[3]。場の設定をするために、社内の大半の会議では、目下のビジネス上の課題が一人ひとりの個人的なやり甲斐を反映しているか、そして、そのグループがコミュニティとして課題に対処する能力をもっているかを考えさせる。

ダッシュウッドは幹部という立場で発言しているが、出席者の積極的な参加を引き出すことも忘れていない。全人格的に会議に臨んでいるように見えるし、出席者たちにも同様の姿勢を求めている。

> 今朝は、この場で練習しましょう。現実の仕事上の問題を取り上げ、一つのコミュニティとしてそれを解決していくのです。それを通じて、来年の売上目標を達成するために必要な能力をはぐくみ続けられると思います。
>
> この点は、前回の「DBL」［全社レベルの会議「デキュリオン・ビジネス・リーダーシップ」］で話し合った内容にも関係しています。私たちが企業として追求すべきことは、以下のとおりです。ビジネスを繁栄させること、卓越した結果を出すこと、必要に応じて変化すること、映画館の観客に質の高い経験を提供し、その人の人生を好ましい方向に変えること。私たちは、市場に独特のインパクトを与えられるサービスを提供したい。もし消滅したら、ほかに代わりがないようなサービスを。
>
> それを目指す過程で、私たちはもっと自律的に行動できるようになり、幸福感を味わい、個

人的にも職業的にも進歩を遂げ、一人ひとりが人生の目標に近づいていけるのです。さて、私たちが取り組む顧客ロイヤルティ・プログラムは、非常に重要なものです。来年度の目標である三〇〇万ドルの売上増を実現するカギを握るものだからです。ところが、それをどのように進めるかについて、リーダー層のレベルでもコミュニティ全体でも、質の高い話し合いができているとは思えません。

ダッシュウッドはこの会議を、いくつかのことを表面化させる場にしたいと思っている。映画館ワークグループのメンバーはこの日、みんなで一つのコミュニティとして活動するために招集されたことをはっきり理解していた。しかし、デキュリオンにおいて一つのコミュニティとして活動するとは、単に議題を明確化するとか、会議の目的を再確認することを意味しない。

このグループでは、映画館運営のリーダーたちだけでなく、テクノロジー部門とマーケティング部門のメンバーも加わって、既存の顧客ロイヤルティ・プログラムを廃止し、新しいサービスに切り替えることを目指している。顧客体験のあらゆる側面を活性化させることが一つの目的だ。しかし、組織内のコミュニケーションが破綻しているという問題があり、みんなでそれを解決する必要がある。各部署の状況報告、厳しい叱責、明確に方向性を示した解決策といったことだけでは、ダッシュウッドが一同を集めて取り組ませようとしている成長目標を達成できない。

本当の自分をさらけ出す「金魚鉢」の対話

そこでダッシュウッドは、デキュリオンではおなじみの方法を選択した。慌てて問題を解決するのではなく、問題がおのずと解決するように導こうと考えたのだ。そのためには、目の前の状況が生まれる根底にある問題と思考パターンをあぶり出さなくてはならない。ダッシュウッドは、映画館運営部門の幹部であるボブに話し合いのファシリテーションを任せ、事前に声をかけておいた三人に前に進み出るよう促す。こうして四人が部屋の中央に集まり、みんなが輪になって座っている内側に、もう一つの小さな輪をつくって着席する。四人の顔ぶれは、マーケティング部門の顧客ロイヤルティ・プログラム責任者、テクノロジー部門の責任者、ある映画館の支配人、そしてボブである。ワークグループ内の対立と誤解に最も直接関わっている人たちだ。

ほかの出席者は、外側の輪で座ったまま、内側にいる四人の話し合いを見守る。そして、そこに身を置き、対話に積極的に耳を傾け、必要に応じて自発的に対話に加わる。デキュリオンでは、この内側の対話の場を「金魚鉢《フィッシュボウル》」(ガラス張りの場という意味)と呼んでいる。金魚鉢の内外にいる全員に期待されるのは、自分たちの足を引っ張っている行動とその根底にあるマインドセットをあぶり出し、それを克服するための取り組みに本格的に乗り出すことだ。

ボブは金魚鉢の対話を開始するにあたって、話し合いのルールを思い出させる。まず、この集まりが一つの学習コミュニティであることを再確認し、健全な対話のために守るべきことを述べる。自分の経験に基づいて話すこと、他人の頭の中を安易に推測しないこと、といったものだ。そして、ボブはこの話し合いを、みんなが認識を共有できているかを確認するための対話と位置づける。「心配です。順調に進んでいるのか、いないのかがわからない。話を聞く相手によって言うことが違うのです」と、ボブは語りかける。

ボブは、データを明らかにするよう全員に求める。「データ」といっても数値のことではなく、現状を知り、その原因を理解する役に立つ情報を多様な視点から掘り起こすという意味だ。「順調かどうかを判断するためには、どのようなデータを見るべきだと思いますか？　出発点は、この輪の内外でなにがうまくいっていて、なにがうまくいっていないかを問い直すことです。まずは、一人ひとりの現状認識を確認することから始めましょう」

対話が進むにつれて、ボブはぐっと身を乗り出しはじめる。金魚鉢の中の四人は、互いの目を見て話そうとしているようだ。一方、外側の輪にいる人たちは、内側の人たちの集中力と弱さをありありと感じているらしい。この金魚鉢は、サメがうようよ泳いでいる水槽のような場ではなく、メンバーが互いに敬意を払い、勇気ある行動を取る場だ。部屋にいる全員が、目の前の場に意識を集中させている。

金魚鉢の対話を通じて、複雑な感情と率直な指摘が表面に引っ張り出される。マーケティング部門の責任者は、顧客ロイヤルティ・プログラムの設計・開発のプロセスで孤独を感じてきたと打ち明ける。「何カ月もの間、自分が試されているように、非難されているように、そして無人島に置いてきぼりにされたように感じていました。コミュニティから支援されていると感じることができなかった。問題を提起しようとしたときも、話を聞いてもらえているとあまり感じられませんでした」。ただし、自分にも責任があったことは認める。自分の状況を明確に伝えられていなかったのだ。「はっきり主張すべきだったと思っています」

映画館支配人は、テクノロジー部門の責任者とのやり取りが「ズレて」いるように感じていたと語る。電話での会話は慌ただしく、顧客ロイヤルティ・プログラムを改善するのに有益な現場レベルの情報を提供できていないというのだ。そして、やはり自分にも責任があることを認め、自分がどのように行動すべきだと思うかを語る。これから大手の取引業者と直接関わることになるが、それはじめての経験なので、質問を発し、その質問をきちんと聞いてもらうことが必要だと思うという。一方、みんなで足並みをそろえているという感覚を味わいたいとも述べる。その実感がないと、苛立ちを感じるのだという。

テクノロジー部門の責任者は、技術面の作業を急がなくてはならないという焦燥感を語る。そして、自分の役割を果たすことと映画館支配人の声をなるべく反映させることとのバランスに苦慮しているのだと打ち明ける。映画館支配人との電話の件では、自分なりの言い分がある。「どうすればいいかわからないのです。プロジェクトを仕切り直して、あなたが加われるようにするべきなのか、それとも、あなたが私たちに追いつくのを助けるべきなのか?」。それでも、信頼をはぐくむために自分がやるべきことがもっとあるという点は認める。そこで、状況報告を受ける仕組みに問題があるのか、それとも仕組みには問題がなく、自分がほかの人の言葉に十分に耳を傾けていないことが問題なのかを知りたいという。

この間、ダッシュウッドは外側の輪に座り、口を挟まずに聞いていた。しかし、ここで内側の輪に移動する。「私も参加したほうがよさそうですね。いままでは、せっかくの対話を台なしにしないように大人しくしていたけれど」と言って笑う。口を出さずに金魚鉢の対話に耳を傾けるのは、簡単でなかったのだ。いつリーダーとして振る舞い、いつほかの人たちの自由に委ねるべきかを適切に判断できるようになることは、彼女がみずからの学習課題と位置づけていることの一つだ（詳しくは第6章で扱う）。

ダッシュウッドは、ここまでの議論に関して一つの結論を示す。「どうやら、最良の顧客ロイヤルティ・プログラムをつくるのに適した仕組みを築けていなかったようですね。警報ブザーを鳴らして、『うまくいっていないのでは?』と言った人が誰かいたでしょうか?」。そして、いますぐオンライン上のユーザーテストを実施することに全員の同意を取りつけ、話し合いを締めくくる。

最後に、マーケティング部門の責任者がほかの出席者たちに向かって、この対話の内容をじっくり反芻《はんすう》するよう呼びかける。「私たちはときどき、脇目も振らずに仕事に臨むべきだ、そして自分たちがすべてを明確に理解したうえで仕事をしているのだ、と考えがちです。でも、そういう姿勢はビジネスの土台を大きく揺るがしかねない。その点、今日の話し合いは、ビジネスに好ましい結果をもたらしたと思います。顧客ロイヤルティ・プログラムは、私にとって、そしてグループ全体にとって、途方もなく大きな学習のチャンスになっています。もっとも、最初から適切な当事者が適切な形で参加することの大切さも、今回の経験から学ぶべきでしょう」

映画館支配人もこう述べる。「私は今日、これこそがリーダーシップだと感じました。課題は非常に難しいものでした。でも、それは取り組む必要があるものだったのです。ビジネスを次のステップに進めるために」

ビジネスへのアプローチ

デキュリオンがこのようなやり方を本格的に実践するようになったのは、この一〇年ほどのことだ。それは、クリストファー・フォアマン社長のリーダーシップの下で進められてきた。デキュリオンは珍しい会社だ。ロサンゼルスに本社を置き、一一〇〇万人の従業員を雇い、映画館、不動産、老人ホームの事業を傘下にもつ同社は、家族所有の企業でありながら、三世代目のリーダーへの継承を成功させ、飛躍を遂げているのである。

原点は、映画館ビジネスだ。一九四六年に設立された前身のパシフィック・シアターズ社は、アメリカ西海岸とハワイに映画館を展開する映画館運営会社だった（デキュリオンに改称する前、長い間、パシフィック・シアターズという社名を用いていた）。画期的な映画上映システムが評価されて、アカデミー科学技術賞部門の技術業績賞を受賞したこともある。昔は、複合型映画館だけでなく、ドライブイン方式の映画館も展開していた。やがてドライブイン方式が廃れて、非ドライブイン方式の映画館に力を入れるようになると、同社には素晴らしい不動産資産が残った。カリフォルニア州の都市部、アメリカ北西部の太平洋沿岸地域、そしてハワイに、ドライブイン方式映画館の跡地を大量に所有していたのだ。同社はそれらの土地を使い、不動産開発部門のロバートソン・プロパティーズ・グループを成長させていった。ロバートソン・プロパティーズは二〇一一年、リテール・トラフィック誌によりアメリカのショッピングセンター所有者上位一〇〇社に選ばれている。

二〇〇二年に新しい子会社として設立されたアークライト・シネマズは、映画館での鑑賞体験を見直し、その質を高めることを目的につくられた会社だ。アークライトでは、一人ひとりの観客に合わせた質の高いサービスに始まり、座席指定システム、売店やバー、レストランにいたるまで、すべてにおいて顧客体験の充実が最重視されている。すぐに成功を収めたわけではなかったが、フォアマンと幹部チーム（ダッシュウッドもその一人だ）は、ブレずにコンセプトを貫いた。それが実を結び、二〇〇九〜一三年の四年間で売上は七二％増加し、年間八一〇〇万ドルに到達した。パシフィックとアークライトを合わせたスクリーン一つ当たりの売上高は、北米トップ。アークライト・ハリウッドは、フォーブス誌によりアメリカの映画館トップ10に選ばれている。

フォアマンはアークライトの草創期を、ゼネラル・モーターズ（GM）傘下の自動車ブランド、サターンが生まれたときになぞらえる。サターンは、親会社であるGMの企業文化の影響を受けないように守られていた。同じように、パシフィック・シアターズのやり方に引っ張られることなく、新しいことを実験できる場をつくろうと考えたのだ。

一九八九年にフォアマンがリーダーとしてより大きな役割を担うようになった頃、会社は羅針盤を欠いた状態だった。

ビジネススクールを修了した私は、立派な新しいツールを携えて会社に戻ってきました。予算策定（それまでは予算策定をしていなかったのです）、戦略プランニング、統計分析などの知識を身につけていました。意気揚々と新しいツールを活用したのですが、受け入れてもらえず、本当にがっかりしました。社内の人たちは、私の言っていることの意味がわからなかったのです。具体的には、二つのことが障害になりました。まず、ツールを活用すればかならず収益が上がるとは感じられなかったこと。もう一つは、文脈が見えなかったことです。なぜ、こんなことをする必要があるのか？　それは、全体像の中でどのように位置づけられるのか？　こうした問題です。より重要なのは、この第二の問題でした。

私は次第に、人々が可能性を開花させられる場をつくることを目的とするようになりました。それは、デキュリオンの原動力になっている目的にも通じます。私は『未来世紀ブラジル』や『未来は今』のような映画が大好きです。企業でいかに人間性が奪われているかを描き、それに警鐘を鳴らす作品です。デキュリオンは、人がありのままでいられる場所、ほかの人と結びつける場所、高い水準に達することができる場所、やり甲斐を見いだせる場所です。でも、一夜にしてそのような場になったわけではありません。これらの価値観自体は以前から社内に存在したのですが、その表現のされ方が気に食わなかった。人を大切にする取り組みは、家父長主義的な性格を帯びていたのです。人を大切にしてはいたけれど、理念が大切にされていなかった。そのことに釈然としませんでした。それを変えるべきだと、私は思ったのです。

会社の変化について、COOのウンガードも同様のことを述べている。昔は、人を大切にするとは、会社と社員が絆で結ばれ、会社が社員を保護することを意味したが、いまは違う。人々が開花できる場をつくること、それがデキュリオンの目的に、言い換えれば会社の最も根源的な存在理由になったのだ。ただし、人が花開くとは、楽しく生きることや、自我が脅威や試練やリスクにさらされないことを意味するわけではない。ウンガードはこう説明する。

デキュリオンに加わる人たちは、会社になんらかのイメージをいだいてやって来ます。でも、三〜四カ月経つと、誰もが感じることになります。「思っていたのとまるで違う」と。

人は「開花」という言葉を聞くと、評価されて快適な感情を味わうことを思い浮かべます。けれども、成長する過程では、心地よい気持ちになれないときもあります。私たちの企業文化では、職場で心地よく感じる時間を最大化することは目指しません。開花というのは、みんなでキャンプファイヤーを囲むような話ではないのです。実際、私たちは一見すると無茶な課題をメンバーに課します。

私たちがもう一つ学んだことがあります。それは、新しいメンバーを迎えるときに、現実とかけ離れた期待をもたせない、ということです。新しく加わった人には、こんなふうに言います。「過酷な日々になるでしょう。でも、得るものも大きいはずです。すぐには成功できません。脇で見学する時期もありません。最初から参加してもらいます。すぐに飛び込むことが求められるのです。『まだなにも知らないのに!』と思うかもしれませんが」。傍観者でいることは、誰にも許されません。自分から中に入っていかなくてはならない。それでも、コミュニティの構築とは人を仲間に加えることなので、新しいメンバーは歓迎され、認められます。

デキュリオンの職場のあり方は、コミュニティという考え方が軸になっているが、組織階層がないわけではない。それに、あくまでもオーナーがいる営利企業であり、協同組合ではない。また、ビジネスに大きな影響を及ぼす決定に関わった社員には、一人ひとりに責任をもたせる。

では、ほかの企業とどこが違うのか？　違いは、映画館ワークグループのように、メンバーがコミュニティ的な意思決定プロセスに参加する点だ。それを通じて一人ひとりが学びを深め、会社の意思決定の質を高める。このような仕組みは、個人の成長を支援するだけでなく、集合知を引き出す手立てにもなっている。責任を問われるのはリーダー個人だが、ビジネスを成功させる責任はグループ全体が共有する。コミュニティは発言力をもち、チャンスをつかんだり問題の原因を突き止めたりするための支援をする役割を担っている。

デキュリオンの幹部たちによれば、コミュニティの集合知も次第に成長していくという。この職場にも上司と部下の関係はあるし、解雇もおこなわれる。上司に判断を覆される場合もある。それでも、映画館ワークグループのような学習コミュニティを通じて、一人ひとりのメンバーが「ビジネスの全体像を把握」し、「なによりもまずビジネスパーソンとして」ものを考えるようになる。現在の担当業務や役職の狭い視野でものを見ず、会社全体の成功を意識するようになるのだ。

ウンガードは、デキュリオンでコミュニティが大きな役割を果たしていることを強調し、部外者に対してはそうしたコミュニティを旧来の「チーム」や「委員会」と同一視しないよう釘を刺す。そのような見方をすると、大事なことを見落とすというのだ。

真のコミュニティが形成されると、学習が実現し、集合的知性が生まれます。学習コミュニティは、よくある「委員会」とはまるで別物です。それはメンバーの総和より優れた存在で、聡明な個人の集合よりもはるかに難しい課題に対処できるのです。そこでは、魔法のように目覚ましい成果が上がります。私たちは、会社のあらゆる場でそのようなコミュニティを基盤に据えています。コミュニティの活用には、方法論があります。それを築く方法があり、いくつかの経るべき段階があり、実践するうえで従うべき原則、慣行、指針があるのです。私たちは、共同体的な要素と階層組織的な要素を両立させられるようにコミュニティを構築しています。

学習コミュニティを重んじる結果、同社の企業文化には、特徴的な要素がもう一つ生まれている。ビジネスを成功させる責任をみんなが共有しているため、肩書きや役職にとらわれない発想をしやすいのだ。会議でメンバーの肩書きに言及されることは基本的にない。肩書きや役職が存在しないわけではないが、強力な企業文化の影響を受けて、人々は自分の専門家としての立場にこだわらなくなる。社内の学習コミュニティで活動するときは、とくにそのような傾向が強い。

デキュリオンでは、「仕事を手放す」ということがよく言われる。専門知識や肩書きなどの権威に寄りかからず、苦労の末に獲得した知恵をみんなと共有することが求められるのだ。その対極にあるのが、知識を力の源泉と位置づける考え方だ。これは、弱肉強食の職場で生き延びるために、ほかの人との知識のギャップを武器にすべし、という発想である。実際にそのとおりである場合も少なくないが、デキュリオンのリーダーたちはこのような考え方を非常に嫌う。会社の理念に反するからだ。「仕事を手放す」ことを重んじるのは、影響力と地位が人々にとっていかに重要なものかを知らないからではない。それは承知の上で、情報を独占したい、権限と権力を守ることで他人より優位に立ちたい、好印象をもたれるために時間を費やしたいという衝動を絶ち切るよう、一人ひとりに求めている。そのために、「替えの利かない」人物をつくらないように仕事を設計している。

ダッシュウッドは、ビジネスで成果を上げるために、対等なコミュニティと階層型のリーダーシップをうまく組み合わせることの威力を実感している。それを実践する際は、替えの利かない専門家という立場がもたらす安全を全員が捨てなくてはならない。ダッシュウッドはこう述べている。

ありのままの自分で仕事に臨んでいないのに、健全な行動を取っているつもりの人がいれば、多くのエネルギーが浪費されます。私たちの取り組みには、その無駄を減らす効果があります。会社のビジネスに、顧客に、そして社内の労働環境に好ましい影響が及び、社員の意思決定の質が高まることも期待できます。要するに、より健全な職場が形づくられるのです。私にとって、こんな職場はデキュリオンがはじめてでした。職場のあり方がほかの組織とはまるで違います。ここでは、マネジャーや上級マネジャー、部長、ヴァイス・プレジデントたちが信頼関係を築くことが求められます。自分の役割やアイデンティティや縄張りに固執することも、会社のニーズやほかの人たちの成果より自己防衛を優先させることも許されません。

リーダーも自己変革に取り組む——ダッシュウッドの挑戦

私たちが映画館ワークグループの会議に同席したとき、ダッシュウッドは、みずからがリーダーとしてどのような成長を目指すべきかをはっきり認識していた。業界に入って四〇年近く経っても、能力を向上させるために奮闘し続けているのだ。新人だけでなく、幹部も個人レベルの成長に本腰を入れていることは、DDOに共通する特徴の一つだ。ダッシュウッドはデキュリオンで働いているおかげで、自分の日々の行動を突き動かすマインドセットを掘り下げて検討し、学習コミュニティの支援の下で新しい思考と行動の訓練を重ねてこられた。彼女はある能力のおかげで現在の仕事を得たが、いまはその能力がもたらす負の側面を明確に意識し、それを改善しようとしている。

ダッシュウッドがこの会社にやって来たのは、二〇〇〇年のことだった。最初はパシフィック・シアターズのトップとして招かれ、ほどなくアークライト・シネマズの立ち上げを任された。それまでは、ある大手映画館チェーンで二三年間働いていた。その会社では、高校時代のはじめてのアルバイトで売店の売り子として働きはじめ、最後には映画館運営担当の上級幹部にまで上り詰めた。クリストファー・フォアマンの目にとまったのは、彼女をアメリカで最も優秀な映画館運営幹部と評価する人がいたからだ。フォアマンは、そのような人物に自社の映画館事業を統括させたいと思っていた。

デキュリオンに加わって数年経つと、ダッシュウッドはフィードバックで弱点を指摘されるようになった。当時のアークライトは、社内に新しい企業文化を築く実験場だった。

私は壁にぶつかりはじめました。クリス［クリストファー・フォアマン］や周囲の人たちから寄せられたフィードバックによれば、私のリーダーシップの振るい方のせいでほかの人たちの足が引っ張られているとのことでした。当時四二歳。おそれ多い話ですが、それまでは、非の打ちどころがないというフィードバック以外受けたことがありませんでした。だから、正直なところ、厳しい評価が不満で仕方がなかった。フィードバックとコーチングを素直に受け止められなかったのです。私が上司だったら、それを理由に五回はクビを言い渡していたでしょう。相手の話を聞くには聞いていたけれど、言われていることの意味が理解できていなかった。自分がどうすればいいかわからなかったのです。

しかし、あるとき転機が訪れた。それは、映画館ワークグループのようなコミュニティ的な場での出来事だった。

ある会議に出席していたとき、映画館でアシスタントマネジャーをしていた二〇代前半の男性から言われました。ものごとが私の思いどおりに運んでいないと、部屋の空気が冷たくなったように感じられる、と。

ここで声を詰まらせ、そのあとダッシュウッドは話を続けた。

その男性がこのようなことを言えたのは、デキュリオンがメンバーに対し、地位や社歴に関係なく互いにフィードバックをすることを許可している、というよりそれを義務づけていることの賜物でした。率直な意見がビジネス上のコミュニティを機能させているのです。彼のことは、問題をいち早く教えてくれた「炭鉱のカナリア」だったと思っています。その指摘のおかげで、自分のやり方がすべてではないと理解できました。私のリーダーシップの振るい方が、ほかの人たちにとって障害を生み出していることにも気づかされました。部屋の空気が冷たくなったのは、思いどおりにいかないせいで、私がほかの人たちに好意を示さなくなり、心を閉ざした結果でした。

うまくできる自信はなかったけれど、それぞれの課題に取り組む人たちに寄り添うべきだということは理解できました。もっとリーダーとしての役割を果たし、自分でもそうありたいと思うような人間になるために、そうする必要があったのです。人が可能性を開花させるには、一人ひとりが自分なりのやり方で取り組まなくてはなりません。私のやり方を押しつけてはいけない。デキュリオンでの職務上の義務とさまざまな慣行のおかげで、私は自分の頭に根を張っている固定観念に気づくことができました。リーダーのあり方、メンターのあり方、コミュニティとともにあるということ、ほかの人を頼るということについて、自分がどのような前提でものを考えているかを知ることができたのです。

私の両親は、愛情深く、不屈の精神の持ち主で、独立心の強い移民の夫婦でした。子ども時代は、いつも同じメッセージを強く聞かされ続けました。それは、自分のことは自分で面倒を見ろ、誰も手を貸してはくれない、という考え方でした。人生の可能性をすべて実現したければ、頼りにできるのは自分だけ。自分で自分に責任をもつしかない。先頭に立たなければ、置いていかれる。私はそういうふうに理解しました。おかげで、私は自分で自分に責任をもち、自分の能力を頼りに欲しいものを手に入れることが得意になりました。でも、このマインドセットで到達できる範囲には限界があったのです。

いまは視野が広がり、ほかの人の言葉にもっと耳を傾けられるようになりました。昔より多くのことがわかってきました。いまの私には、支援と試練を与えてくれるコミュニティがあります。私がデキュリオンで学んだこと、それは、大きな全体の一部になれば、自分一人で取り組むより大きな成果を生み出せるということです。このように発想を転換することは、私の人生のなかでも最も難しいことでした。でも、これほど有意義な成長は、ほかに経験したことがありません。

ダッシュウッドは、映画館ワークグループで金魚鉢の対話をするときも自己改善を忘れない。自分と異なる意見を述べる人がいても、ほかの人たちに好意を示さなくならないようにリーダーシップを振るうよう心がけている。「ビジネス上の高い水準を追求しながらも、ほかの人たちがみずからのアイデアや解決策を、それも私の直感や好み（要するに「いかにもノラらしい」とみんなが思うようなやり方）に反するアイデアや解決策を主張することを受け入れるには、どうすればいいのか？」という問題と格闘しているのだ。

ほかの機会にも、長年いだいてきた固定観念――ほかの人たちに失敗させないためには自分のやり方に従わせる必要があり、頼りにできるのは自分しかいないという考え方――の妥当性を検証してきた。あるとき、ダッシュウッドは会社のウェブサイトのデザインに強い不満を感じたことがあった。最初は、みんなを集めて会議を開き、そこで陣頭指揮して新しいデザインを考え、そのデザインに従ってメンバーに急いで作業をさせればいいと思った。しかし、その衝動は抑え込んだ。メンバーのチームに任せて、新しいデザインをつくらせることにしたのだ。

その際、どのようなデザインにしてほしいかは伝えたが、自分が代わりにデザインをつくることはしなかった。権限委譲をするとは、フィードバックをいっさいしないという意味ではないということにも気づいた。最初に上がってきた新デザインが「まずまず」のレベルにとどまったときは、自分で仕上げてしまいたいという誘惑を振り払い、どうすればもっと優れたアイデアを見いだせるかを手引きするよう努めた。すると、ずっと質の高いデザインが完成した。これには驚かされたと、ダッシュウッドは言う。それはそうだろう。それまでは、ほかの人たちが自力で優れたアイデアを生み出すことなどできないと思い込んでいたのだから。

一方、ダッシュウッド自身については、どのような発見があったのか？　重要な仕事は自分で責任をもってやるほかないと決めつけず、ほかの人に責任をもたせて任せてもいいのだ、と学ぶことができた。

金魚鉢の対話は、すべての人にとっての「練習グラウンド」なのだ（デキュリオンではこのような表現を用いる）。そこでの対話は、コラボレーションを妨げる障害を取り除いてビジネスを前進させる手段であると同時に、人々の成長を助ける手段にもなっている。ダッシュウッドはみずからの個人レベルの成長のために、その対話の機会を利用して二つの要素のバランスの取り方を模索している。リーダーとして明確な構想を示してビジネスに責任をもつことと、メンバーに個人レベルと集団レベルで責任をもたせて仕事をさせることのバランスを取ろうとしているのだ。この職場で、ダッシュウッドは、メンバーが現実のビジネス上の課題に取り組み、個人としても学習コミュニティとしても成長できる環境をつくっている。一方、メンバーはダッシュウッドに、リーダーとしての弱点の克服に取り組み続ける機会を与えている。

デキュリオンで言う「特別なことをする必要はない」とは、このようなことを指している（この言葉は、同社がアドバイザーとして信頼を寄せるカズ・ゴジズが用いたものだ。フォアマンは、ゴジズを同社の変革の設計者と呼んでいる）。このアプローチの下では、人々は目の前のビジネス上の課題を解決し、ビジネスで高い水準を追求することを通じて、みずからの弱点を克服していく。デキュリオンでは、日々の仕事がこのようにして進む。人々が開花できる場をつくるとは、こういうことなのだ。

ブリッジウォーター——ものごとの根っこの原因をえぐり出す

あなたは、自分がどのくらい優れているかと、どのくらい速いペースで学習しているかの、どちらをより心配しているのか？

——レイ・ダリオ（ブリッジウォーター創業者）

コネティカット州ウェストポートにあるブリッジウォーター本社の会議室に着席すれば、この空間が透明性を重視して設計されたことがすぐにわかる。壁一面の窓を通して太陽の光が差し込み、木々の頭越しに、敷地内を流れるソーガタック川を見渡せる。透明なのは、窓側だけではない。廊下側の壁もガラス張りになっていて、誰が会議をしているかを誰でも見られるようになっている。世界で最も優れた運用成績を誇るヘッジファンド、ブリッジウォーターに、秘密会議は存在しない。同社では、好ましい企業文化の比喩として「サンライト（太陽の光）」という言葉を用いる。さまざまな問題に対する解毒剤として、透明性重視の文化を大切にしているのだ。

ブリッジウォーターでは、あらゆる会議の、ひいてはあらゆる意見交換の中核に、真実の徹底的な追求がある。その一環として、ここで働く人たちはみずからの弱点についても真実を知ろうとする（それを知ることは、おうおうにして非常につらい経験なのだが）。同社のリーダーたちに言わせれば、真実と透明性の徹底的な追求は、企業文化の重要な要素、もっと言えばその核心をなす要素だ。同社がライバルを寄せつけない大成功を収めている理由もここにあると、彼らは言う。

失敗した会議——セルジオへのフィードバック

冬の金曜日のよく晴れた朝、時刻は午前九時。創業者のレイ・ダリオ直属のチームが毎日定例の会議をおこなっている。同社では、企業文化と基本的な価値観を強化するために、社員が日々の学習に取り組む。この十数人のグループは、そのためのケーススタディの教材を作成することが仕事だ。このチームが開発しようとしているのは、双方向型の動画教材と自己採点ツールで、会社の基本理念を理解して現場で実践するために、新入社員から最上層の経営委員まで全社員が活用するためのものだ。カリキュラム作成チームの大半は二〇代前半。アメリカ東部の名門大学から新卒として入社した若手社員たちだ。毎週金曜日のミーティングでは、チーム内で直面している重要な問題を分析し、原因を突き止めるために議論している。この作業は「診断」と呼ばれている。

診断は、自己改善のプロセスで必要な五つのステップの一つだ。自己改善を継続することは、人が人生の目標を達成するために不可欠だと、ダリオは考えている。五つのステップは、それぞれを明確に区別し、混同しないことが重要だとされる。たとえば、問題の診断と解決策の設計はしっかり区別しなくてはならない。五つのステップは、以下のとおりだ。

① **目標を設定する**——目標はどんなことでもいいが、やりたいことのすべては実現できない。なにかを達成したければ、優先順位を決めなくてはならない。ときには、魅力的な選択肢を捨てることも必要だ。

② **問題を特定し、それを放置しないと決める**——問題はほとんどの場合、あなたの目の前に

ある自己改善のチャンスだ。痛みの大きい問題ほど、大きな自己改善につながる。重要なのは、(1)問題を認識すること、(2)それを放置しないと決めることだ。つらくても、問題と向き合おう。そうすれば、やがてもっと好ましい状況をつくり出せるのだから。

③**問題を診断する**――この段階では、冷静に、論理的に行動しなくてはならない。問題の根っこにある原因、つまり問題を生む行動の根底にある原因を明らかにすることが重要だ。自分やほかの関係者の失敗を認識し、そこから学ぶことは、問題を取り除くうえで避けて通れない。みずからの可能性を開花させる人とそうでない人をわける最大の違いは、自分と他人を客観的に見ようとするかどうかだ。問題を診断する際にとりわけ重要なのは、論理力、複数の可能性を目にとめる能力、そしてもう一つは、真実の発見を妨げる自我の障害を乗り越えるために、あえて人々の痛いところを衝く勇気である。

④**計画を設計する（解決策を決定する）**――計画の設計は、映画の脚本を書くのに似ている。目標の達成に向けて、段階ごとに誰がなにをすべきかを明確に描く必要があるからだ。ここで目指すべきなのは、問題の再発を防いだり頻度を下げたりするために、どのような行動を改めるべきかを明らかにすること。問題を一つひとつ検討し、その問題を生む根本的な原因を理解する必要がある。言ってみれば、問題を「製品」、それを生み出す原因を「機械」と考え、悪い結果ではなく好ましい結果を生み出させるために、その機械をどのように修正すべきかを考えるのだ。行動する前に設計しよう！

⑤ **課題を実行する**――いくら立派な計画を立てても、実行しなければなにも成し遂げられない。目標を達成するためには、「やり通す」ことが必要だ。このステップが得意な人は、計画を遂行する能力も高い。たとえば、日常の業務上の課題が計画遂行の妨げになっていると気づけば（つまり、それが問題だと特定できれば）、問題を診断し、課題の処理と計画の前進を両立させる方法を設計する。

みずからの弱点を生み出している根本的な原因を知るうえでカギを握るのは、「診断」のステップだ。自分やほかの誰かがミスを犯したと認識することがすべての出発点だが、ブリッジウォーターでは、それだけでは不十分とされる（ダリオが言うように、ミスを認識することは、少なくとも「好ましくない状況を放置しない」姿勢をあらわしてはいるが）。ミスを見つけてすぐに解決策に飛びつくのではなく、まずミスの背景にある自分や他人の弱点を体系的に掘り起こすよう促されるのだ。では、好ましくない行動そのものではなく、その根っこにある原因を徹底的に検討すると、「より深い真実」についてどのようなことを学べるのか？

この朝、カリキュラム作成チームが取り組んでいる診断作業では、セルジオに焦点が当てられる。チームの面々は、セルジオの個人評価レポートの内容についてみんなで話し合ったところだった。ブリッジウォーターでは毎日、すべての社員が複数の人物からフィードバックを受け、自分もほかの社員へのフィードバックをおこなう。フィードバックで聞かされていないことが正式な評価レポートにいきなり記されることはない。また、一人ひとりの評価レポートについては、チームのメンバー全員で率直に話し合うものとされている。この日の会議は、経営委員会の元メンバーであるニコ・キャナーがファシリテーター役を務めておこなわれている。

セルジオは一年以上前、会社を辞めて医学大学院で学びたいという思いをダリオに打ち明けていた。そのときダリオは、本当のことを正直に話してくれたことへの感謝を述べる一方、こう伝えることも忘れなかった——会社に残ってくれれば、素晴らしいキャリアを築けるだろう、と。これに対し、セルジオは率直な思いを語った。四五歳になったとき、朝に目が覚めるたびに、投資家の資金をマネジメントする人たちをマネジメントする自分に失望したくないのだ、と。

セルジオはこの朝、これに関連した葛藤を語る。「思わぬときに、他人を喜ばせたいという強烈な欲求を感じます。その欲求に突き動かされて行動するせいで、自分の望まない結果を招いてしまうことがあります」というのだ。セルジオは、袋小路に入り込んだように感じていて、会社に残ってダリオを喜ばせたいという欲求と、医学大学院で新しいキャリアに踏み出したいという欲求の板挟みになっているのだと打ち明ける。

セルジオは、自分が他人に迎合しがちだという自己認識をもっている。「目の前にいる人を片端から喜ばせようとしてしまうのが悩みの種です」

チームでの診断作業が始まると、別の会議でセルジオが取った行動の原因が議論になった。同じ週、ある会議で主導役を務めたときのこと。セルジオは、会議のスライドづくりを同じチームのメンバーであるヴァージニアに任せた。しかし、会議に出席した人たちは感心しなかった。スライドが不適切だったため、セルジオが会議をうまく運営したり、その場で問題に対処したりする役に立たず、会議が「脱線」してしまったのだ。

ファシリテーター役のキャナーはセルジオに対し、スライドのひどさをどの程度認識していたのかと尋ねる。「そもそも、どういう資料が必要なのか認識していたのですか？　どの程度じっくりスライドを検討したのですか？」。同僚たちがこぞって発言し、スライドがどのような点で会議の目的に役立っていなかったかを指摘する。資料をどう改善すべきかは、誰も言わない。それは、この話し合いの目的ではないからだ。

キャナーとチームの面々は、質問を投げかけ、思ったことを指摘し続ける。セルジオは、前の会議でスライドを擁護するために時間を費やしてしまったことを認める。スライドは明らかに不適切だったが、そのことに気づいたのは会議が終わったあとだったというのだ。「とっさにスライドを擁護してしまったのです」。しかし、メンバーはこれで終わりにしない。「より深い真実」を明らかにするためには、セルジオのどのような面がそうした行動を取らせたのかを掘り下げる必要があるからだ。

やがて、セルジオが自分なりの診断を示す。まず、その会議を進行するためになにが必要かについて、適切なイメージを頭の中に描けていなかった。それに、会議の目的について、ほかの人たちと「共鳴」できていなかった（「共鳴」という考え方は、ブリッジウォーターで非常に重んじられている）。また、会議を成功させるためになにが必要かを、明快かつ緻密に理解できていなかったという。「会議の目的を見失っていました」と、セルジオは言う。「自分が優秀に見えているか心配することと、目標を達成することのどっちが大切なのかと、レイ［・ダリオ］がよく言います。あの日の私は、スライドを擁護するほうに走ってしまいました」。こうして、セルジオは問題の根っこの原因をあぶり出すことに成功する。自分を優秀に見せたいという欲求と、他人を喜ばせたいという欲求。それが問題の根本的な原因だった。彼はこれらの欲求に乗っ取られて行動していたのだ。

話し合いは予定の時間内にまとまり、セルジオは、同様の場面での適切な振る舞い方を訓練する機会をもっと与えてほしいと頼む。そして、次のステップでは成長のプロセスをもう一歩先に進めたいと述べ、進捗状況の確認に付き合ってほしいとキャナーに言う。たとえて言えば、魚を与えてもらおうというのではなく、自分で魚を釣れるようになるために、そのような場を設けたいのだという。

最後に、キャナーは、セルジオだけでなくチーム全員が学ぶべき教訓をまとめる。「こうした失敗は、前進するためのガソリンになりうるものです」。そして、セルジオを称賛することも忘れない。学習の「ループ」をつくり出すためにさらなる訓練を誓っているし、チームのメンバーがどのような行動を嫌うかもはっきり理解できるようになったからだ（メンバーがとくに嫌うのは、ニーズを満たすために必要な成果物の水準を明確に理解せずに仕事を他人に任せることだ）。

ブリッジウォーターでは、真実を掘り起こすために大きな熱量をともなう厳しい対話をしたあと、会議の締めくくりによく用いられる言葉がある。この日も最後に、セルジオがその言葉を述べる――「どうやら意見の一致をみたようですね」。

アイデアの実力主義

ブリッジウォーター・アソシエーツは、本書執筆時点で二つのヘッジファンド――「ピュア・アルファ・ストラテジー」と「オールウェザー・ストラテジー」――を通じて一六五〇億ドルの投資資金を運用している。顧客は、外国の政府や中央銀行、企業の年金基金、公的年金基金、大学基金、慈善財団などの機関投資家だ。一九七五年にレイ・ダリオが住んでいたアパートの一室で誕生したブリッジウォーターは、いまも株式非上場企業として運営されている。従業員数は約一五〇〇人にのぼる。

これまで四〇年の歴史のほとんどの期間、きわめて運用成績の高いヘッジファンドとして評価されてきた。この五年だけでも、受賞した業界関連の栄誉は四〇を下らない。「ピュア・アルファ・ストラテジー」は一九九一年の開設以来、赤字は一年だけ（本書執筆時点）。開設以来の年平均利回りは一四％に達する。相場の状況に関係なく利益を上げることを目指す「オールウェザー・ストラテジー」も、一九九六年の開設以来、年平均九・五％の利回りを記録してきた。二〇〇九～一一年の収益率は、ヘッジファンド業界全体の運用成績がS＆P５００（アメリカの代表的な株価指数）を下回るなかで、なんと三四％に達した。また、ブリッジウォーターは二〇一〇年と一一年、インスティテューショナル・インベスター・アルファ誌により、世界最大の、そして運用成績が世界最高のヘッジファンドに選ばれた。エコノミスト誌も二〇一二年、同社を歴史上最も投資家の資金を増やしたヘッジファンドと呼んだ。

共同CEOのグレッグ・ジェンセンに言わせれば、成功の源泉は、基本原則に対するアプローチにある。そのアプローチの下では、金利の複利効果のように、時間を経るにつれて「原則の理解がさらなる理解を生む」という。

私たちのビジネスに関して気づいたことがあります。ほかのビジネスもほとんどが同じでしょう。それは、ほかの人たちより質の高いアイデアをもたなくてはならない、ということです。結局はそれに尽きます。私たちは、市場にいるすべての人と競い合っています。市場価格は、市場の人々の将来の予想を加重平均したものと言えます。ほかの人たちよりも正確に相場を見通すためには、将来起きることを誰よりも理解するしかありません。要するに、アイデアの質がすべてを決めるのです。私たちの会社で質の高いアイデアを生み出している体制の土台になっているのは、基本原則の透明化と共有です。誰もが役割を理解し、いわば会社の憲法を知るようにしています。私たちは基本原則を会社の憲法のようなものと考えているのです。なんらかの決定をくだすたびに、私たちはみずからにこう問いかけます――「どの基本原則が関係するだろう？　その原則に照らして、どのように決定をくだせばいいか？」。ものの見方が変われば、基本原則も修正します。そうすることにより、ものごとへの理解が深まり続け、会社が歴史を刻み続けるなかで、社員が学び続けられるようになるのです。基本原則に同意できない人は、徹底的に戦わなくてはなりません。陰で不満を言うことは許されません。

ブリッジウォーターは投資に関する技術的な知識を、独自に開発したコンピュータシステムに、すべて記録している。これが投資判断の基本ルールとなる。投資に関する判断の九八％は、このルールに基づいて自動的におこなわれている。それに対し、全社員が堅持することを――賛同できない場合は、それを修正するために徹底的に戦うことを――義務づけられる基本原則、つまりブリッジウォーターの憲法は、金融や相場や投資に関する定石ではない。それは、真実と透明性を重んじる企業文化を育成・維持するために求められる行動を定めたものだ。基本原則は、あらゆる意思決定の質を評価する際の基準であり、社員が規範として準拠し、理念を確認するための共通の参照資料となっている。

基本原則は全部で二〇〇以上にのぼり、カテゴリーごとに分類されている。いくつかの基本原則の概要を以下に紹介しよう。

●**真実を信じよ。**透明性をとことん追求すべきだ。ものごとを徹底的にオープンにせよ。嘘を許してはならない。

●**失敗をすることは問題ないが、失敗を認識し、分析し、そこから学ばないことは許されない——そんな文化を築け。** 自分や他人のミスを責めてはならない。ミスを愛せ！　自分が優秀に見えるかどうかより、目標を達成できるかを心配せよ。痛みを感じたときは、内省しよう。

●**つねに考え方を「共鳴」させよ。**「ホントに？」「それは理屈に合う？」といったことを話し合おう。大切なのは、自分の考えをはっきり主張すると同時に、さまざまな考え方をオープンに受け入れること。ただし、すべての意見に同等の価値を認める必要はない。自分とほかの人たちのそれぞれの「信頼性」を考慮に入れるべきだ。ほかの人と考え方を「共鳴」させることに時間とエネルギーをふんだんにつぎ込もう。それに勝る投資はない。

●**適切な人材を起用せよ。** 覚えておこう。よいものはほぼすべて、素晴らしい人物が素晴らしい文化の中で活動する結果として生まれる。まずは、仕事の内容に合った人物を起用することを心がけるべきだ。

●**人は一人ひとり違うと理解せよ。** 一人ひとりの部下がどのような人物かを知ろう。そうすれば、それぞれの人物になにを期待できるかが見えてくる。個人の違いを覆い隠してはならない。それをオープンに論じて、適材適所に人材を配置し、仕事の割り振りを明確におこなうことを目指すべきだ。

●**目標を達成するための「機械《マシン》」を設計・操作するつもりでマネジメントをせよ。**つねに、目標どおりの結果が得られているか点検しよう。もし問題があれば、二つのレベルの議論をしなくてはならない。(1)どうして機械がそのような結果を生み出したのかという設計レベルの議論、そして、(2)問題にいまどのように対処するべきかという対症療法レベルの議論である。ほかの人たちの責任を問うと同時に、ほかの人たちがあなたの責任を問うことも歓迎しよう。また、意思決定にあたっては、論理、理性、分析を最も重んじるべきだ。

●**「機械」になにを期待すべきかについて徹底的に精査せよ。**つねに部下を精査し、部下にあなたを精査させよう。覚えておいてほしい。自分を客観的に見られる人はほとんどいない。だから、他人を精査し、他人に精査されることを歓迎するべきだ。その際、精査する対象を選んではならない。また、精査は秘密裏におこなわず、透明にすべきだ。

●**人々の評価は「やさしく」ではなく、正確に。**自分と部下が個人としての成長のプロセスを経験するのだと忘れてはならない。部下がその過程で自分の弱点を掘り下げるとき、その痛みを乗り越えられるように助けてあげよう。

●**実際の経験を通じてメンバーを訓練し、テストせよ。**やることすべてをケーススタディにすること。メンバーに魚を与えるのではなく、魚の釣り方を教えるように努めよう。

●**適任でない人物を社内のほかの職に移すか、さもなければ会社から取り除け。**ある人物が現在の職に適していないと判断した場合は、一刻も早くその職からはずすこと。要求水準を妥協してはならない。

● **問題を適切にとらえるべし。** 問題は、自己改善を前進させるガソリンだ。悪い状況を容認してはならない。問題を論じるときは、「私たち」や「彼ら」といった漠然とした言葉を使わないこと。その種の表現は、個人の責任を覆い隠すからだ。個人名を挙げて議論しよう。

● **問題という症状を生んでいる原因を診断せよ。** あらゆる問題の根っこには、それを生む原因がある。その根本的な原因をあぶり出すための診断作業が必要だ。適切な診断をするためには、みんなで協力して率直で質の高い議論をおこない、真実を掘り起こさなくてはならない。

● **目標の達成に向けて「機械」を設計せよ。** 一つの機械を、つまり結果を生み出すシステムを設計しているという意識をもつこと。その際、最も重要なのは、業務内容を軸に組織をつくるのではなく、目標を軸に組織をつくることだ。目標から出発して組織を設計しよう。

● **「知らない」状態に対処する力の重要性を理解すべし。** 目指すべきは、あくまでも最良の答えを見つけること。手持ちの答えのなかから最良のものを選ぶことではない。だから、自分がなにを知らないかをつねに心配すべきだ。

● **総合的に考えよ。** さまざまな要素を理解し、点と点を結びつけよう。大切なのは、妥協すべきことでないことで妥協への誘惑に負けないこと。万人を喜ばせようとしてはならない。

これらの基本原則にあらわれているのは、真実を徹底的に追求しようという強い姿勢だ。その土台には、絶え間ない改善を通じて高い水準に到達しようという考え方がある。ブリッジウォーターのリーダーたちは、社内のすべてのプロセスを「機械」のイメージで見ており、問題が生じるのは避けられないけれど、改善が可能なシステムと位置づけている。

同社は、経済も一つの機械とみなしており、その仕掛けを丸裸にしている。経済だけではない。人間が設計した社内のプロセスも、一つの機械とみなされる。新入社員の採用に始まり、ＩＴサポート部門のソフトウェア・インストールに関する方針、研修のケーススタディ用動画教材の作成にいたるまで、すべてのプロセスは、なんらかの結果を生み出すことを目的に設計されている（それがどの程度うまくいくかは一様でないが）。そうしたプロセス（＝機械）を改善するためには、つねに真実を追求し続けなくてはならない。現状を把握すること、そして問題が持ち上がった際に、誰がなにを学ぶべきかを明らかにすることが必要だ。

精査と透明性

ブリッジウォーターが重んじている「精査」とは、「より深い真実」を明らかにするための手段だ。具体的には、なんらかのプロセスの設計やなんらかの問題、あるいはその人物が取った行動（もしくは取らなかった行動）について、誰かに問いを投げかける。

また、問いを発することに前向きな企業文化においては、「精査」することにより、自分たちが同じデータを見ていて、ものごとの因果関係について同じ見方をしていると確認できる。精査は、真実を明らかにするプロセスだ。それは、相手がどのような人物か（what people are like＝ＷＰＡＬ）を知る手段にもなる。マネジャーは、それがわかると、問題の根本原因が特定の個人にあるのか、それとも「機械」の設計（職務内容やワークフローなど）にあるのかを判断しやすくなる。

ブリッジウォーターがもう一つ重んじていることである「徹底的な透明性」とは、オフィスをガラス張りにするというだけの話ではない。社内の会議はすべて録音され、社員なら誰でも聞けるようになっている（顧客の企業秘密が話題にのぼっている場合は別）。この方針を徹底するために、すべてのオフィスと会議室に録音システムが設置してある。たとえば、あなたの直属の上司とその上司があなたの成績について話し合ったとしよう。あなたは、その場に招かれていなくても、録音を聞いて話の内容を確認できる。しかも、出席者を限定した会議で自分が話題にされていないか確認するために、すべての録音データを片端から聞く必要もない。多くの場合、会議で言及された人物には通知が届く。この会社では、秘密会議は存在しないに等しい。すべての会議における発言は、「真実の歴史的記録」として保存・開示される。

共同ＣＥＯのジェンセンによれば、顧問弁護士は当初、会議を録音すると聞いて「怒り狂った」という。しかし、会社が裁判に訴えられたとき、録音データを証拠として提出したことが数回あった。「いずれの場合も勝訴しました。録音データのおかげで、私たちがいつも対外的な言葉のとおりにビジネスをおこなっていると明確になったからです」

平凡な業務上の会話がいつ、真実を語り、みんなで学習する機会に移行しても不思議でない。会議を中断して、「一歩下がって考える時間」が設けられる場合も多い。そのような場では、エラーを洗い出して、どのような行動・思考パターンが根本原因かを診断し、人々がみずからの自己防衛反応から学習するためになにをすべきかを明らかにしていく。自分の弱点を組上に載せられた出席者は、問題から目をそらさずに、その原因になっているマインドセットの「迂回策」を設計するよう促されることもある。具体的には、信頼できる同僚やリーダーの力を借りたり、失敗に陥らないための「ガードレール」になりうる手順を設定したりする。このように、弱点を克服するために能動的に行動することが求められるのだ。

毎日が「事後検討会」の連続だ。ただし、たいていの反省会の類いより、ずっと掘り下げた議論がおこなわれる。話題にされた人物について人々がなにかを学ぶまで、話し合いは終わらない。起きた出来事は、あなたについて、そしてあなたのマインドセットについて、なにを物語っているのか？　この点を明らかにする必要がある。目の前の状況に対して反射的に自己防衛反応を取るのではなく、一段高い場所に立って、いつも同じ失敗を繰り返している自分を見下ろしたとき、はじめて見えてくるものがあるかもしれない。そのとき目に映った自分の行動、そして失敗と成功には、あなたに関する「より深い真実」がどのように映し出されているのか？　この問いを毎回自分に投げかけることが重要だ。あなた（や一緒に働く人たち）がこの問いの答えを見いだせなければ、あなたは同じ失敗を繰り返し、同じように不満足な結果を味わい続けることになる。

お察しのとおり、ブリッジウォーターに加わって間もない人は、戸惑うこともある。ほかの会社でスター社員だった人、お手本や成功者と位置づけられていた人は、なおさらだ。しかし、この会社で働く人たちは、自分の内面にある障害や職場で起きる出来事の根本原因を精査するときに感じる痛みについて、オープンに、そして率直に語り合う。それを毎日実践すべき理由を忘れないために、次の数式がしばしば引き合いに出される。

痛み＋内省＝進歩

社員は、そのための専用アプリまでもっている。会社支給のタブレット型端末ｉＰａｄに、「ペイン（痛み）・ボタン」というアプリが標準で搭載されているのだ。職場でマイナスの感情をいだいたとき、とくにほかの人とのやり取りで自己防衛反応を取ったときに、そのアプリに記録して経験を共有する。そして、記録に基づいて当事者間で対話をおこなって、真実を探り出し、問題の根底にある個人的な原因を直接是正するために、一人ひとりがどうすべきかを明らかにしていく。

狙いは、ブリッジウォーターの人々の表現を借りれば「向こう岸に行く」のを後押しすることにある。自己防衛反応を克服し、マインドセットに疑問を投げかけられることの痛みに折り合いをつけ、みずからの成長を妨げる感情的な自己防衛反応を主体的に制御できるようになる——それが「向こう岸に行く」ということだ。ブリッジウォーターでは、自分の失敗から学ぶことが職務上の義務とされている。十分な時間を費やしても「向こう岸」に行けない人は、自分から辞めていくか、さもなければ会社から去るよう求められる。

信頼性を問う——ウッディの変化

ジョン・ウッディは、採用部門の共同責任者だ。現在、三〇代前半。入社当時は、ダリオ直属のチームで働いていた。二〇一三年には、ブリッジウォーターを題材にしたハーバード・ビジネススクールのケーススタディ教材でも大きく取り上げられたことがある。[4]

ウッディは、みずからの成長ストーリーを私たちに語ってくれた。いまでこそ「向こう岸」に到達し、自分の弱点について社内の誰とでもオープンに話せるが、厳しい指摘を受け止められなかった時期もあった。そんなウッディがダリオから「慢性的な信頼性の問題」をズバリ指摘されたのは、入社数年後のことだった。前述のように、ブリッジウォーターではこの種の会話をすべて録音しているので、二人の会話の一部をここに再現できる。

ダリオ　彼はきみに日次報告を指示していた。私もそう指示したはずです。

ウッディ　その件に関して異論はありません。おっしゃるとおりです。

ダリオ　問題は二つあります。日次報告がされないことだけでなく、慢性的な信頼性の問題もあるのです。きみは指示を守れない人間だと思われている。

ウッディ　あの……そういう話になると、承服しかねます。私たちが――

ダリオ　これはきみの問題だ。

ウッディ　その問題について詳しく話してもいいですか？

ダリオ　もちろん！

ウッディ　私は大量の仕事を抱えていて、それをすべて遂行しています。確かに、いくつかの問題では――

ダリオ　いや、きみはやっていない。きみの信頼性の問題は、ジョークのネタになっているくらいだ。指示された仕事をやらないから。きみは日次報告をするように言われている。やるべき仕事がある。これはきみの問題です。それなのに、きみは自分の問題点を受け入れていません。

この話し合いのときと、そのあとの数日間、ウッディは厳しいフィードバックに拒絶反応を示した。ダリオが「痛いところを衝いた」（と、ブリッジウォーターでは言う）ことに対し、とっさに自己防衛反応を取ったのだ。本人はこう振り返る。

私たちは、論理的に行動し、現実を直視することを誇りにしています。ところが、私の最初の反応は、「それは違う！」というものでした。この時点で、すでに非論理的な態度です。どうして私が信頼できないのかと、問い返すことすらしていないのですから……自分では、オープンな精神の持ち主で、自分の誤りを認められる人間のつもりでした。でも、実際には違ったと、すぐに気づかされました。異論を唱えられたときは、感情が影響を受け、反応にあらわれます。ついカッとなり、論理的思考ができなくなる。侮辱されたように感じてしまうのです。

しかし、ダリオやそのほかの人たちに促され、「自尊心を乗り越え」て自分の行動を掘り下げていくと、次第に見えてきたことがあった。自分の問題行動は、例外的なものでもなければ、特定の状況に限られたものでもなく、それが自分の行動パターンなのだと気づいたのだ。「それは、仕事の上だけの問題ではなく、私という人間そのものにまつわる問題なのだとわかってきました。私は八歳の頃からそうだったのです」と、ウッディは説明する。

自分に問いかけずにいられませんでした。「八歳の頃からいつも影響されてきた問題なのに、三〇歳になってそれを指摘されたときに躍起になって否定するとは、どういうことなのか？私はどういう人間になりたいのか？」。私がなりたい人間、それは、［アメリカンフットボールの試合で」二ヤードラインでボールを託してもらえる男です。「どうしても点を取りたい。いちばん信頼できる選手にボールを託さなくてはならない。それがきみだ」と言われたい。［それなのに］実際にはこう言われてしまうのです。「きみはそういう選手ではない。そもそも、ボールを託そうと思ったときに、そこにちゃんといるかも当てにできない」。当然、傷つきます。

それでもウッディは、「強力なコミュニティ」のおかげで、自分の抱えている問題に向き合えたと語る。その問題とは、すぐに腹を立てて弁解がましい態度を取ること、会議などにいつも遅刻すること、約束を守る人物として信頼されていないことである。現在は、厳しい指摘を「受け入れる」よう努めている段階だ。「問題の原因を取り除くために、自分を少し変えようとしています。昔に比べれば、［自分の問題点と向き合うことに］ずいぶん抵抗を感じなくなりました」と述べている。

信頼性の問題に関して進歩してはいるが、まだ課題も多いと、ウッディは認める。それでも、大きく前進したことは間違いなさそうだ。「ものごとの優先順位を昔より冷徹に判断するようになりました。なにかを約束するときは、その前にじっくり考えるようにしています。その約束をどのように実行するかを細部まで思い描き、依頼主の意向をよく尋ね、周囲の人に頼る姿勢を明確にするようになりました」

ウッディのように、人のパフォーマンスを高める「培養器」の性格をもつ会社で成功する人は、「向こう岸に行く」こと自体を旅の目的とは考えていない。向こう岸の、見晴らしがいい場所に立つことを目的にしている。苦労を味わいながら、自己認識と自己理解の能力を高めていこうとする。ブリッジウォーターのほとんどの社員にとっては、「痛み＋内省（＋「強力なコミュニティ」）＝進歩」なのである。

事例が問いかけること

見てのとおり、ここまで紹介してきた三社はいずれも、業種の分類で言えば人材開発の企業ではない。この三社は、プロの教育者を集めた高等教育機関でもなければ、心理学の専門家を集めたクリニックや自己啓発機関でもないし、経営コンサルティング会社でもない。つまり、人が弱点を克服するのを助ける専門組織ではないのだ。ヘッジファンド、映画館、ECサイトを運営する三社の事業内容はまちまちだが、どれも人材開発ビジネスにはほど遠い。本章で紹介したような、「自己精査を絶えず続ける人たち」と言われて、マクロ経済投資家と映画館運営者とソフトウェアエンジニアを真っ先に思い浮かべる人はそういないだろう。

この三社は、ビジネスの成功を生む投資だと信じて企業文化の構築に励んでいるが、ビジネスの成功と社員の成長を切り離して考えることはしない。これらの企業が発達指向の文化に大きな投資をしているのは、企業が個人の成長を促す理想的な場になりうる、そして個人の成長がやがてビジネスの成功をもたらす秘密兵器になりうるという揺るぎない信念があるからなのだ。

ネクスト・ジャンプ、デキュリオン、ブリッジウォーターという三つの発達指向型組織（DDO）では、ビジネスで卓越した成果を上げることと、会社の仕事を通じて人々が成長することという、二つの目標が完全に一体化している。具体的なアプローチは会社によって異なるが、興味深いことに、大切にしている要素は共通している。ネクスト・ジャンプは、人を助けることを最優先事項と明確に位置づけ、他人の力になると同時に自分を成長させる方法としてコーチングに重きを置く。デキュリオンは、人々が個人として成長し、同時に会社がビジネスチャンスを十分につかめる環境をつくるために、新しいタイプの学習コミュニティ（成長コミュニティと言ったほうが適切かもしれないが）の力を高めようとしている。そしてブリッジウォーターは、徹底して真実を追求し、どんなに不都合なことからも目を背けない。金融市場で成功するために必要というだけでなく、それが個人の成長を実現し、自社の企業文化を貫く道だと考えているのだ。

この三社はいずれも、一般的な組織における最も基本的な約束事を大胆に覆している。その約束事とは、私的なことと公的なことは分離すべし、という考え方である。本章の冒頭で紹介したブレネー・ブラウンの言葉に即して言えば、一般的な組織は、自分の弱さと向き合わず、弱さをもっている人と付き合おうとしない人間のようなものだ。そのような組織で働く人たちも、不完全さと弱さと恥と自信のなさは、仕事の世界から遠ざけておくべきだという思い込みをいだいている。

つまり、こう言っているに等しい。「弱さがときどき職場に入り込むことがどうしても避けられないなら、その際のルールを決めておく必要がある。本人は、ほかの社員のいない場所でのみ弱さを見せるようにし、なるべく早くそれを解決すること。一方、まわりの人たちは、見聞きしたことを胸の内にしまい、礼儀として、何事もなかったように振る舞うこと」

あなたは本章を読んで、さまざまな思いが湧き上がってきたことだろう。その反応の核心にはほぼ確実に、あなたが弱さに関していだいている感情がある。あなたの反応の根っこにあるのは、他人の前で弱さを経験することに対する感情なのかもしれない。あるいは、他人の弱さを目の当たりにすることに対する感情なのかもしれない。なにより、これらのことが職場で起きることに対する感情なのかもしれない。はっきり言えるのは、いまあなたがどのような思いや感情をもっているとしても、それはことごとく、ＤＤＯで働いている人たちもいだいていた――そして、いだき続けている――ものだということだ。本章の事例に対していだく感情は、人それぞれ違っていい。

次の二つの章では、あなたの第一印象をしっかり受け止め、じっくり観察して、DDOの根底にある理論に照らして検討する機会をつくりたい。まず第2章では、DDOで「発達（成長）」とはなにを意味するかを掘り下げる。この四〇年間の研究を通じて、大人の心理的発達について精微な理論が形づくられている。DDOの構造を深く理解するために、その理論が役に立つだろう。ひとことで言えば、DDOは、大人の発達の背中を押すような経験を最大限増やそうとしている組織だ（とはいえ、本人にその気がなければ、そうした経験が成長につながらないことは言うまでもない）。

第2章

「発達」するとはどういうことか？★

「development」や「growth」というのは、ビジネスやその他のさまざまな分野でよく用いられる言葉だ。企業のリーダーや株主は、会社の発展（development）と成長（growth）を実現したいし、社員は、みずからのキャリアを発展・成長させられる場所で働きたい。

企業が成長なり発展なりしているという場合は、たいてい売上高や利益、株価、社員数、市場シェア、事業の数、オフィスの所在場所、子会社の数などが増えることを意味する。ひとことで言えば、ビジネスの「サイズ」の拡大である。一方、個人のキャリアの成長や発展という場合は、在職年数や責任範囲、権限、給料の増加を意味することが多い。こちらは、地位の「サイズ」の拡大だ。発達指向型組織（ＤＤＯ）も、このような意味での発展を遂げず、そこで働く人たちがこのようなキャリアの発展を経験できなければ、会社は長続きせず、社員の確保にも苦労するだろう。

しかし、本書では、「development」という言葉をかなり違う意味で使っている。**社員のキャリアの発展（development）ではなく、社員の人間としての発達（development）に光を当て、組織を大きくすることより、組織をよくすることをまず考えるのだ。**ＤＤＯでもビジネスが成長し、社員のキャリアが発展するが、それはあくまでも「development」の結果だ。私たちは、それ自体が

★ 本章は、キーガンとレイヒーの前著『なぜ人と組織は変われないのか』（邦訳・英治出版）の内容を大幅に改訂したものである。

「development」だとは考えていない。

では、「発達」するとは、どういうことなのか？　人間がどのように世界を理解するか、そして、年齢を経るにつれてその理解がどのように広がり、歪みが小さくなり、ほかの人の視点を受け入れられるようになり、しかも主体性が高まっていくか、という研究が始まって、すでに一〇〇年以上になる。子どもの発達が研究され、子どもたちが自分自身と周囲の世界を理解する土台になっている論理が解き明かされていった。そして、子どもたちがどのように、その論理を進化させ、自分と周囲の世界に対する理解を高めていくかも突き止められた。その基本的なパターンは、性別や文化、社会階層の枠を超えて共通していることもわかった。

この研究分野が異論を浴びつつも大きな方向転換を遂げたのは、四〇年前のことだ。大人の発達が研究されるようになったのである。多くの研究者（本書の著者もそのなかに含まれる）により、思春期以降に知的論理の複雑性が高まっていくプロセスが解明されはじめた。長期の追跡調査の結果、人は大人になってからも、自分と周囲の世界への理解を妨げる障害を、乗り越えられる可能性があるとわかってきたのだ——すべての人が最も高いレベルまで行き着けるわけではないが[1]。

大人の発達の道筋

私たちが研究に着手した当時、人間の知性の発達は肉体の発達と同じように考えられていた。つまり、成長は二〇代でほぼ止まると思われていたのである。ほとんどの人は、二〇代以降になると身長が伸びなくなる。それと同じように、大人が心理面でそれ以上「伸びる」ことはないと思われていたのだ。もし四〇年前に、年齢を横軸、知性のレベルを縦軸に取って、人間の知性の発達プロセスをグラフ化しろと専門家に言えば、おそらく図２－１のようなグラフが完成したはずだ。二〇代までは右肩上がりの直線、それ以降は水平の直線。当時の専門家は、このような図を自信満々に描いただろう。

私たちが研究結果を発表しはじめたのは、一九八〇年代のことだ。人によっては大人になってからも、幼児期早期～後期、および幼児期後期～思春期に知性が飛躍的に伸びる時期（この時期についてはすでによく研究されていた）と同じくらい大幅に知性が向上するらしいと、私たちは発表した。すると、権威ある学会のパネルディスカッションで同席した脳科学者たちは、侮蔑を込めたほほ笑みを浮かべたものだ。

「長期の聞き取り調査によってそのような推論を導けるとお考えなのでしょうが」と、脳科学者たちは言った。「ハードサイエンスの世界では、推論に頼ることは許されません。私たちは現実を見ています。その立場から言わせてもらえば、思春期後期以降、脳の知性に大きな変化はいっさい起きません。お気の毒ですが」。若い人より年長者のほうが賢くて有能な場合が多いことは、「ハードサイエンス」の科学者たちも認めていた。しかし、それは経験の賜物だとみなしていた。つまり、知性を質的に向上させたり、アップグレードしたりするのではなく、同じレベルの知性から多くの成果を引き出す方法を学んだ成果だと考えていたのだ。

図2-1

年齢と知性の関係——40年前の常識

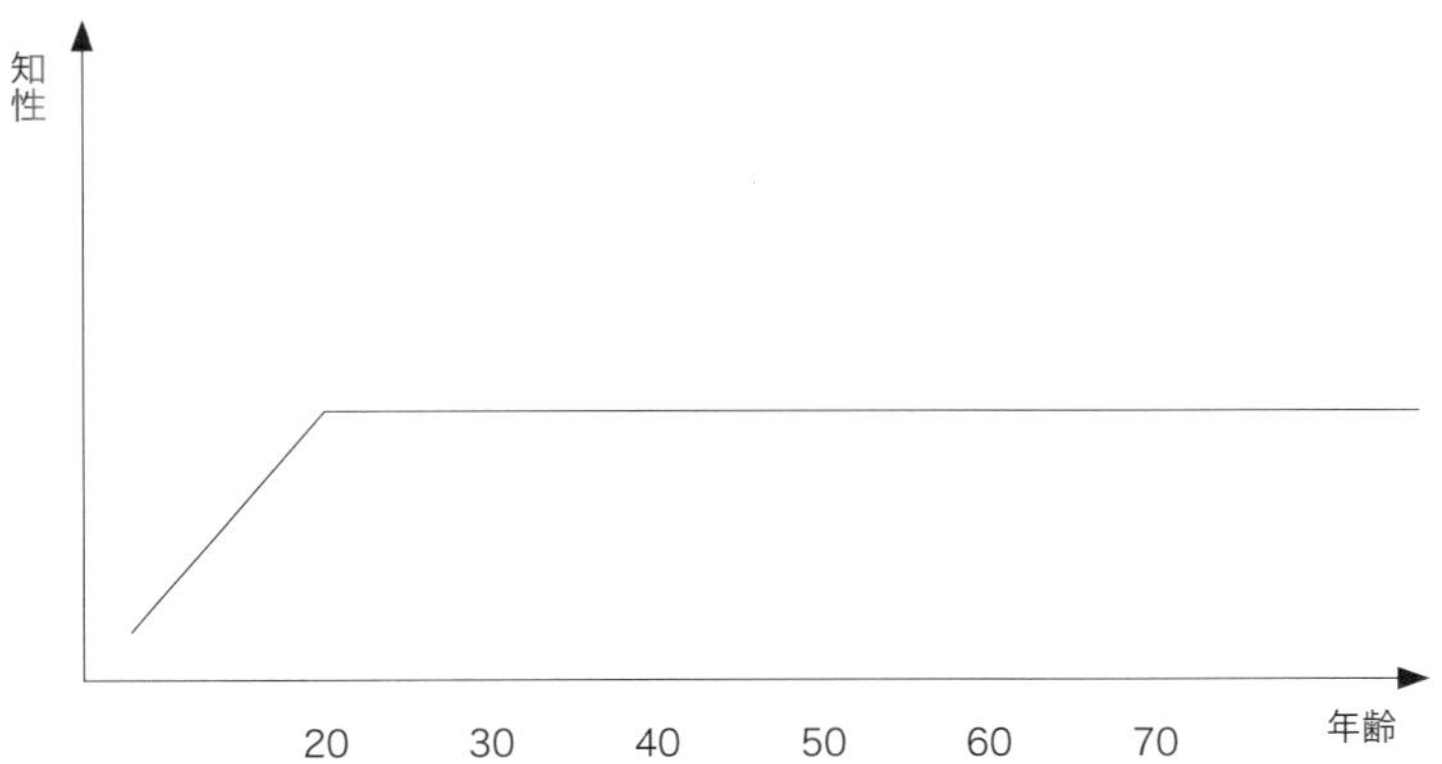

四〇年後、どうなったか？　一九八〇年代以前は、誰もが「推測」していたにすぎなかったのだとわかってきた。「現実を見ている」と豪語していた脳科学者たちも例外でなかった。脳研究に新しい手法が活用されるようになった結果、脳科学者たちの考え方は大きく変わった。いまでは脳科学の世界でも「脳の可塑性」という考え方が認められており、人間の脳には生涯を通じて適応を続ける驚異的な能力が備わっていると考えられている。

では、現在の科学的理解に基づいて、年齢と知性のレベルの関係をグラフにすると、どうなるだろう？　私たちやほかの研究者が四〇年にわたって実施してきた長期の調査（何百人もの人々に数年の間隔を置いて面接調査を繰り返し、その録音記録を文字に起こして徹底的に分析した）をもとにすると、図２－２のようなグラフが描ける。

このグラフから読み取れることが二つある。

- ある程度の規模の母集団について年齢と知性の関係をグラフにすると、緩やかな右肩上がりの曲線を描ける。つまり、全体的な傾向としては、人間の知性は、大人になってからも年齢を重ねるにつれて向上していく。そのプロセスは高齢になるまで続く。知性のレベルが一段上昇するごとに、大人は自分の思考と感情に対してより責任をもち、より多層的な情報を保持し、より遠い未来の

図2-2

年齢と知性の関係――新しい常識

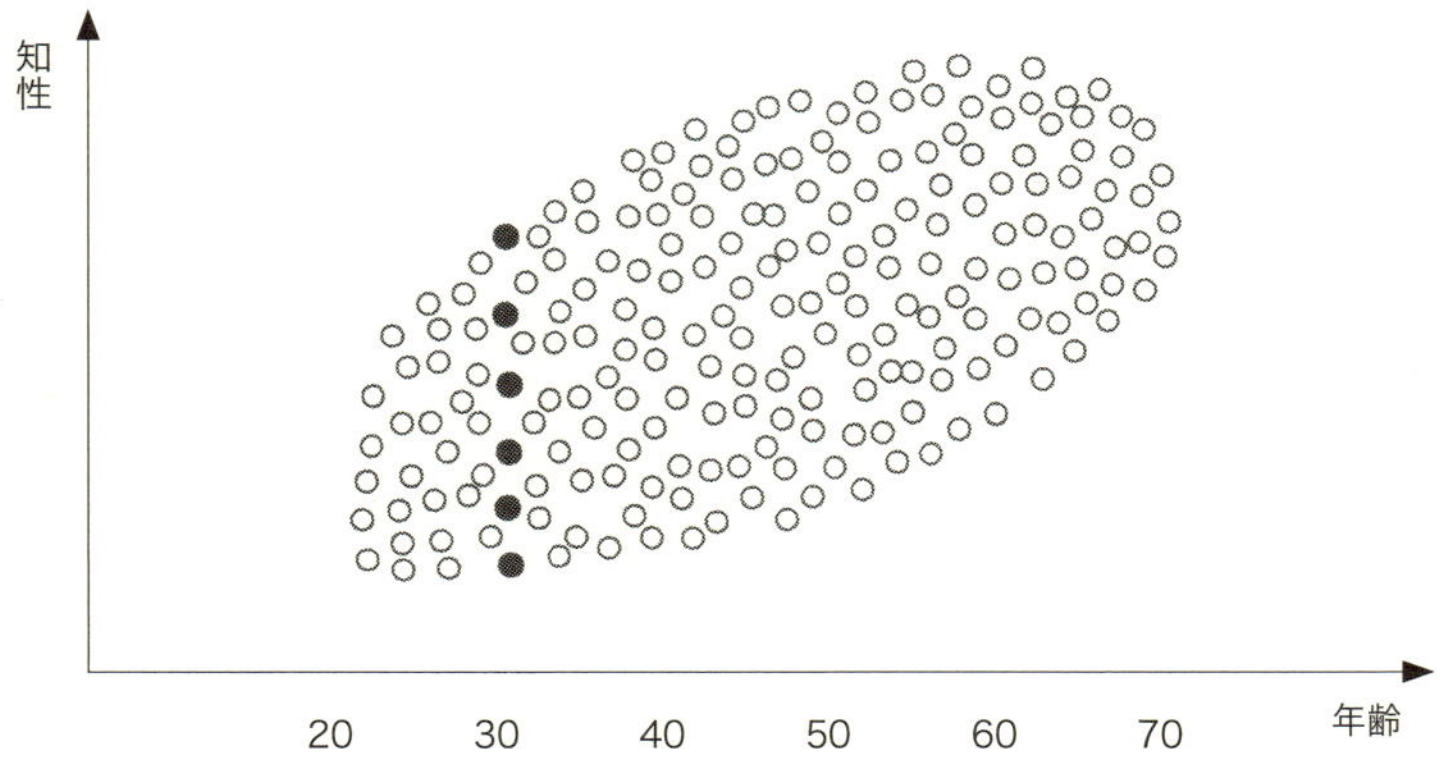

ことを考えられるようになる（これらは知的発達の結果としてよく知られていることの一部の例にすぎない）。人間の知性の発達は、二〇代で終わるものではけっしてないのだ。

●同じ年齢層のなかでも、知性のレベルには人によって大きな開きがある。たとえば、三〇代の人が六人（図の黒丸）いるとすれば、その六人の知性のレベルが全員違っても不思議でない。四〇代の人より高い知性の持ち主がいる可能性もある。知的発達を遂げるスピードは人によって違う。それればかりか、多くの人は——もしかすると大半の人は——この進化のプロセスの途中で止まってしまい、最も高いレベルまで到達できない。

人間の知的発達のプロセスについて、現在わかっていることを簡単なグラフに描くと、図2-3のようになるだろう。

このグラフからは、次のようなことがわかる。

●曲線がほぼ横ばいの「台地」状の箇所がいくつかあることから明らかなように、人間の知性はいくつかの質的に異なる段階を経て高まっていく。世界認識の仕方は、段階ごとに明確に異なる。

図2-3

知性の発達プロセス

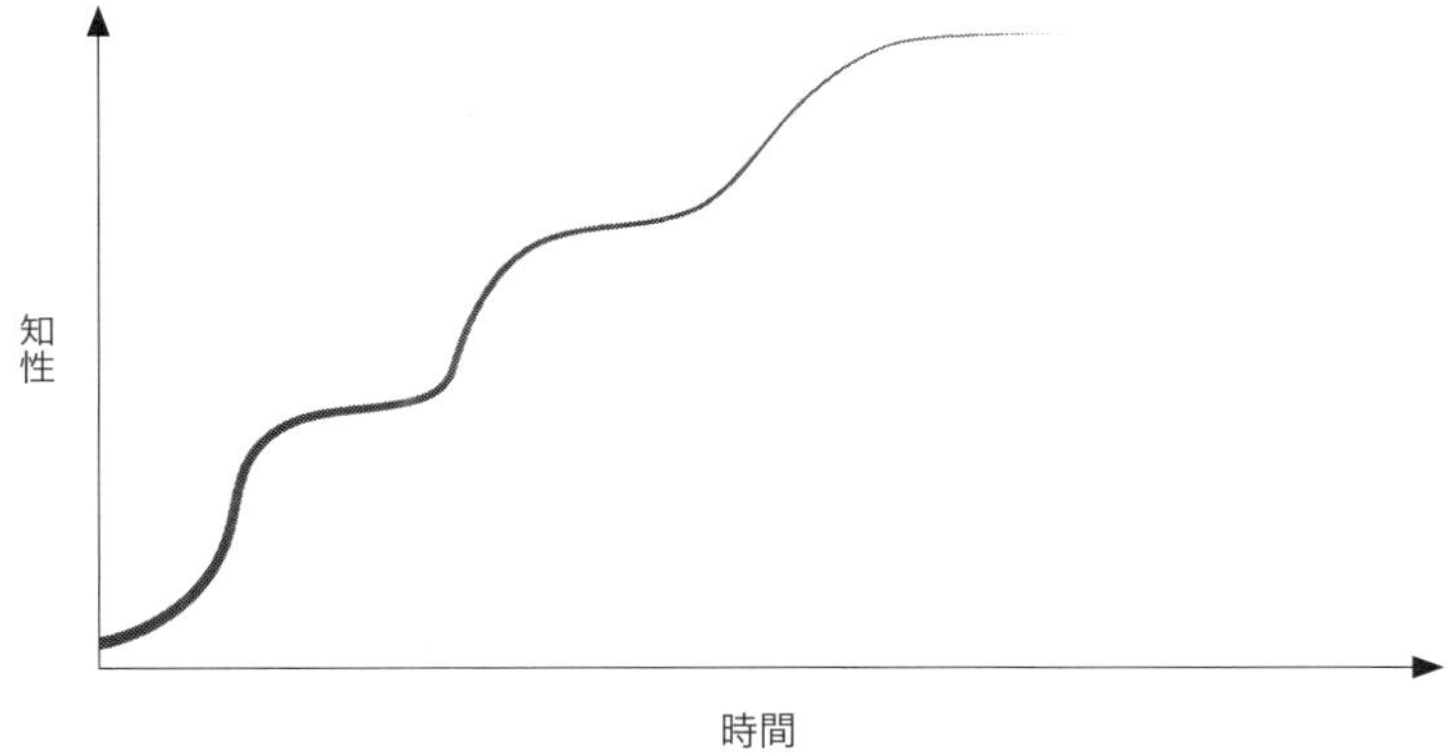

●知的発達のプロセスは、つねに均一のペースで進むわけではない。発達が急速に進む変革期と、発達がほぼ止まる安定期が交互に訪れる。変革期を経て新しい「台地」に達すると、ある程度の期間そこにとどまる場合が多い（それぞれのレベルの大枠の中で能力が精緻化したり拡張したりするケースはもちろんある）。

●ある段階に到達してから、次の段階への変容を始めるまでに要する期間（つまり、「台地」の上にいる時間）は、段階が進むにつれて長くなる。

●曲線が次第に細くなっていくことからわかるように、高いレベルに進むほど、そこまでたどり着く人の数が減る。

知的発達のそれぞれの段階には、どのような特徴があるのか？　低い段階では実践できなかったり理解できなかったりしたことが、高い段階に達するとできるようになるのか？　この点について、いまでは非常に多くのことがわかっている。ここで言う知性とは、一般に言うところの「頭がいい」という概念とは別物だ。知識の量やＩＱ（知能指数）とは関係ない。それは、世界を抽象的に理解できるようになることともイコールでない。難解な数式が満載の物理学の講義を理解できる人が「最も知性が高い」わけではないのだ。

大人の知性には三つの段階がある

大人の知性には、質的に異なる三つの段階がある。その三つの段階——環境順応型知性（ソーシャライズド・マインド）、自己主導型知性（セルフオーサリング・マインド）、自己変容型知性（セルフトランスフォーミング・マインド）——は、世界をどのように理解し、どのように行動するかがまるで違う（図2－4と表2－1を参照）。この三段階の知性の違いは、職場における重要な要素に着目するとわかりやすい。そこで、以下では情報の伝達について見ていこう。

人が誰にどのような情報を発信し、自分に届いた情報をどのように受け取って対応するかは、システムがどのように機能するかを大きく左右する要素だ。DDOでは、ほかに類のないレベルの透明性を追求するため、その重要性がひときわ大きい。この点に関して、組織文化や組織行動、組織変革の専門家は、システムが個人の行動に及ぼす影響についてはよく理解しているが、個人の知性のレベルがその人の行動に及ぼす影響については驚くほど知らない。しかし個人の行動は、その人がどのレベルの知性に基づいて組織文化を見るかに強く影響される。具体的に見てみよう。

図2-4

大人の知性の3つの段階

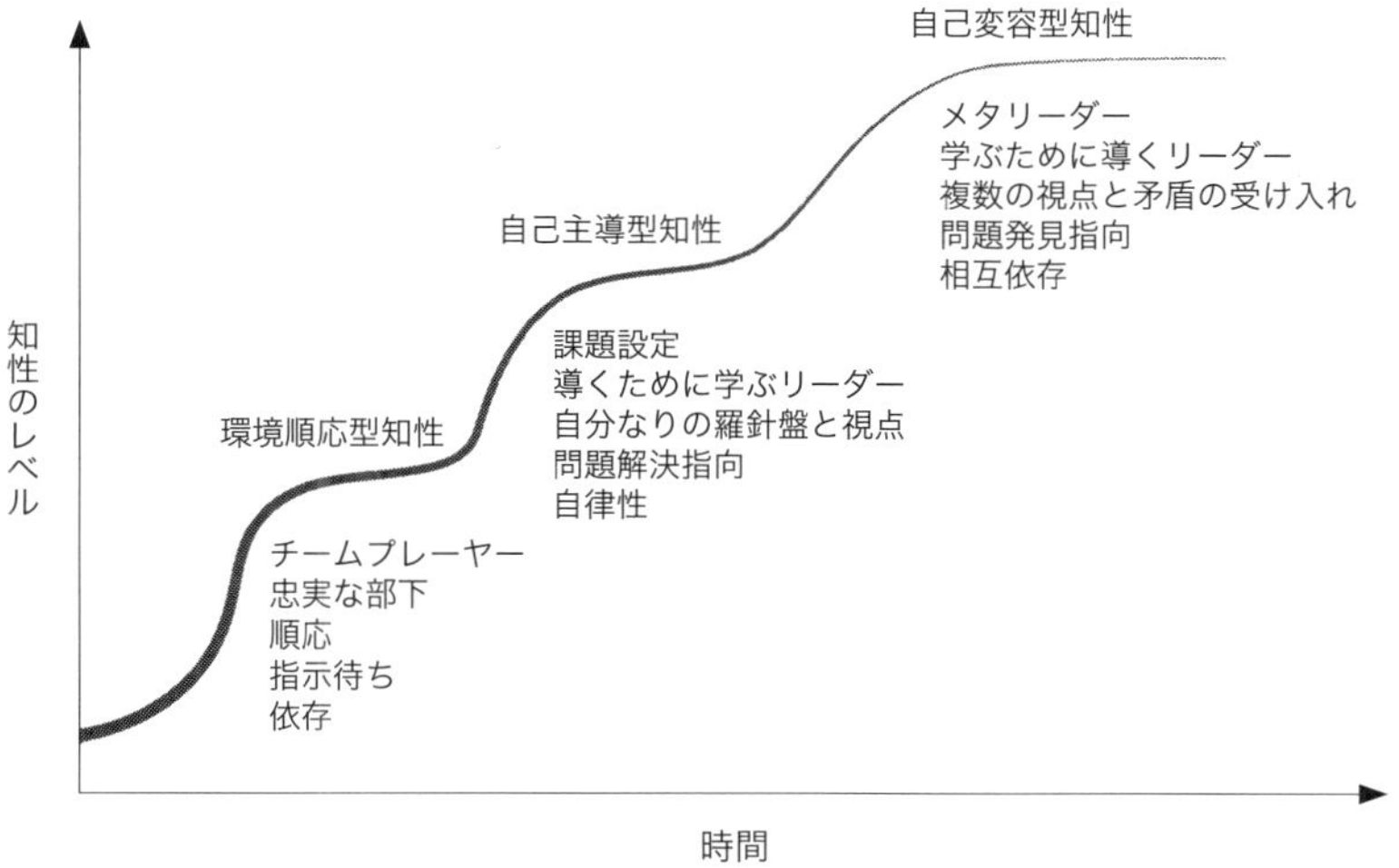

環境順応型知性

環境順応型知性の持ち主は、職場でどのように情報を発信・受信するのか？　あなたの知性がこのレベルだとすれば、発信する情報は、ほかの人たちがどのような情報を欲しているかというあなた自身の認識に強く影響される。その典型が集団思考（グループシンク）だ。集団思考は、集団的意思決定の場でメンバーが重要な情報を口にしないときに生まれる。人々がそのような行動を取るのは、たとえば「その計画が成功する確率はほぼゼロだとわかっているけれど、リーダーが私たちの支持を欲しているらしい」と思うからだ。

集団思考に関する初期の研究のいくつかは、アジアを舞台にしていた。それらの研究において、意思決定の場で自分の意見を言わなかった人たちは、リーダーの「メンツ」をつぶしたくなかったのだと、自分の行動を説明した。リーダーに恥をかかせないためには、会社が失敗への道を突き進んでも仕方ない、というわけだ。

こうした研究によって明らかになった現象は、アジア文化の特徴であるかのように言われていた。有名なスタンレー・ミルグラムの「権威への服従実験」も、当初は特定の文化を念頭に置いていた。この実験は元々、ドイツ文化のどのような要素が原因で、残虐的な傾向のない普通のドイツ人が、国家に命じられるままに多くのユダヤ人を抹殺したのかを解明しようとしていた。つまり、ナチスの言いなりに行動した普通のドイツ人——いわゆる「善良なドイツ人」——の精神構造を知ることが目的だったのだ。しかし、ドイツで実験をおこなう前にアメリカで実験の予行演習を実施したミルグラムは、驚かされることになった。「善良なドイツ人」と同じような行動パターンを取る人は、アメリカにもいたるところにいたのである。同様に、メンツをことさらに重んじるのはアジア

表2-1

知性の3段階の特徴

環境順応型知性

- 周囲からどのように見られ、どのような役割を期待されるかによって、自己が形成される。
- 帰属意識をいだく対象に従い、その対象に忠実に行動することを通じて、一つの自我を形成する。
- 自己意識は、主としてほかの人間、もしくは考え方や価値観の流派、あるいはその両方との関係という形で表現される。

自己主導型知性

- 周囲の環境を客観的に見ることにより、内的な判断基準（自分自身の価値基準）を確立し、それに基づいて、まわりの期待について判断し、選択をおこなえる。
- 自分自身の価値観やイデオロギー、行動規範に従い、それに基づいて自律的に行動し、自分の立場を鮮明にし、自分になにができるかを決め、自我の境界を設定・管理する。こうしたことを通じて、一つの自我を形成する。

自己変容型知性

- みずからのイデオロギーと価値基準を客観的に見て、その限界を検討できる。どのようなシステムや自然発生的秩序もなんらかの形で断片的、ないし不完全なものだと理解している。これ以前の知的発達段階の人たちよりも、矛盾や対立を受け入れることができ、一つのシステムをすべての場面に適用せず、複数のシステムを保持しようとする。
- 自分のなかで整合性がとれていても、その状態が自分のすべてである、あるいは人間として完成している、ということとは違うと認識し、一つの自我を形成する。

文化の特徴と思われてきたが、アーヴィング・ジャニスとポール・ハートの研究により、日本や台湾だけでなく、アメリカやカナダでも強力な集団思考が見られることが明らかになった。[2] この種の思考を生むのは、文化ではなく、その人の知性のレベルなのかもしれない。

　環境順応型知性の特質は、その人がどのように情報を受け取って対応するかにも影響を及ぼす。このレベルの知性の持ち主にとっては、重要人物の意向に反しないことと、好ましいと考える環境に自分を合わせることが、一貫した自我を保つうえで大きな意味をもつ。そのため、情報に対してきわめて敏感で、その影響を受けやすい。多くの場合、受け取る情報は、言葉で表現されるメッセージだけにとどまらない。ときには、相手のメッセージの裏の意味をくみ取ろうと神経質になるあまり、メッセージの送り手が意図した以上に強い影響を受ける場合もある。「彼の声のトーンから、苛立っていることがわかる」と考えたり、「彼女がああいうふうに身を乗り出すのは、相手の言っていることに同意していないときだ」と決めつけたりする。その結果、リーダーはしばしば、部下やチームメンバーが「どうしてあの言葉をこんなふうに解釈するのか?」と驚き、戸惑うことになる。

　誤解しないでほしいのだが、ここで言う知性のレベルは、知能のレベル（ＩＱの値など）とは違う。環境順応型知性をもつ人の間でも、ＩＱの値は大きく異なる場合がある。そのなかには、きわめて高いＩＱの持ち主もいる。第1章で紹介したブリッジウォーターのセルジオを思い出してほしい。おそらく非常に高いＩＱをもっていたが、環境順応型知性から脱却しようと努めていた。「思わぬときに、他人を喜ばせたいという強烈な欲求を感じます」と、彼は語っている。その結果、ブリッジウォーターにとどまって創業者のレイ・ダリオを喜ばせたいという欲求と、医学大学院で新しいキャリアに乗り出したいという欲求の板挟みになっていた。「目の前にいる人を片端から喜ばせようとしてしまうのが悩みの種です」とも述べている。

人は誰でも、大人になってからある程度の期間を環境順応型知性で生きる。したがって、どの組織でも、つねにかなりの割合の人が環境順応型知性の考え方で日々を過ごしている。その点は、DDOでもそれ以外の組織でも同じだ。しかしセルジオの場合は、DDOの組織文化がこのマインドセットをうまく揺さぶり、一つ上の知性の段階への移行を後押しできる可能性がある。

セルジオは、上司を満足させたいという思いは変わらなくても、ダリオが最も喜ぶのは自分が真実を語ること、たとえダリオにとって不都合な内容であっても自分が本当のことを語ることだと気づく。このように、本人が現状にとどまろうと（このケースで言えば、権威者の価値観や規範に「共鳴」しようと）していても、組織文化がその人物を現在の知性のレベルから脱却させる場合、その組織文化は個人の発達を促す機能を果たしている。

セルジオは、職場において自分の環境順応型知性がどのように機能しているかを知り、それがうまく機能しないケースもあることを知る機会を得ている（「このせいで困った状況になるときがある」と、本人もわかってきた）。まだ完全に環境順応型知性を脱却したとは言えない。それでも、以前ほどはその考え方にどっぷりはまり込まなくなった。昔は、他人に迎合しがちだという自己認識すらなかったのだ。人の発達とはこういうものだ。自分を動かす「主体」だったものが次第に、客観視できる「客体」へと変わっていく。それを通して世界を見るのではなく、それ自体を見られるようになるのである。

環境順応型知性に限らず、あらゆる発達段階の人たちに対して、DDOがこのような発達を促す機会をふんだんに提供できるとしたら、どうだろう？

自己主導型知性

環境順応型知性の次の段階である自己主導型知性とは、どのようなものなのか？　あなたの知性がこのレベルだとすれば、発信する情報は、自分の課題や使命を追求するうえで、ほかの人たちにどういう情報を知らせたいと思うかによって決まる面が大きい。自己主導型知性の持ち主は、明確に意識しているかはともかく、つねになんらかのゴール、目標、基本姿勢、戦略、分析をもっていて、それがコミュニケーションの前提になる。目標や計画の質は人によって異なるし、目標に向けてほかの人を引き込むのが上手な人もいれば下手な人もいる。こうした点には、その人のさまざまな要素が影響する。しかし、情報を発信するときに、いわば自分が車の運転席に座ろうとするのか、それとも車に乗せて運んでもらおうとするのかを大きく左右するのは、その人の知性のレベルだ。環境順応型知性の持ち主は後者を、自己主導型知性の持ち主は前者を選ぶ。

　両者の違いは、情報の受け取り方にもあらわれる。自己主導型知性が環境順応型知性と違うのは、受け入れる情報の選別フィルターをつくり出す点だ。その選別にあたって優先されるのは、自分が求めていた情報や、求めてはいなかったけれど、自分の計画、基本姿勢、思考の枠組みとの関連を見いだせる情報だ。それに対し、自分が求めておらず、自分の計画にとって重要とも思えない情報は、優先順位が低くなる。

　お察しのとおり、自己主導型知性の持ち主は、優先度の高い課題を見わけて集中的に取り組むために理想的な資質をもっている。さまざまな問題が次々と目の前にあらわれるなかで、どれに関心を払うべきかという取捨選択を適切におこない、限りある時間を最も有効に活用できる。この点で、自己主導型知性が環境順応型知性より優れていることは間違いない。しかし、ときには、これが悲惨な結果を生む場合もある。そもそもの計画や基本姿勢に欠陥があったり、フィルターが重要な情報を排除してしまったり、世界の変化にともない、以前は機能していたフィルターが時代遅れになったりすれば、目も当てられない結果になりかねない。

第1章で紹介したネクスト・ジャンプのジャッキーの場合も、周囲の世界が大きく変わった。「会社で企業文化への貢献を重んじる方針が打ち出されたとき、私はそれを無視していました。どうして、そんなことをする必要があるの？　そう思っていたのです」と、私たちに語っている。この言葉には、単に率直な本音の表明という以上の意味がある。ジャッキーは、長年いだいてきた内面の価値判断基準に照らして、新しい全社規模の目標と新しい成功の定義を検討した結果、「ありえない。これは私のフィルターを通過しない。ゴミ箱に捨ててしまおう」という結論に達したのだ。

環境順応型知性の持ち主だったら、「この会社で愛されて敬意を払われたければ、今後は収益と同じくらい企業文化にも貢献しなくてはならない」という新しい規範が示された場合、どのような影響を受けるだろう？　その人物がそれまでジャッキーのように企業文化を無視して働いてきたとしても、新しい方針を言い渡された途端に豹変し、文化を重んじて行動しはじめる可能性が高い。

しかし、ジャッキーは違った。それまでマーケティングリーダーとして、そしてプロジェクトの旗振り役として成功を収めるのに役立ってきた資質（自律性や、優先順位を明確化する能力、主体性など）をもっているがゆえに、新しい情報を自分のフィルターに照らして自律的に評価しようとする。その結果、自分で決めた目標の追求に役立たないと思えば、新しい情報を重く考えない——少なくとも、その代償を突きつけられるまでは。ジャッキーを待っていたのは、栄誉あるリーダーチームからの落選という結末だった。この出来事は、本人が自己主導的に決めた成功の基準に照らしてみても、大きな打撃だった。

しかし、セルジオと同様、ジャッキーもこれでは終わらなかった。DDOは、すべての発達段階のメンバーが（本人の態勢が整っていれば）既存のマインドセットの限界を克服するように後押しし、成長させている。ジャッキーの場合もそうだった。

落選という挫折を味わったジャッキーは、自己主導型知性のままで行動を変え、企業文化への貢献を始めることもできただろう。たとえば、「仕方がない」と、気を取り直して言う。「私はいつもいい成績を取ってきた。リーダーチームで私にふさわしい地位を取り戻すことを自己主導的な目標にし続けるなら、採点基準が変われば、それに合わせて新しいプランをつくればいいだけのこと。他人の望みに合わせるのではなく、あくまでも自分の望みを実現するために行動を変える」

実際、最初のうち、ジャッキーはこのような発想で行動していたのかもしれない。もしそうだとしても、それは、本人や会社の、あるいはDDOという理念の敗北を意味しない。この点は理解しておくべきだ。現実には、誰もがつねに、新しい段階に上がるための変容に乗り出せるわけではない。それでも、上の段階に移行しなくても、横方向に前進するという形の進歩もある。ジャッキーが自己主導型知性を実践する方法は一つではない。自己主導型知性のままでも、目標やフィルターを変更することは可能だ。

しかし、最初は横方向の前進という性格が強いとしても、DDOで働く人たちは、それを通じて自己主導型知性からの脱却を促されるような経験をする。はじめは、自分の目標を達成するために、仕方なくほかの人を助けることに時間を費やすかもしれない。だが、その経験を通じて、自分の目標を達成するだけにとどまらない成果を得る機会も手にできる。自分という人間の定義が変わり、成功や成果や満足の基準が変わる可能性もある。その結果として自己主導的なレベルを超越し、真に非利己的なものの見方ができるようになるかもしれない。自分が変身したと思えたときの満足感に比べて、リーダーチームに復帰することの喜びが色褪せて見えれば、自己主導型知性より高いレベルに上がったと言える。

こうした例を見ると、ネクスト・ジャンプで社員の「不安」を弱めようとする取り組みは環境順応型知性の持ち主に自己主導性を強めさせ、「傲慢さ」を弱めようとする取り組みは自己主導型知性の持ち主に自己変容性を強めさせる強力な手段だと思うかもしれない。しかし、実際はそう単純な場合ばかりではない。環境順応型知性の人がすべて自信のなさを露呈するわけではなく、なかには傲慢さを示す人もいる。人が過度に自信満々に振る舞うのは、自分が多くの人とつながっていて、高い評価を受けていると思っているからなのかもしれない（自分が神様に愛されているという確信があれば、強い信仰心が傲慢さを生む可能性もある）。

一方、自己主導型知性の人も、誰もが傲慢とは限らない。不安に悩まされている人もいる。物欲しげに見られないことや、感情に流されて判断を誤らないことを大切にする思考の枠組みや人生哲学の持ち主は、いつも慎重な態度を取ったり、情熱を抑えたりする可能性がある。そうした姿勢は、まわりから見れば不安そうに見えるだろう。うまく機能するＤＤＯは、さまざまな知性の段階における傲慢や不安を克服するために、それぞれに適した支援や刺激を与える。

自己変容型知性

自己変容型知性の持ち主も、情報を受信する際のフィルターをもっている。しかし、自己主導型知性と違うのは、フィルターと自分が一体化していないことだ。フィルターを通してものごとを見るだけでなく、フィルターと距離を置き、フィルターそのものを客観的に見ることもできる。どうして、そのような行動を取るのか？　自己変容型知性の持ち主は、特定の基本姿勢や分析、目標を大切にすると同時に、それに対して警戒心もいだいているからだ。どんなに強力な方針や計画といえども完璧ではないと知っている。時間が経過して世界が変化すれば、いま有効なやり方が明日は通用しなくなる可能性があると理解しているのだ。

自己変容型知性の持ち主は、ほかの人とコミュニケーションを取るとき、自分がすでにもっている目標や計画を前進させることだけを考えない。それを修正したり拡大させたりする余地をもっている。自己主導型知性の持ち主と同様、情報を獲得するために問いを発する場合もあるだろう。しかし、そういうときも、自分の計画の枠内で問いを発するのではなく（言い換えれば、自分の掲げる目標を推進する役に立つ情報だけを求めるのではなく）、計画そのものの妥当性を判断するための情報も欲しがる。計画を強化し、磨きをかけ、修正するきっかけになるような情報を得ようとするのだ。そうやって、計画に多くの要素を反映させていく。情報を発信するのは、自己主導型知性の人のように、自分の思い描く目的地に向けて車を走らせるためではない。ましてや、環境順応型知性の人のように、車に乗せてもらうためでもない。道路地図を描き直したり、目的地を修正したりする必要があるかを判断することが目的だ。

情報の受信の面でも、自己変容型知性の持ち主は情報のフィルターの奴隷にならない。自分のもっている地図が正しいと判断できれば、その地図に従って目的地に向けてまっしぐらに車を走らせる。しかし、それより重んじているのは、現在の計画や思考の枠組みの限界を教えてくれるような情報を吸収することだ。玉石混交の情報のなかから石を弾き出すうえでフィルターは重宝しているが、ときにフィルターが有益な「黄金の石」まで弾き出してしまうことも忘れていない。既存の計画をすべてひっくり返し、いっそう高いレベルの計画を築こうと思えば、自分が求めていなかった知識、変則的なデータ、一見すると重要でなさそうな情報が不可欠な場合もある。

自己変容型知性の持ち主には、そもそもその種の情報が入ってきやすいという面もある。人は自己変容型知性の持ち主にそのような情報を発信する傾向があるのだ。なぜか？　このタイプの人たちは、寄せられた情報に関心を示すだけでなく、自分の態度がほかの人たちの情報発信に強い影響を及ぼすことを理解している。そこで、まわりの人たちに、「重要だと思うけれど、目下の業務や計画とは関係なさそうな情報」を伝えるべきかどうか迷わせない。そのような情報を歓迎する意思をはっきり示しているのだ。

ブリッジウォーターのレイ・ダリオは、「徹底的にオープンな精神」をことのほか重んじている。これは、異なる意見が寄せられたときに喜んで耳を傾けるだけの姿勢とは次元が違う。「徹底的にオープンな精神をもつとは、自分が間違いを犯していたり、弱点があったり、あるいはその両方だったりする可能性を受け入れて、ほかの人たちがそれを指摘するよう促す姿勢のこと」だと、ダリオは言っている。

第1章で紹介したデキュリオンのノラ・ダッシュウッドのケースは、この点で示唆に富んでいる。ダッシュウッドは、要するに、「これまで仕事の成功と私生活の幸福を得るうえで重要な役割を果たしてきた、自己主導型の自分を超越できるのか？」という問いに意識的に取り組んでいる。もっと具体的に言えば、「考え方が違う人たちに好意を示さなくなることを避けつつ、その人たちに対してリーダーシップを発揮できるか？」「高い水準を追求しつつ、ほかの人たちがみずからのアイデアや解決策を提案することを、それも私の直感に反する主張をすることを受け入れられるか？」という問いだ。

前述したように、ダッシュウッドは、自分がリーダーとして成長を遂げた過程を振り返ったなかで、地位の低い部下の言葉にはっとさせられた経験を語っている。会議が彼女の思いどおりに運んでいないと、部屋の空気が冷たくなったように感じると言われたのだ。このようにすべてを自分でやろうとする性格の源を遡ると、移民だった両親に育てられた子ども時代に行き着いた。両親には、「自分のことは自分で面倒を見ろ、誰も手を貸してはくれない……人生の可能性をすべて実現したければ、頼りにできるのは自分だけ。自分で自分に責任をもつしかない。先頭に立たなければ、置いていかれる」と言われて育ったのだ。しかし、デキュリオンのさまざまな慣行《プラクティス》に背中を押されて、「（それまでとは異なるタイプの）リーダーに、メンターに、コミュニティの一員になり、ほかの人を頼れるようになった」と言う。「ほかの人の言葉にもっと耳を傾けられるようになりました。昔より多くのことがわかってきました。いまの私には、支援と試練を与えてくれるコミュニティがあります。私がデキュリオンで学んだこと、それは、大きな全体の一部になれば、自分一人で取り組むより大きな成果を生み出せるということです。このように発想を転換することは、私の人生のなかでも最も難しいことでした。でも、これほど有意義な成長は、ほかに経験したことがありません」

これらの言葉が描き出しているのは、自己主導型知性から上の段階へ発達する過程にほかならない。ダッシュウッドの経験は、ＤＤＯがどのようにして、コミュニティとさまざまな慣行の力を通じてあらゆる発達段階の人たちを支援し、（本人にその用意があれば）前進を手助けしているかを浮き彫りにするものと言える。

仕事ができる人の知性

情報の流れという、組織生活できわめて重要な要素に着目して、三段階の知性の違いを論じることにより、ＤＤＯがどのように個人の発達を支援しているか、ＤＤＯという組織の行動（コミュニティと慣行）があらゆる知的発達段階の人たちにどのような作用を及ぼすかも明らかになっただろう。

知性のレベルが高まることの意義も理解できたに違いない。それぞれの知性の段階は、理論上、前の段階より優れている。前の段階の知的機能に加えて、新たな機能をもつようになるからだ。人は新しい段階に進むたびに、前の段階を超越し、しかも前の段階の機能を保持し続けるのである。

しかし、ここまでの議論から見えてくるのは、それぞれの段階の理論上の性質と機能だけではない。知的発達の段階が違えば実際に取る行動が違い、その結果、組織での行動と仕事の能力にも大きな違いが生まれる可能性が高い。端的に言えば、知性のレベルが高い人物は、レベルが低い人物より仕事ができるのだ。

一見するともっともらしいが、推測の域を出ないのではないか、と思った人もいるかもしれない。しかし、これは多くの実験により裏づけられていることだ。多くの研究は、知性のレベルと客観的な仕事の能力の間に相関関係を見いだしている。具体的に、どのような傾向が明らかになっているかを手短に紹介しよう。

リーダーシップについて研究しているキース・アイゲルは、業績好調の大企業でＣＥＯを務める二一人の知性のレベルを調べた。いずれも業界のトップ企業で、年間の売上総利益は平均五〇億ドルを上回る。[3]

アイゲルはこれとは別に、以下の側面でＣＥＯたちの能力評価もおこなった。

- 既存のやり方を疑う能力
- ビジョンを共有させる能力

- 意見対立に対処する能力
- 問題を解決する能力
- 仕事を任せる能力
- 人々に自信をもたせる能力
- 良好な人間関係を築く能力

アイゲルは比較のために、それぞれの社内でCEOが指名した将来有望なミドルマネジャー一人を対象に、同様の調査をおこなった。図2－5は、アイゲルの研究結果をまとめたものだ。横軸に知性のレベル、縦軸に仕事の能力のレベルを取り、二一人のCEOと二一人のミドルマネジャーの分布を示した。

このグラフを見てすぐにわかるのは、四二人の分布が全体として緩やかな右肩上がりになっていることだ。つまり、仕事の能力を多面的に評価した場合、知性のレベルと仕事の能力の間におおよその相関関係が見て取れるのだ。CEOもミドルマネジャーも、知性が高い次元に到達するのにともない、仕事の能力の面でも成長していく。この発見は、もっと少人数のリーダーを対象に、特定の仕事上の能力を綿密に調べた数々の研究によっても裏づけられている。[4] 要するに、知性のレベルが高くなると、複雑な世界への対応能力も高まるのだ。

フォロワーとリーダーに求められる役割の変化

以上の点についてもっと広い視野で見るために、今日のVUCA（不安定で不確実で複雑で曖昧）の時代に、リーダーと部下に求められることがどのように変わったかを検討したい。大人の知性の三つの段階についてまとめた図２－４を参照しながら読んでほしい。

まず、組織で部下に求められるものがどう変わったか考えてみよう。昔は、よきチームプレーヤーとして行動し、与えられた役割をこなし、組織に忠実で、上司の指示や暗黙の意向に誠実に従っていれば、たいていそれで十分だった。部下に要求される資質を満たすためには、環境順応型知性が最適だったのだ。

では、いまはどうか？　精神療法専門家のナサニエル・ブランデンは、一九九五年の著書で次のように書いている。

> この二、三〇年ほど、アメリカと世界の経済は目を見張る変化を遂げ、アメリカは工業社会から情報社会へと移行した。それにともない、労働の中身も肉体労働中心から知的労働中心に変わった。そして、グローバル化が進行し、めまぐるしいスピードで変化が起き、科学と技術の進歩が大幅に加速するなかで、これまでになかったほど競争が激化している。その結果、勤労者にはいっそう高度な教育と訓練が求められるように

図2-5

知性のレベルと仕事の能力の関係（キース・アイゲルの研究）

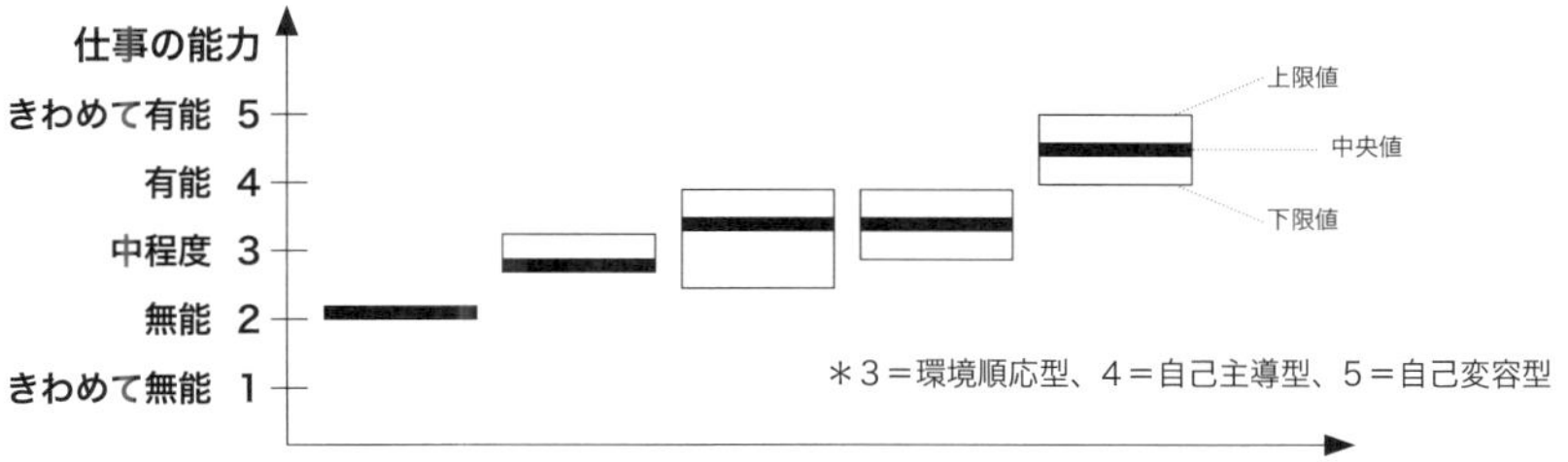

	2-3	3	3-4	4	4-5	知性のレベル*
CEO	0	0	0	17	4	計21人
ミドルマネジャー	1	2	7	10	1	計21人

環境順応型　自己主導型　自己変容型

出典： K. Eigel, “Leader Effectiveness”(PhD diss., University of Georgia, 1998).

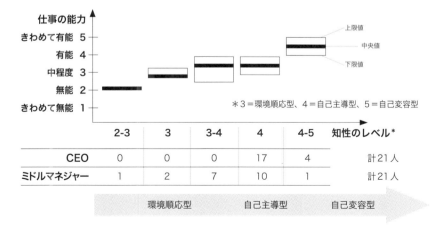

なった。このことは、ビジネスの世界を知っている人なら誰でも理解している。あまり理解されていないのは、心理面でも新しい資質が求められるようになったということだ。とりわけ、イノベーション、自主的管理、自己責任、自己主導の能力がますます必要とされるようになった。これらの資質は、企業のトップだけでなく、上級幹部に始まり、現場の第一線の管理職、さらには新入社員にいたるまで、あらゆる職階の人たちに求められている……今日の組織では、すべてのメンバーがこれまで以上に高度な知識と技能をもつだけでなく、高度な独立心、自立性、自信、自発性をもつことが要求されるのだ。[5]

同様の主張は、ほかの論者からもよく聞かれる。そうした指摘は、知性のレベルとの関係ではなにを意味しているのか？　ブランデンは、実質的にこう言っている――昔、働き手は環境順応型知性でこと足りたが、今日は自己主導型知性のレベルに達している人物が求められている、と。要するに、これまでより高い次元の知性を身につけ、それに基づいて自分自身とまわりの世界を理解できることが必要とされるようになったのだ。

では、上司やリーダーを取り巻く状況はどう変わったのか？　組織理論研究者のクリス・アージリスによれば、マネジメントとリーダーシップの古い常識は通用しなくなりつつある。昔のリーダーは、価値ある目標と理にかなった規範を打ち出し、内部の足並みがそろうようにし、「組織の上げる成果が一定の範囲に収まる」ように注意を払うと同時に、強い姿勢で持論を主張し、反対意見をはねのけていれば、十分に務まったかもしれない。[6]

そのような人物はマネジメントの手腕はあるのだろうが、最近は、それだけでは不十分になりはじめた。変化の速度が増すにつれて、組織を運営するだけでなく、組織とその規範、使命、文化を組み換えられるリーダーが必要とされはじめたのだ。たとえば、安価な汎用品を生産していた企業が変身を遂げ、個々の顧客のニーズに応じた製品を生産したり、企業向けのサービスを提供するビジネスに転換したりしようと思えば、その会社で働く個人やチームに求められる能力は大きく変わる。

アージリスとドナルド・ショーンは、組織がこのような転換をするときに直面する課題について論じている。

社員は、マーケティング、マネジメント、広告に関して新しい手法を身につけ、新製品投入のサイクルを速め、活動のパターンをもっと素早く変えていくことが求められる。また、自分たちのビジネスに関する基本認識も改めなくてはならない。しかし、このような変革を実行しようとすれば、企業にとって重要な別の規範とぶつかり合う。その規範とは、企業活動のマネジメントにおける予測可能性を重んじる考え方だ……既存の規範を前提にして変革に乗り出せば、新旧の規範が衝突することになる。[7]

アージリスとその影響を受けた論者たちは実質的に、今日のリーダーには新しいレベルの知性が必要だと主張している。もはや、組織運営のあり方について確固たる信念をいだき、その考え方を勇敢に守り抜くだけでは十分でない。みずからのイデオロギーや思考の枠組みの外に出て、その限界や欠陥を認識し、もっと完成度の高い考え方を確立することも求められる。しかも、その新しい考え方にも限界が見つかるかもしれないという留保も忘れてはならない。要するに、アージリスはリーダーに対して、自己変容型知性を身につけ、ものごとを学習できる人物であることを求めているのだ。
今日の世界では、以前は環境順応型知性で（言い換えれば「よき兵士」であることで）通用していた働き手たちに自己主導型知性への移行が、自己主導型知性で（「自信に満ちたキャプテン」であることで）通用していたリーダーたちに自己変容型知性への移行が求められている。つまり、すべての人が知性のレベルを次の次元に向上させる必要があるのだ。

能力の需給ギャップ

では、人々に要求される知性のレベルと、実際に到達しているレベルの間には、どのくらい大きな落差があるのか？　要求されるレベルに到達することなど、そもそも無理な話なのだろうか？　それとも、世界の複雑性が高まるにつれて、世界が高い知性の持ち主を生み出す力も高まり、実際にそのような人物が増えているのだろうか？

本書で言う知性を測る方法として、精密で信頼性があり、広く用いられているものが二つある（明らかに、ＩＱテストではそれを測れない。ＩＱテストの結果と知性の相関関係はきわめて薄い。たとえばＩＱが125以上ある人のなかには、知性が自己変容型に達している人もいれば、自己主導型や環境順応型にとどまっている人もいる）。その二つの方法とは、ワシントン大学文章完成テスト（ＷＵＳＣＴ）と主体客体インタビュー（ＳＯＩ）である。

この二種類の方法のいずれかを用いた調査結果について、大規模なメタ分析をおこなった研究（それぞれの研究の被験者数は数百人に達する）が二つ実施されている。図２－６は、その二つの研究の結果をまとめたものだ。

この図から二つのことがわかる。

- 二つの研究は、まったく別々の被験者を対象にした調査結果をメタ分析したものだが、結論は一致している。いずれの場合も、被験者の過半数（六割近く）は自己主導型知性の段階に達していない。しかも、両方とも大卒中流層の専門職が被験者に占める割合が大きく、社会のすべての層を対象に調査すれば、この段階に達していない人の割合はもっと大きいと予想される。
- 自己主導型知性の段階より高いレベルに到達している人の割合は、きわめて小さい。

要するに、人々に要求される知性のレベルと実際に到達しているレベルの間には、きわめて大きな落差があるのだ。ほとんどの働き手は自己主導型知性の段階に達しておらず、ほとんどのリーダーは自己主導型より高いレベルの知性をもっていない。

こうしたマクロレベルの研究結果は、前出のキース・

図2-6

成人の知性のレベルの分布（2つの大規模な研究に基づく）

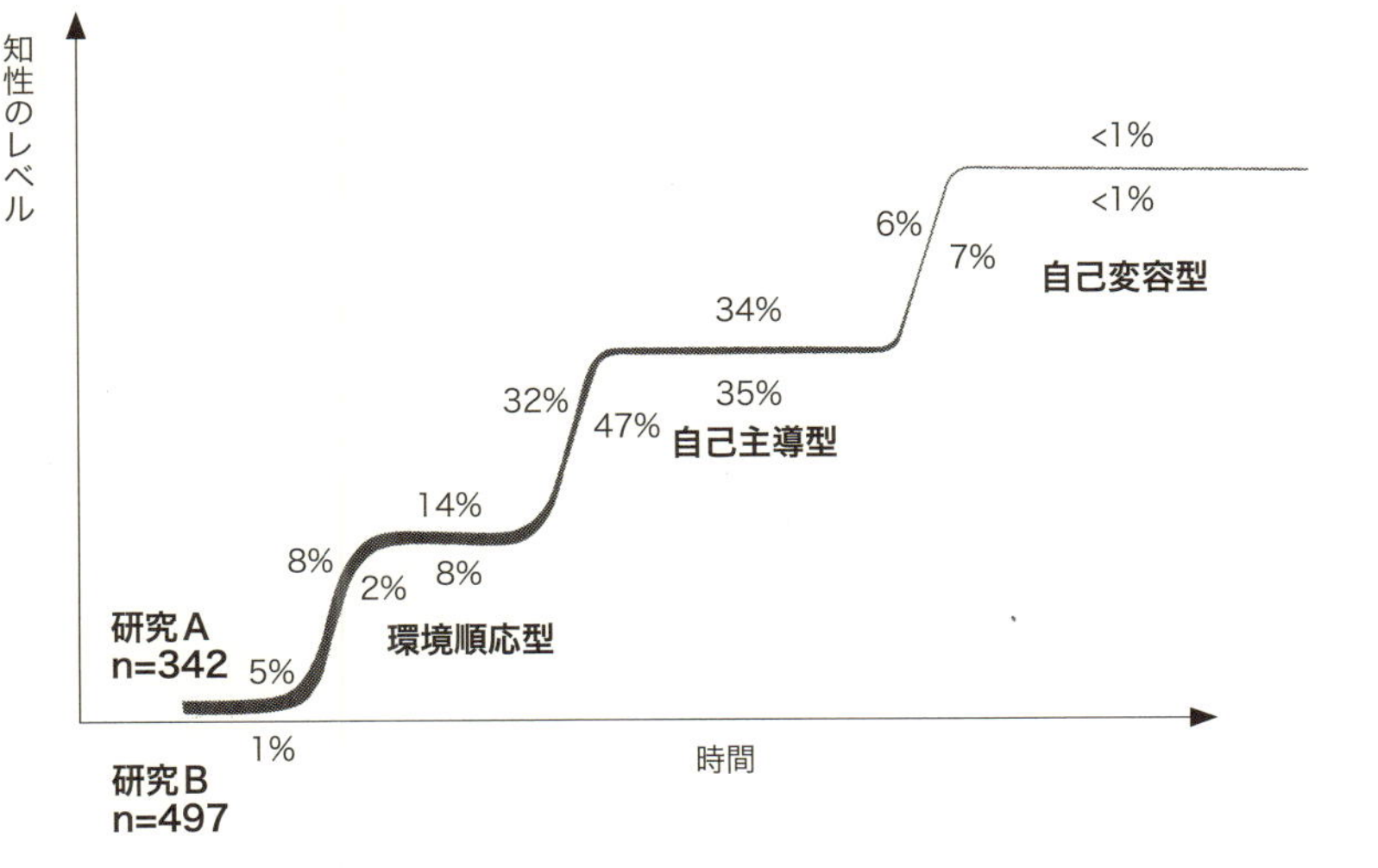

出典： Study A: R. Kegan, *In Over Our Heads* (Cambridge, MA: Harvard University Press, 1994).
Study B: W. Torbert, *Managing the Corporate Dream* (Homewood, IL: Dow-Jones, 1987).

アイゲルのミクロレベルの研究によっても裏づけられている。図2－5にあるように、「将来有望」と評価されているミドルマネジャーのおよそ半分しか自己主導型知性に到達しておらず（このレベルに達しているミドルマネジャーは、そうでないミドルマネジャーより仕事の能力が高い）、それぞれの業界のトップに立つ二一社のCEOのなかで自己主導型より高いレベルに到達している人はわずか四人にすぎないのである（そのレベルに達しているCEOは、そうでないCEOより仕事の能力が高い）。

DDOにおける「発達」とは

ところで、DDOにおける「発達」とは、どういうものなのか？　ここで私たちの定義を述べておきたい。

①はっきりと確認できる現象である（具体的には、マインドセット、すなわち世界を理解する論理が成長し、自己と周囲の世界を深く正確に見る能力が質的に向上し、それまで自分が世界をどのように見るかを決めていた前提を客観視できるようになる）。

②強力な科学的土台がある現象である（世界中の研究者たちが四〇年にわたり、信頼性の高い評価手法と多様な被験者を使って研究してきた）。

③ビジネス上の価値がある現象である（企業は、より高い知性のレベルに達している社員を増やす必要がある。しかも、その必要性は今後いっそう高まる）。

はっきりと確認でき、しっかりした理論的基盤があって、信頼性のある測定ができ、ビジネス上の価値もある――このような性格をもつ現象がＤＤＯの底流にあるのだ。三つのＤＤＯでどのような慣行が採用されているかは第４章で詳しく検討するが（ここで定義したような意味での「発達」をどのように支援しているかも論じる）、第１章で紹介したエピソードを発達理論の視点で見るだけでも、一見すると型破りなＤＤＯの土台にきちんとした理屈があるとわかるだろう。

社員に絶えず厳しいフィードバックを与えたり、せっかく仕事の勝手がわかってきたところで役職を異動させたりする手法は、不可解、もっと言えば意地悪に見えるかもしれない。しかし、本章の内容に照らして考えると、これらのＤＤＯが目的を達成できているのは、長年の試行錯誤により、大人の発達に関する最新理論に合致した手法を確立できているからなのかもしれない。

デキュリオンのリーダーたちはたまたま、そうした理論や私たちの研究を詳しく知っていた。マネジメント理論を貪欲に吸収することで有名なネクスト・ジャンプのリーダーたちは、ひょっとすると発達理論の存在くらいは知っていたかもしれない。一方、ブリッジウォーターのリーダーたちは、私たちが調査を始めた頃は発達理論をまったく知らなかった。この三社に共通するのは、発達理論を知っていたかどうかではない。旧来の一般的な組織文化よりも、個人のマインドセットを成長させられる組織文化を築くにはどうすればいいかを、経験的に、直感的に、そして独自の発見を通して理解していることだ。

しかし、ＤＤＯに移行しようとしている組織に光を当てる第７章を読めばわかるように（本書で詳述した理論をもとに、ＤＤＯへの移行を支援している組織を紹介する）、理論を知れば、あなたの会社の組織文化がどの程度広範で多様な方法によって個人の発達を支援しているかを検証し、支援のあり方を強化する役に立つかもしれない。

人の発達を促す「培養器《インキュベーター》」

以下では、三つのＤＤＯが実践を通じて獲得した知恵を理論で説明してみたい。「実際に効果があることはわかった。でも、理論的な裏づけはあるのか？」という疑問に答えていく。

まず、三つのＤＤＯにおけるフィードバックの量と質を見てみよう。一般的な組織でフィードバックが継続的に実施されることはあまりなく（業種によっては年に一回だけだったりもする）、頻繁にフィードバックを実施している組織の場合も、社員の行動の追跡と修正が目的であるケースが非常に多い。しかし、ＤＤＯは違う。フィードバックは、人々の行動の前提やマインドセットにまで踏み込まなければ不十分ないし表面的とみなされる（ブリッジウォーターでは、そこまで踏み込むフィードバックを「精査」と呼ぶ）。改善と介入とマネジメントの対象に、人々の心の内面も含めること――それがＤＤＯの文化を真に発達指向のものに、つまり人々の知性の発達を促すものにしている要素なのだ。

このようなフィードバックは、あらゆる発達段階の人に効果を発揮する。環境順応型知性の人に、フィードバックを鵜呑みにせず、それを分析したり評価したりするよう促すこともできるし、自己主導型知性の人に、フィードバックをもとに持論を強化するだけでなく、自分の思い込みを問い直すよう促すこともできる。ＤＤＯにおけるフィードバックは、その人の発達段階によって意味合いは変わるにせよ、つねに充実した学習カリキュラムの要素となりうるのだ。優れたカリキュラムは、学習者が年一回の年次評価のときだけでなく、日々経験するものでなくてはならない。

DDOの企業文化は、個人の発達をさまざまな面で、さまざまな段階で後押しする「培養器」のようなもの。DDOをそうした「培養器」たらしめている要素をもう一つ見てみよう。ブリッジウォーターで「機械《マシン》」という比喩がよく用いられることは、すでに述べたとおりだ。一見すると、人をロボット扱いし、人間性を否定する不快な比喩に思えるかもしれない。しかし、どのような意味でこの比喩が用いられているかを知れば、きわめて適切な比喩表現だと納得できるだろう。

機械という比喩は、個人の世界認識を改善することに役立っている。この比喩に込められた意味の一つは、周囲の世界で起きる出来事にせよ、人の内面で到達する結論にせよ、あらゆる結果は大きなシステムの産物だということだ。どのような結果にも、それを生んだ原因がある。ほかの人に迎合しがちだと自覚しているセルジオは、プレゼンで質の悪いスライドを使ってしまった。ブリッジウォーターの企業文化では、このような短所が表面化したとき、スライドの改善という形で「結果」を変えるのではなく、本人の視野を広げさせ、内省させることで「原因」を変えようとする。具体的には、スライドづくりのプロセスをどのようにイメージしていたのか、スライドを使って達成したかった大目標はなんだったのか、迎合しがちな自分の性質に照らして考えた場合、本当は評価していないスライドを擁護してしまった背景にどのような心理があったと思うか、といったことを考えさせた。

ブリッジウォーターで機械の比喩を用いる根底にあるメッセージは、「ものごとは勝手に起きるわけではない」（＝大きなシステムがその結果を生み出している）ということと、「ものごとが勝手にあなたの身に降りかかることはない」（＝結果をもたらした原因の一部は自分にある）ということだ。これは、自己主導型知性の発想にほかならない。あなたがいだく思考と感情は、理由もなしに湧いてくるわけではないし、誰かに強いられて発生するわけでもない。あなたの思考と感情を生み出しているのは、あなた自身だ。その点は、他人の行動に対してあなたがいだく思考と感情も例外でない。こうした自己主導型知性の発想と異なり、環境順応型知性にとどまっている人は、自分の思考と感情がどのように形成されているか見当がつかない。みずからの思考と感情を自分がつくり出していると思っていないからだ。

環境順応型知性から自己主導型知性への移行は、最も多くの人が経験する大人の発達の道のりだ。その意味で、ブリッジウォーターで機械という比喩が多用されるのは意外でない。

しかし、大人の発達の過程で人が通る道は、環境順応型知性から自己主導型知性への移行だけではない。「私が間違っているとしたら、どのような点だろう?」という問いを徹底して追究するブリッジウォーターのような組織では、自己主導型知性に特徴的な持論補強のサイクルを揺さぶることにも重きを置く。機械の比喩を用いることは、この段階の人たちにも間違いなく効果がある。この比喩は、環境順応型知性の人に対しては、ある結果を見て、それを生み出した原因であるシステムに遡って考えるよう促すことができ、自己主導型知性の人に対しては、結果だけでなく、原因であるシステム自体も「見る」(客体として客観視する)よう促せる。つまり、ある結果を一貫して生み出している責任だけでなく、結果を生む原因である機械をつくり出した責任もあなたに問えるようになるのだ。

もしあなたがまだ自己主導型知性の次の段階に移行する準備ができていなければ、進歩は横方向への前進になるだろう。自己主導型知性の「台地」の上にとどまって、その枠内でいくつかの欠陥を是正していくことになる。これも進歩ないし前進の一種であることは間違いない。しかし、次の台地への坂を上る用意ができた人なら、機械の性質自体の欠陥に気づけるかもしれない。ある原則や設計が生み出す影響について、それまで見えていなかったことが見えてくるだけでなく、原則や設計そのものの欠陥に気づける可能性も出てくるのだ。もしそれに気づくことができれば、その人は既存の思考のシステムを超越する進歩を達成できる。レイ・ダリオがブリッジウォーターの基本原則ではっきり述べているように、同社の「機械」の概念は、機械論的なものにとどまらず、究極的には進化論的なものでもある。その機械は、進化する可能性をもった機械なのだ。

次の「台地」へ進む

デキュリオンでは、「ビジネスを動かすのはメンバーだ」という考え方の下、たとえば映画館のポップコーンの売り子にこのようなメッセージを伝えている。「ポップコーンをつくることだけを考えるな。いずれは、映画館のさまざまな業務を順次経験するのだから」。さらに、こちらのほうがその人物の心構えに関わることなのでより重要なのだが、次のようなことも伝える。「自分を単なるポップコーン係だと思ってはならない。あなたは一人のビジネスパーソンだ。この映画館を動かしているビジネスパーソンたちの一人なのだ」。あなたがデキュリオンの映画館でポップコーンの売り子をする場合、与えられるのは、ポップコーンをつくるための道具と材料だけではない。コストと売上の数字、自分の勤務時間帯の目標と原価をすべて把握できるようになっている。そして、それを前提に、「では、私はどうすべきなのか?」と考えるのだ。

人の発達という面では、ここでなにが起きているのか? あなたが環境順応型知性への移行を果たそうとしている思春期の若者だとしよう。あなたに必要なのは、みずからの目先の目的とニーズ(たとえば、トラブルなく一日の仕事を終えて給料をもらうこと)を満たそうとする自我の枠組みの外側に自分を引っ張り出してくれるような教育的環境だ。最初のうちは、あなたがポップコーンの販売だけでなく、もっとスケールの大きな活動（たとえば、映画館運営全般について考えること）に携わるのは、これまでと同じ枠組みに基づいた行動にすぎないかもしれない。「この職場では、こうした奇妙なことをすることになっている。付き合っておいたほうが無難だろう」と考える可能性もあるからだ。

最初はそれでも構わない。別の発達段階にいる人物の例になるが、ブリッジウォーターのセルジオの場合も、他人を喜ばせようとしがちだという問題を上司にはじめて打ち明けたときは、それを克服しようと思ったわけではなく、皮肉にも上司を喜ばせたいというのが動機だったのかもしれない。それでも、セルジオは行動を変えた結果、環境順応型知性を脱却しはじめている。映画館のポップコーン係も同様に、当初の動機はともかく、自分の考えや感情をほかの人に語り、ほかの人たちの考えや感情を聞き、目先の目的とニーズより大きなことに加わるうちに、それまで知らなかった満足感を味わい、新しい形で自分と他人の価値を認められるようになるかもしれない。そうすれば、より完全な環境順応型知性へ移行できる。この種の活動や支援が若者を環境順応型知性へ導くのに適していることは、科学的研究によっても裏づけられている。

ポップコーン係がさらに発達の道のりを歩み続けたとしよう。その場合もやはり、自分の役割の範囲外にも目を向け、事業全体に責任をもつグループの一員という自覚をもつよう求めることにより、発達を後押しできるのか？　答えはおそらくお察しのとおりだ。効果が生まれる理由は異なるが、人を環境順応型知性にしっかり引き込むのと同じ要求をすることにより、人を環境順応型知性の外に引き出すこともできるのだ。自分を客体として客観視すること、より大きなシステムの一員という意識をもつこと、そのシステムの下ですべての役割や関係がどのように位置づけられるかを理解すること――こうしたことを要求されると、人は自己主導型知性へ誘《いざな》われる可能性がある。

第1章で言及したネクスト・ジャンプの「ブートキャンプ」では、すべての新入社員が顧客サービスの現場で手ごわい課題に取り組む。狙いは、会社のビジネスの中核的な要素に触れさせることと、新しいメンバーに相応の負担をさせることだけではない。前述のように、全員が「プラスワン・プロジェクト」と呼ばれる活動も要求される。既存のプロセスに順応するだけでなく、それを客観的・批判的に検討し、改善案を提案しなくてはならないのだ。このプロジェクトは、あらゆる発達段階の人にとって有効な学習カリキュラムになりうる。

ブリッジウォーターでは、「共鳴」することに重きが置かれる。その目標を達成するために求められる具体的な行動、それができない場合に生じるリスク、それを実践できているかを一人ひとりに認識させることの難しさは、発達段階によって異なる。

いま、あなたはこんなふうに思っているかもしれない――「ここまで読んできたことをもとに、人間の発達のプロセスと発達段階ごとの違いについて考えた結果、ＤＤＯは発達の旅を支えるのに適した特徴を多くもっているらしいと理解できた。いままで、このような視点で組織を見たことがなかった。この視点で見れば、私の職場のような一般的な組織にも人の発達を促せる要素がたくさん見つかるかもしれない」

そう思った人は、ぜひそれを試みてほしい。そうすれば、ＤＤＯと一般的な組織の違いがはっきりとわかるだろう。一般的な組織は、メンバーに批判的なフィードバックを継続的に与えることはしない。身のまわりの狭い範囲だけでなく、もっと広い視野でものを見るようにつねに要求することもしない。実際には「共鳴」できていないのに、それが達成できていると誤解しないよう、わざわざ時間を割いて教えることもしない（だからこそ、多くの組織で「集団思考」が蔓延しているのだ）。

一般的な組織は安定を重んじ、行動をパターン化したがる。だから、ある人がなんらかの役割をマスターした途端に別の役割に異動させたりはしない。その役割をマスターしたことを称賛し、当てにできる頼もしい社員だと評価して、その役割をずっと任せられる人材として重用する。

一般的な組織は、自覚はないかもしれないが、ある種の混乱を最小限に抑えたいという発想を根っこにもっている。確実性、予測可能性、パターン化された行動、コントロール、結びつき――こうした要素を揺るがしかねないものをできるだけ少なくしたがるのだ。そうすることで、感情を乱す雑音や動揺を経験せずに仕事を完了させようとする。対照的に、ＤＤＯは、奇妙に聞こえるかもしれないが、混乱に価値を見いだし、適度な混乱を維持しようとする。過剰な混乱は避けるが、混乱をゼロにしようとはしない。

ＤＤＯは、波乱万丈なドラマとサプライズを愛する人のためのサディスティックな職場なのか？ どうして、正気な人間がわざわざそのような場をつくり出したり、ましてやそれを好んだりするのか？ ＤＤＯは、ある目的を達成するのに打ってつけの場なのだ。その目的とは、発達上の変身を遂げることだ。学習と成長を経験できる機会に価値を見いだす人は、このような組織を好む。ノラ・ダッシュウッドも、ＤＤＯでの経験についてこう述べている――「私の人生のなかでも最も難しいことでした。でも、これほど有意義な成長は、ほかに経験したことがありません」

組織文化への科学的アプローチ

本章では、ＤＤＯにおける「発達」の意味を理解してもらうために、大人の発達理論を紹介してきた。当事者たちがその点を理解しているかはともかく、ＤＤＯの実践者たちは、一世紀前のフレデリック・ウィンスロー・テイラー以来はじめて、真に科学的な組織デザインを試みていると言えるかもしれない[8]。

テイラーが掲げたキーワードは「効率」だった。[9] それに対し、ＤＤＯのキーワードは「発達（成長）」だ。個人の発達が効率の向上をもたらす可能性があることは、別の章で詳しく論じる。そこで、ここではひとこと指摘するだけにとどめよう。一般的な組織は、混乱や想定外のことを最小限に抑えようと多大な努力を払っている。しかし、ＤＤＯと比較した場合、そうした組織の最大の特徴は、誰もがお金ももらえないのに、本来の仕事とは別の「もう一つの仕事」に精を出していることだ。自分をよく見せ、当たり障りのない行動をし、弱さを隠すことに、みんながいそしんでいる。これが本当に効率的と言えるだろうか？

ＤＤＯの土台を成す理論について説明した本章に続いて、次章では、ＤＤＯの表面にあらわれる特徴を見ていきたい。すべての人の能力をはぐくむことを重視し、誰もが毎日の職場でありのままの不完全な自分をさらけ出せるようにしている組織では、どのような組織文化が形成されるのか？

第3章

コンセプトの概観★
——エッジ、ホーム、グルーヴ

発達指向型組織（DDO）というコンセプトの構造を論じるうえでは、深さ、広さ、高さという三つの軸から考えるのが有効だと、私たちは考えている。人の発達を後押しするコミュニティ（本書では象徴的に「ホーム」と呼ぶ）、発達を実現するための慣行《プラクティス》（「グルーヴ」）、そして発達への強い欲求（「エッジ」）——この三つの軸を一望し、その相互作用を見れば、DDOが一つの動的なシステムであることが見えてくる（図3-1参照）。この基本コンセプトを知ると、読者はすでに三つの軸の具体例に触れてきたことに気づくだろう。次章以降でもさらに多くの例を紹介していくが、本章ではまず、一つひとつの軸の土台を成す考え方を紹介したい。

組織の潜在能力を開花させるために発達指向のアプローチを採用するとは、福利厚生制度を充実させたり、いわゆるワーク・ライフ・バランスを支援したりするなど、単に「従業員にやさしくする」こととは違う。それは、多くの組織で実践されていることをより精力的に、あるいはより長期間にわたり、あるいはより大量に実行することではない。環境保護に取り組んだり、地域コミュニティに貢献したり、社員による会社所有を実現したりといった「意識の高い資本主義」の今日的な実践例は、称賛に値するし、刺激を与えてもくれる。しかし、この種のことを実践しているかどう

★ 本章の記述は、以下の論文を大幅に改訂したものである。Robert Kegan, Lisa Laskow Lahey, Andy Fleming, Matthew L. Miller, and Inna M. Leiter, "What Is a DDO?" www.waytogrowinc.com, 2014.

かと、人の発達に取り組んでいるかどうかは別の話だ。

DDOのアプローチは、既存のやり方をより徹底的に実行することとは違うし、ほかの称賛すべき革新的な取り組みとも違う（そうした取り組みは、DDOを補完する場合も多いが）。DDOとは、組織における人の発達について、従来の組織とは異なる考え方をしている組織なのだ。

社員が自己変革に対する内面の障壁を乗り越え、みずからの死角を知ってそれを克服し、失敗と弱さを成長のチャンスとみなすような環境をつくるために、会社が最大限の努力を払うと、どのような結果が生まれるだろう？　組織と働き手が互いの繁栄と開花のために協力し合って「仕事をする」とは、どういうことなのか？

エッジ、ホーム、グルーヴは互いに補強し合う関係にあり、この三つの軸が一体になって発達指向の組織文化が築かれる。この三者の関係は、三本足の椅子に似ている。一本の足を取り除くと、組織はバランスを崩し、発達を支援することが

図3-1

DDOの三つの側面

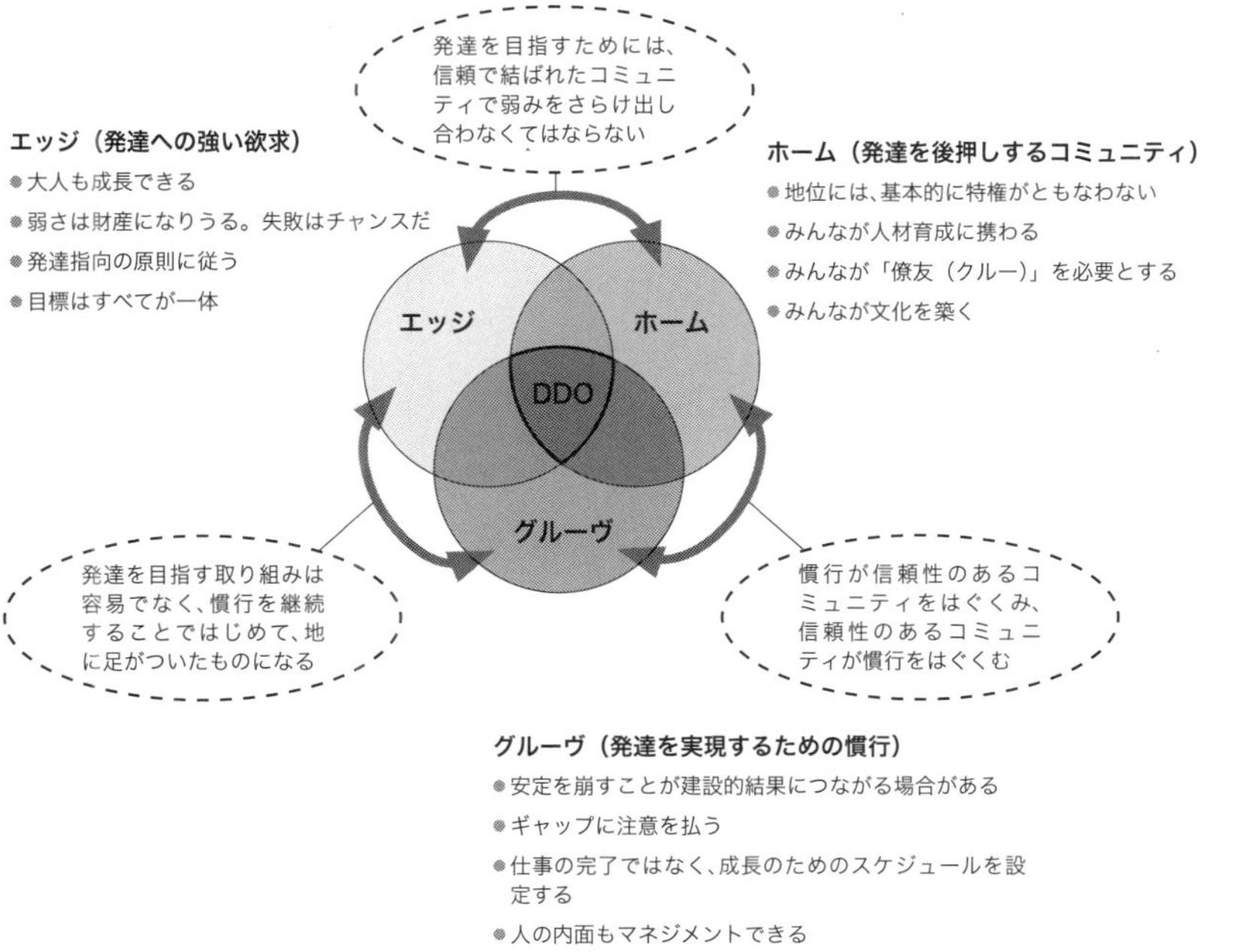
発達を目指すためには、信頼で結ばれたコミュニティで弱みをさらけ出し合わなくてはならない
エッジ（発達への強い欲求）
大人も成長できる
弱さは財産になりうる。失敗はチャンスだ
発達指向の原則に従う
目標はすべてが一体
ホーム（発達を後押しするコミュニティ）
地位には、基本的に特権がともなわない
みんなが人材育成に携わる
みんなが「僚友（クルー）」を必要とする
みんなが文化を築く
エッジ
ホーム
DDO
グルーヴ
発達を目指す取り組みは容易でなく、慣行を継続することではじめて、地に足がついたものになる
慣行が信頼性のあるコミュニティをはぐくみ、信頼性のあるコミュニティが慣行をはぐくむ
グルーヴ（発達を実現するための慣行）
安定を崩すことが建設的結果につながる場合がある
ギャップに注意を払う
仕事の完了ではなく、成長のためのスケジュールを設定する
人の内面もマネジメントできる

継続できなくなる。たとえば、社員にみずからの弱点を克服するためのリスクをともなう行動を促そうという欲求（エッジ）をもっていても、信頼できるコミュニティ（ホーム）がなく、弱点の克服に取り組むための慣行（グルーヴ）が確立されていなければ、どうなるだろう？　安全で信頼できるコミュニティがあって、採用、研修、メンタリング、成績管理などに関して適切な慣行が確立されていても、現在もっている能力の限界を超えて社員を成長させ続けようという強い欲求をもたない組織はどうなるか？　本章を通じて、エッジとホームとグルーヴがＤＤＯに命を吹き込む要素であり、それらがつねに相互作用し、互いに補強し合っていることを理解してほしい。

エッジ——限界《エッジ》に挑むことへの強い欲求《エッジ》

三つの軸は、合計して一二の考え方を前提にしている。これらの考え方と、旧来の原則や慣行や構造の間には、「断絶」がある。既存の標準的な慣行を微修正するだけにとどまらない、質的な変化を遂げるものなのだ。一二の考え方は、古いやり方から断絶している一方、互いに密接に結びつくことにより、すべてのメンバーの発達を徹底的に追求し続ける組織をつくり出している。以下、一つひとつ見ていこう。

① 大人も成長できる

子どもだけでなく、大人も成長できるし、成長し続けなくてはならない。言葉で言うのは簡単だが、私たちが調査したかぎり、あらゆる業種のほぼすべての組織で業務プロセスの前提になっている考え方と、この考え方の間には、大きな「断絶」がある（皮肉なことに教育業界の組織も例外でない）。この原則を真に実践するためには、その精神を評価して受け入れ、それを推進するために投資するだけでは不十分だ。「私たちは組織のすべての面で、メンバーの成長を——これは、メンバー個人のためだけでなく、組織を繁栄させるために——後押しできる仕組みを築けているか？」と、みずからに問い続ける姿勢がなくてはならない。

あなたの会社は、社員のキャリアの発展だけでなく、人としての発達を支援する仕組みになっているだろうか？　私たちがあなたの会社に調査に赴き、リーダーやマネジャー、サポートスタッフなど、社内の誰かをつかまえて以下の質問をしたとき、イエスという答えが返ってくるだろうか？

- 会社は、あなたが自分を成長させる役に立つ課題を——あなた個人と会社の両方にとって価値がある課題を——見つけるのを助けてくれるか？
- あなたが自分の能力の限界（エッジ）を把握し、それを乗り越えようと努めていることを知っていて、成功するよう気遣ってくれる人はいるか？
- 弱点を克服するための支援を受けられているか？　どのような支援を受けているかを具体的に説明できるか？
- 毎日、せめて週に一回は、自分の能力の限界を乗り越えるために積極的に行動しているか？
- あなたが成長を遂げれば、認められて祝福されるか？　そして（あなたに準備があれば）さらに成長し続ける機会を与えられるか？

それぞれの活動で高い成果を上げ、それを精力的に実行している組織は多いが、人を成長させることで高い成果を上げ、それを精力的に実行している組織はきわめて少ない。たとえば、多くの組織(と経営学者)は「立ち止まることのない改善」の重要性を説く。しかし、仕事をおこなうためのプロセスを絶え間なく精力的に改善し続けることと、仕事をおこなう人間自体を絶え間なく精力的に改善し続けることは、まったく別だ。

もちろん、DDOも才能ある人物を採用するために最善を尽くす。しかし、DDOのDNAには、大人も成長できるという考え方が深く刻み込まれている。新しいメンバーが会社に加わると、仕事が引き綱のようにその人を引っ張り、(本人が綱をしっかり握っていれば)個人の成長という課題に挑まざるをえない環境に放り込む。「この会社が社員の成長のために実践している取り組みはすべて知っていて、素晴らしいことだと思っていた。でも、まさか自分もその対象になるとは!」と、デキュリオンの幹部の一人は述べている。ブリッジウォーターで働く有名な金融専門家は、こう振り返る。「私がブリッジウォーターに採用されたのは、それまでの経歴が評価されたためだと自負していました。自分なりの仕事のやり方は確立できていたので、その方法論をブリッジウォーターに合わせて修正すれば、万事うまくいくと思い込んでいた。とんだ思い違いだった!」

第1章で紹介したように、ネクスト・ジャンプは、「自分の成長+他者の成長=みんなの成長」という数式で自社の価値観を表現している。

ネクスト・ジャンプでも、会社の成長を目指している(みんなの成長)。しかし、同社の企業文化は、社員に対してつねにこうも言い続けている。「私たちが会社を成長させるためには、あなたが自分を成長させ、ほかの人たちの成長を支援しなくてはならない」(自分の成長と他者の成長)。これは単なるお題目ではない。前述のように、同社の給料の査定では、売上への貢献と企業文化への貢献に半々の比重が置かれている。売上の増加に対して飛び抜けた貢献をしていても、みずからの成長に取り組んでいなければ、厳しい査定をされかねない。高いボーナスと給料を受け取るためには、企業文化を改善する必要がある。

ブリッジウォーターでは、真実の徹底的な追求に重きが置かれる。特定の誰かが（あるいはなにかが）つねに絶対的な真理を握っているようなケースでは、真実の追求を重視する姿勢は、抽象的で哲学的、へたをすると教条主義的でカルト的なものになりかねない。ブリッジウォーターでは、そういうことはない。同社の「それは本当？」という問いは、第2章で述べた、人の世界認識の論理を問うものだ。ある論理の影響下にある人にとっては、上司に反対されたり、人前で失敗したりすることが大惨事だという考え方が「真実」に思えるかもしれない（そして、その人にとっては実際にそうなのかもしれない）。しかし、「それは本当？」という問いに向き合うことにより、その人は現在の知的発達の段階を脱却し、次の段階に進める可能性が出てくるのだ。

ブリッジウォーターの創業者であるレイ・ダリオは、個人として進化したいという思いこそ、人を突き動かす「最大の原動力」だと言う。デキュリオンのクリストファー・フォアマン社長は、人の可能性を開花させることの意義を語り、ネクスト・ジャンプの創業者であるチャーリー・キムは、よりよい自分に成長することの大切さを述べている。個人としての進化、可能性の開花、よりよい自分への成長——これらは、それぞれの企業文化の核を成している要素だ。

本書では、こうした要素をＤＤＯの（そしてそこで働く人たちの）「エッジ（強い欲求）」という言葉で表現している。重要なのは、その欲求が組織文化のなかでどのくらい中心的な位置を占めているかという点だ。本書で取り上げている三社は互いのことを知らなかったが、それにもかかわらず組織文化には際立った共通点がいくつかある。それは、これらの企業がいずれも大人の発達という可能性に魅了され、それを実現すべく邁進しているからなのだ。

②弱さは財産になりうる。失敗はチャンスだ

人類学者は、異文化を研究することを通じて、自文化への理解を深める。同じように、ＤＤＯをじっくり観察すれば、この種の組織だけでなく、普通の組織についても多くの発見がある。それまで表面に見えていなかったことが見えてくるのだ。

本書の冒頭で述べたように、組織に属しているほとんどの人は、本来の仕事とは別の「もう一つの仕事」に精を出している。大半の人は、職場で自分の立場を守り、あわよくば立場を高めようという基本姿勢をいだいているように見える。言ってみれば、自分の「株価」を値下がりさせず、できることなら値上がりさせたいと思っているのだ。この点は、評価の高い組織で非常に高い成果を上げている人も例外でない。

一般的な組織で働く人は、（仕事上の責任と機会をないがしろにしてまで）自分に対する他人の評価をコントロールしようとし、弱点と見られかねない部分を隠し、自分の最大の強みを前面に押し出す。弱く、完璧でなく、ことによると十分ですらない自分を意識的にさらけ出すのは、きわめて例外的なケースだけだ。それは、非公開の場で、相手が信頼できる人物（正式なアドバイザー役の人物の場合もあれば、非公式の相談相手の場合もあるだろう）で、プライバシーと秘密が保護される場合に限られる（囲み記事「ＤＤＯの実際――弱さと失敗に価値がある」を参照）。望んでいないのに職場で自分の弱さ（能力不足や不適任さ）が露呈することは、たいていの人にとって悪夢だ。人々はそれを最も恐れている。あるいは、最も起きてほしくないと思っている。

それに対し、ＤＤＯでは、弱さを隠したいという衝動を打ち消すための仕組みが浸透しており、

実際に効果を発揮している場合が多い。**DDOは、メンバーが自分の能力の限界を知ることを可能にし、限界と向き合うことに価値を見いだせるように促す**。また、たとえ失敗しても自分には価値があるということを、そして、さらけ出している弱点を克服できれば自分の価値がいっそう高まるということを、実体験を通じて理解させる。社員の弱点は、会社の資源であり財産でもある。ある人が現在もっている能力の限界は、とりもなおさず、その人の成長が実現する最前線だ。一人ひとりがつねに、みんなの前でその限界に挑み続けるべきものとされる。DDOでない組織で働いている人には逆説的に聞こえるかもしれないが、自分の弱さや経験不足を認めることが個人と組織にとっての成長のカギを握るのだ。前述したように、ブリッジウォーターは「痛み＋内省＝進歩」という公式を掲げている。デキュリオンのマネジャーたちは、メンバーの発達を促せる状況（同社で言う「引力《プル》」）を見いだそうと努める。同社で働く人たちは、そのような状況で途方に暮れる経験をし、適度な刺激を味わうことにより、成長を後押しされる。

ネクスト・ジャンプでは、「状況ワークショップ」と呼ばれる毎週定例の会議で社員が手を焼いている問題について報告し合う。ここで徹底的に論じられるのは、問題の状況そのものではなく、その状況で悪戦苦闘している人間のほうだ。たいてい、「その問題を経験することにより、あなたは自分についてなにを学んでいますか？　あるいは、単なる同じことの繰り返しに終わっているのですか？」といった問いが投げかけられる。話し合いは、その場ですっきりとした結論を見いだそうというより、言ってみれば、植物に水と太陽光と肥料を与えるような姿勢でおこなわれる。なにかを育てたければ、対象に定期的に関心を払い続けなくてはならないからだ。

DDOの本質は、社会心理学者のキャロル・ドゥエックが言うところの「硬直マインドセット（Fixed Mindset）」と「しなやかマインドセット（Growth Mindset）」の違いによって説明できる。硬直マインドセットとは、成功できるかどうかは天性の資質や才能で決まるという発想のこと。それに対し、しなやかマインドセットは、つまずきを経験したときに――それを経験することは誰にとっても避け難い――強い意志をもって努力できるかによって、成功できるかどうかが決まると考える。[1] 成功している人でもほとんどの人は、頭ではどんなに深くＤＤＯの精神を信じていても、ある程度は硬直マインドセットをいだいている。本書の執筆チームの全員も硬直マインドセットの影響を受けている。硬直マインドセットをもった野心的な人物は、みずからの既存の資質や才能から最大限の成果を引き出したいと考える場合もあるだろう。そういう人たちにとって「発達」とは、神様から与えられた能力をより開花させることであり、ＤＤＯの組織文化がその方向に背中を押してくれることを期待する。しかし、このような考え方の人は、実際にＤＤＯに身を置くと驚くことになる。真の成長を遂げるためには、まずは自分の中核的な部分における限界を思い知らなくてはならない。自分の能力に関する思い込みに疑問をもたないかぎり、ＤＤＯで働くことの恩恵を全面的に得ることはできない。

　自分の弱さを経験するのは、快適な場合ばかりではない。私たちがＤＤＯについて話すと、聞き手に最もよく見られる反応は不安だ。そうした反応が聞き手の思考を妨げる。「これはなんだ？　洗脳するための自己批判か？」といった思いが頭をよぎる。反射的に反発をいだき、聞くことをやめてしまう。そして、人がものごとに抵抗を感じるときのお決まりのパターンに陥る。自分を守るために、戦うか逃げるかをするのだ。

　デキュリオンとブリッジウォーター、ネクスト・ジャンプの人たちは、ＤＤＯという型破りな組織での日々について似たようなことを語っている。「いつも楽しいことばかりではない。とても苦しいときもある。でも、これほどわくわくできる職場は、はじめてだ。ほかの会社で働くなんて、もう考えられない！」。もう一つ、ＤＤＯで働く人たちが口々に言うことがある。それは、ＤＤＯが万人向けの職場ではないということだ。実際、入社して一年〜一年半の退職率は、大半の組織より高い場合も珍しくない。

ＤＤＯの実際――弱さと失敗に価値がある

ブリッジウォーターの創業者であるレイ・ダリオは、「私はいつも失敗している」と題した電子メールを全社員宛てに送り、社員たちにこう問いかけたことがある。「あなたは、自分がどのくらい優れているかと、どのくらい速いペースで学習しているかの、どちらをより心配しているのか？」。ブリッジウォーターの企業文化では、失敗から学ぶことが職務上の義務と位置づけられており、さまざまなツールや慣行を使って、社員が失敗を成長のチャンスに変えることを後押ししている。

全社員は、問題や失敗を全社向けの「イシュー・ログ（問題の記録）」に記すことが義務づけられている。自分と他人がどのように失敗の原因をつくったかを、そこに詳しく書かなくてはならない。失敗を記録すれば、称賛されて報われるが、記録しなければ、重大な義務違反とみなされる。イシュー・ログに記された内容は、失敗を生み出した個人レベルと組織レベルの根本原因をみんなで解明するための資料として用いられる。

社員の内省を促すために採用されているもう一つの慣行は、職場で感じた心理的な痛みを記録させるというものだ。前述の「ペイン（痛み）・ボタン」というアプリを使い、職場でマイナスの感情をいだいたときに（とくに、ほかの人とのやり取りで自己防衛反応を示したときに）その経験を記録し、ほかの人たちと共有する。こうして経験をオープンに共有することから、当事者同士の対話が始まる。それを通じて、問題となっている状況の真実を掘り下げ、その根本原因を是正するために、一人ひとりがどのような行動を取るべきかを明らかにしていくのだ。この慣行は、一人ひとりが情緒的な自己防衛反応に対処し、それを積極的にマネジメントできるようになることを目的にしている。それができなければ、自己防衛反応が成長の足を引っ張りかねないからだ。

ブリッジウォーターは、このような支援のプロセスを設けることにより、失敗を恥じなくてもいいのだと伝え、むしろ失敗を祝福している。そうすることで、しばしば痛みをともなう失敗の経験を、非生産的な非難の材料ではなく、学習のための貴重なデータとして利用しているのだ。

③ 発達指向の原則に従う

こう言うと驚くかもしれないが、ほとんどの組織は、日々の仕事の指針となり、組織内の誰もが知っていて、とくに注意深く観察しなくても目にとまるような原則をもっていない。この点は、うまく機能していて高い評価を受けている組織にも言えることだ。ミッション・ステートメント（使命の宣言）を掲げている組織は多い。それに、大半の組織は目的と目標を定めていて、さまざまな手続きと従業員用のマニュアルもつくっている。大切にしたい原則をモットーやキャッチフレーズに謳っている組織もあるだろう。「顧客第一主義」「私たちにしかできないことを」「進歩が私たちのいちばん大切な商品」といった類いのものだ。しかし、それを支えるエコシステム（生態系）、つまりそうした価値を具体化し、それを方向づけるための仕組みや慣行、ツール、共通の言葉がともなっていなければ、それは好ましい組織文化の推進材料ではなく、空疎なお題目になってしまう。

このように、組織がなんらかの原則に従って運営されているだけでも珍しいなかで、ＤＤＯは「発達指向」という特殊な原則を採用している。その点、組織論研究者のカール・ワイクが言う「高信頼性組織」（軍の戦闘部隊や航空管制官のチーム、病院の手術チームなど）の場合は、緊密な組織文化の下、人の命を守るための原則に従っていると言えるかもしれない。[2] 一つのミスが人の生死に関係する状況では、命を守ることを重んじる行動パターンをつねに共有するのが当然だ。それに対し、ＤＤＯの原則は、人命が脅かされる危険性ではなく、新しい生命、新しい誕生、新しい能力、個人と集団の進化の可能性を前提にしている。ひとことで言えば、人の発達の可能性に牽引された原則で動いているのだ。

ＤＤＯには、船乗りたちに針路を示す北極星のように、人々の日々の意思決定を導く原則が深く根を張っている。そうした原則には個々の組織の特性が反映されているが、すべてのＤＤＯに共通する要素もある。それは、社員が個人として成長できる可能性を強く信じているという点だ。

ネクスト・ジャンプ、デキュリオン、ブリッジウォーターの原則を文章の形に書き起こしたとしても、その表現自体がほかのタイプの組織と決定的に違うわけではない。ＤＤＯがほかの組織と違うのは、共有されている原則が実際の行動や意思決定に強く影響を及ぼしていることだ。ごく小さな決定から重要な戦略上の判断にいたるまで、すべてのことがその影響を受ける。

デキュリオンは、自社の目的を「人々が可能性を開花させられる場を提供すること」としている。オフィスのポスターに記されている「アクシオム（公理）」は、そんな同社の原則を目に見える形で表現したものだ。具体的には、第1章で紹介したように、「仕事はやり甲斐を味わえるものであるべきだ」「人は手段であるだけでなく、それ自体として尊重されるべき目的である」「個人とコミュニティは成長する可能性をもっている」「利益の追求と人間の成長は一体を成すものだ」という内容である。同社の映画館で働く人が毎日、個人としていだいている深い目的に添って仕事に臨んでいるとすれば、それは同社の原則が実践されていることの証と言える。

ブリッジウォーターでは、改訂され続ける文書の形で原則が表現されており、メンバーはそれを絶えず参照し、それに基づいて行動する。[3] 同社はその基本原則の下、たとえ誰かにとって受け入れ難い内容であっても真実を追求し、人々の暮らしと世界を改善する土台となる進化と改善を追求することを誓っている。「失敗をすることは問題ないが、失敗を認識し、分析し、それから学ばないことは許されない」という原則も定められている。第1章で紹介した同社のキャナーは、セルジオから期待はずれの結果について報告を受けたとき、同様の状況への今後の対処法について合意するだけで終わりにしなかった。その人物と率直に話し合い、その人の行動が自己防衛のための思考の歪みを反映していると指摘することも忘れなかった。思考の歪みを是正しないかぎり、同じ失敗を繰り返す可能性が高いと思えたからだ。このエピソードには、同社の原則とはどういうものかがよくあらわれている。端的に言えば、同社では、原則がみんなの毎日の行動を形づくっている。この点が一般的な組織との決定的な違いだ。

それに対し、大半の組織で「ミッション」がどのような機能を果たしているかを考えてみてほしい。成功している企業は、全員にミッションを追求させ、共通のビジョンを実践させることを目指す。利益を上げ、長期の成長を達成するために、それが必要だと考えるからだ。

しかし、こうした典型的な企業で働く人に、「どのような共通の原則に基づいてミッションを追求しているのか?」と尋ねると、答えに窮したり、業界で好ましいとされている実務的な「ベストプラクティス」を述べたりする。人の発達を重んじない組織文化の下では、原則を否定形の文でしか表現できない場合もある。「焦っているところを他人に見せるな」「四半期の成績が悪くならないように、手段を選ぶな」といった具合だ（もっとひどい内容の場合もあるだろう）。

対照的に、DDOの原則は肯定形で表現される。それらの原則は、メンバーがみずから指針とすることを選ぶもので、その組織で働くことを考えはじめた瞬間から、実践と熟考を求められる。発達指向の文化が強い組織では、原則が議論され、実践され、改訂され、掲示される。原則が組織のすべての場に浸透し、日常のなかで大きな役割を果たしているのだ。

あなた自身の組織やよく知っている組織を思い浮かべてみよう。その組織の仕事のやり方を定めている原則を言葉で表現できるだろうか?「利益を最大化する」という類いのものは、原則とは呼べない。それは目標もしくは結果だ（これを目標にするのはよく理解できるが）。利益を最大化するために、どのように行動を統制するか、どのような仕組みや慣行を確立・維持・刷新するか、というのが原則だ。あなたの組織に、そのような原則はあるだろうか?

興味深いのは、つねに原則によって導かれていない組織があまりに多いため、DDOのことをカルト的だと感じる人がときどきいることだ。実際には、DDOはカルトではない。マインドコントロールのために原則を確立しているわけではないからだ。DDOは、個人の自由と成長の可能性を拡大こそすれ、縮小することはない。反対意見を抑え込むのではなく、そうした意見を主張するよう奨励（ことによると義務づけ）している。多くの人は、はっきりと原則によって導かれた行動パターンや慣行になじみがないため、普通の組織のあり方に疑問を呈するのではなく、ＤＤＯの健全性を疑ってしまうのだ。

④目標はすべてが一体

三つのＤＤＯのリーダーたちはみな、たびたび同じ問いを投げかけられてきた。「利益のために行動するか、発達のために行動するかを選ばなくてはならないとしたら、あなたはどちらを選ぶか？」という問いである。そうした問いに対して、三社のリーダーたちは同じ答えを返す。「あなたが前提にしているような緊張関係は存在しません。そのような発想はしていないのです」

ＤＤＯが営利企業の場合は、一般的な企業と同じように、利益にも強い関心をもっている。関心の示し方がほかの企業と違うだけだ（囲み記事「ＤＤＯの実際――片方ではなく両方」を参照）。ＤＤＯにおいて、利益の追求は、人間の発達という「高尚な」目的の下に位置するわけではない。利益は、人が発達できる場を維持するための手段ではないのだ。利益と発達は、一方が他方より優先されるという関係ではない。そうかと言って、利益と社会貢献の両立を目指す企業が重んじる「ダブル・ボトムライン」の考え方のように、両方が等しい価値をもつという関係でもない。

ＤＤＯは、組織としての目標（多くの利益を上げるとか、業界の常識を打ち破るといったこと）と、メンバーの能力の発達を一体のものと考える。両者が相互依存の関係にあるのだ。ＤＤＯは、利益の追求を通じた人間の発達と、人間の発達を通じた利益の追求に、同等の関心を払う。たとえば、ネクスト・ジャンプの給料の査定では、売上への貢献と発達指向の企業文化への貢献に半々の比重を置いている。デキュリオンのクリストファー・フォアマン社長もこう述べている。「私たちの会社では、利益の追求と個人の発達が一体を成しています。両者がトレードオフの関係だとは思っていません。一方のために他方を犠牲にしようと考えた瞬間、両方とも失ってしまうのです」

ＤＤＯは、このようにして発達への強い意欲をいだき続け、ＤＤＯならではの強みが鈍ることを防いでいるのだ。

ＤＤＯの実際——片方ではなく両方

一般的な会社では、一定期間ごとの目標を達成することがなによりも重んじられる。「今期は目標を達成できたか？」「年間の成長率は予測に届いたか？」「コスト（や市場投入までに要する時間、社員の退職率、生産の停止）を何％減らせたか？」といったことだ。

ＤＤＯも数字を無視するわけではないし、目標の設定もおこなう。私たちがデキュリオンを訪ねた際、同社の映画館事業の人たちは、営業利益を増やすための具体的な戦略をいつも話し合っていた。ネクスト・ジャンプは、サイトへのアクセス数と、それが商品購入につながる割合を非常に重視している。ブリッジウォーターも当然、市場平均より高い利回りを達成したいと考えている。

しかし、ＤＤＯでは、こうした面で成果を上げているかどうかで成功の度合いを判断しない。「プロジェクトやビジネスが旧来の意味での成功を達成できるかは、多くの外的要因に左右される」と、デキュリオンのクリストファー・フォアマン社長は言う。「私たちが結果をコントロールしたり、なんらかの結果を生み出したりすることはまったくできない。かろうじてコントロールできるのは、自分たちの行動だけだ」。実際には、ほとんどの人が成功と目標達成を同一視している。「でも、もっと深いレベルの成功もある。それは、人生が差し出す試練にぶつかったときに、どのように振る舞うかに関わるものだ。そういうとき、自分の最も重要な価値に沿って行動できるだろうか？」。フォアマンは、『夜と霧』（邦訳・みすず書房）の著者ヴィクトール・フランクルの言葉を引用してこう問う。「意味のあるものを創造したり、実行したりしたか？　ほかの人を気遣ったか？　難しい状況に勇敢に立ち向かったか？」

ブリッジウォーターのレイ・ダリオは、好ましくない結果になったからと言って、誤ちを犯したと決めつける必要はないと述べている。「ものごとの真実を、とくに自分自身と世界についてのきわめて不愉快で不都合な真実を徹底的に追求し、真実を知るために最大の努力を払えば、たとえ結果が好ましくなかったとしても、かならずしも誤ちを犯したことにはならない。そもそも、この世界に一〇〇％確実なものなどない。正しいプロセスを貫くことに意味がある。真実を無視する人は、利益が上がろうと上がるまいと、間違いなく誤ちを犯している」。結果を出すことよりも正しいプロセスを貫くことが重んじられていることは、ファンドが目覚ましい成績を上げた年にダリオが社員たちに語った言葉を聞けばよくわかる。こんな言葉だ。「このような一年のあとは、とりわけ自分たちのことが心配になります。大きな収益を上げていることを理由に、正しいプロセスを十分に追求できていると思い込みかねないからです」

ネクスト・ジャンプの幹部たちは、好ましい企業文化が売上を伸ばす力になるだけでなく、売上の追求が企業文化をはぐくむ面もあると主張する。「売上を追求することほど、人に強い負荷をかける要素はない。それが成長のための練習場になる」と、CEOのチャーリー・キムは言っている。

正しいプロセスを貫くことが結果より大切だと言っても、結果がきわめて重視されていることに変わりはない。フォアマン、ダリオ、キムは、いずれも数字に強い関心を払っている。社員の給料や電気料金をまかなうための売上が入ってこなければ、人々が自分を成長させるための場所は確保できないからだ。しかし、この三人のリーダーは、売上などの成果をつねに最重視することには疑問を投げかけているのだ。

グルーヴ——発達のための慣行とツール

DDOは、発達指向の原則を徹底するために、さまざまな慣行を網の目のように張りめぐらせている。本書では、そうした慣行のことを「グルーヴ」（「車のわだち」「定番のやり方」という意味がある言葉）と呼んでいる。たとえば、会議の運営方法、社員の成果の評価方法、仕事や課題（個人的な課題もあれば、会社の目的を追求するうえで直面する課題もあるだろう）に関する社員同士の会話の仕方などである。

そのような慣行を擁していることも、DDOが大半の組織と決定的に異なる点の一つだ。DDO

の慣行は、発達指向の原則から自然と生まれるものであり、原則と深く一体化している。そうした慣行を実践することを通じて、あらゆる組織階層の人たちが能力の限界（エッジ）に挑む。私たちの観察によれば、グルーヴを決定づける要素は四つある。

⑤ 安定を崩すことが建設的な結果につながる場合がある

DDOは、メンバーの弱点や能力不足を「資源」と位置づけ、メンバーにあえてそれを認識させようとする。本書で取り上げている三社では、ある人が現在の仕事をすべての面において高いレベルで実行できる場合、適切な役割に就いているとはみなされない（仕事をマスターしたあともその役割にとどまろうとすれば、惰性で楽に仕事をしたがる人と評価され、自社にふさわしくない人物と判断される）。デキュリオンの人たちは、よくこんなことを言う。「ものごとがうまく運ぶようになったら、それをたたき壊して、次のレベルに進むべき時期だ」

ネクスト・ジャンプでさまざまな役職を経験してきたエリーゼという人物は、CEOのアシスタントになったとき、その仕事に手も足も出ないと感じた。その後、この役職をこなせるように成長し、広報部門の新しい役職への昇進が決まったときは、とても満足した。しかし、また手も足も出ないと感じる羽目になった。私たちがインタビューしたのは、この新しい役割に就いたばかりのときだった。自分をよく理解していてオープンな姿勢の持ち主でもあるエリーゼは、多くの複雑な感情をいだいていることを私たちに認めた。「もちろん、昇進できたことには、わくわくしています。でも、正直に言うと、こんなふうに思っている部分も大きいのです――『前の仕事のときは、とても長い時間をかけてようやく習熟できた。それなのに、またゼロからやり直しになって、実力不足を痛感させられ、自信のなさを味わわされるわけ？　勘弁して！』」

ブリッジウォーターでは、ほかの多くの組織と同様、社員と役職の適材適所（社内では「カチッと」はまるという言葉で表現する）を見いだすことに腐心している。しかし、大半の組織と違うのは、「指示されたとおりに仕事ができる」ことを適任とは呼ばないことだ。適任であるとは、「数々の有益なトラブルにぶつかり、そこから学習して成長する方法を見いだすことができ、社内のコミュニティから目を見張るほど手厚い支援を引き出せる」ことを意味する場合が多い。

たいていの組織では、これとほぼ正反対のやり方が一般的だ。人間の保守性と人間がつくる組織の保守性の共謀関係がはたらく結果、社員は仕事のパターンを確立してそれに習熟することにより、仕事の複雑性を減らそうとし、組織は社員を「支援」するために、同じパターンの繰り返しで成果を上げられる期間をできるだけ長くしてやろうとする。

DDOは、「建設的な不安定化」を実践している。この言葉の「建設的」と「不安定化」の両方に大きな意味がある（囲み記事「DDOの実際――不安定から学ぶ」を参照）。三社の企業文化について社員の話を聞くと、とくに頻出する言葉が三つある。「信頼」「痛み」「気遣い」だ。この三社では、地位の高い社員であっても、不安定感を体験することが当たり前になっている。しかし、それは（少なくとも長々と）本人に恥をかかせるものではなく、意気消沈させたり、自虐的に実践させたりするわけでもない。不安定な状況を経験させる目的は、企業文化の趣旨を体感させることにある。ブリッジウォーターでは、社員の行動の根っこにある原因を洗い出すプロセスに手加減は加えられないが、適切に実行されれば、そこに敵意や攻撃性は介在しない。ブリッジウォーターが掲げている原則の一つでも、痛みを味わう経験を普通で当然のものとみなし、成長のチャンスと位置づけている。「痛み＋内省＝進歩」なのである。

三社で働く人たちは、痛みを味わうとき、同時に真の気遣いと強力なコミュニティ意識も感じている。そして、見落としてはならないのは、痛みを経験することが自己実現の深化につながると理解していることだ。ＤＤＯの社員たちは、破壊的な痛みと「産みの苦しみ」の違いを知っている。産みの苦しみは、そのときはつらく感じるかもしれないが、新しい命を生み出す。第1章で紹介したブレネー・ブラウンの言葉を噛み砕いて言うと、みずからの弱さを経験する人は、恥を感じたり、自分に価値がないと思ったり、孤独を味わったりするかもしれないが、それは喜びと創造性を獲得する出発点にもなりうるのだ。ここで重要なのは、弱さを経験している人がしっかり支援されるかどうかだ。最悪の状態にあるときでも、自分が敬意を払われていて、自分に価値があり、排除されていないと感じられることが大きな意味をもつ（こうした感覚は、本書で言う「ホーム」の要素の核を成すものだ。詳しくは後述する）。

ＤＤＯの実際——不安定から学ぶ

デキュリオンの社員はことあるごとに、対処可能な範囲内で、途方に暮れるような状況に放り込まれる。この会社では、互いに補完し合うさまざまな慣行を通じて、つねに個人やグループに発達の機会を与えているのだ。

たとえば、映画館事業のアークライト部門では、マネジャーが部下の個人的な成長に関するデータ（「エネルギー・マップ」と呼んでいる）を元に、一人ひとりに最適な課題を毎週割り振っている。具体的には、発達を促す「引力《プル》」をつくり出して個人の成長を最大化させると同時に、会社のビジネス上のニーズも最も満たせるような課題を与える。「人をどこに配置するかだけを考えるのではない。それよりも重要なのは、なぜそこに配置するかだ」と、ある映画館支配人は言っている。この慣行を支えているのは、個人に依存するシステムをつくらないという強い方針だ。同社では、ある業務が特定の人物にしか対応できないような状況はつくらない。この方針のおかげで、メンバーにさまざまな仕事を経験させ、学習の機会を提供することができている。

デキュリオンのリーダーたちは、誰かが自分の専門を明言したときには警戒する。その人物が狭い役割に自分を押し込める結果を招きかねないからだ。そのような事態を避けるために、同社では人事異動でさまざまな仕事を経験させることにより、個人の成長を促す「引力《プル》」を生み出している。ある人が仕事を快適に感じはじめたら、それは新しい試練を味わうために異動すべきタイミングとされる。

⑥ギャップに注意を払う

これまで繰り返し述べてきたように、多くの組織では、ほとんどの人が自分を守るために途方もないエネルギーを費やしている。自分のいずれかの側面を隠し、対立を避け、変革の試みを無意識に妨害し、「仕事の私」と「本当の私」の間にそっと境界線を引くのだ。

職場で自分を守るための努力を延々と続ける結果、人々はさまざまな「ギャップ」を生み出している。自分と他人の間のギャップ、計画と実行の間のギャップ、そして自分のある部分と別の部分の間のギャップだ。具体的な行動としては、たとえば、重要なプロジェクトを遂行しなくてはならないときに共通のビジョンの下に結集せず、一人ひとりが自分勝手に振る舞ったりする。いい加減な態度でお茶を濁しつつ、それを非難されずに切り抜けたいと密かに思っていたり、同僚のマネジメント方法について、内輪の会話と大規模な会議で述べる評価がまるで違ったりする場合もあるだろう。このようなギャップはたいてい、なされない会話、議論されないテーマ、取られない整合性、自己防衛的な恐怖心ゆえに避けられる仕事、といった形であらわれる。以下の二項の間に、ギャップが生まれる可能性がある。

- 行動と発言。
- 感情と発言。
- 給湯室での発言と会議室での発言。
- 誰かのパフォーマンスに対するその場でくだす評価と、後日のフィードバックで示す評価。
- 組織の原則に関する知識と実践。
- 組織の最も深い目的に関する理解と、さまざまなレベルでの実際の行動（デキュリオンのブライアン・ウンガードはこう述べている。「私たちの最も深い目的、すなわち可能性を『開花』させるという目的を、日々の活動のすべての側面に反映させたい。映画館のチケット確認に始まり、長期のビジネス戦略の策定にいたるまでのあらゆる活動に対してである」）。

DDOでは、これらのギャップを埋めるための取り組みが日々実践されており、それを通じてメンバーが結束を強めていく。当事者たちも理解しているように、そうした結束は、手入れを怠れば壊れてしまう。そこで、DDOで働く人たちはほぼあらゆる場面とコミュニケーション手段において、自分を安全圏に置くために弱点や本音を隠すのではなく、対人関係でよそよそしさをなくし、思考の裏表をなくすことに努め続ける。この点は、一般的な組織マネジメントやプロジェクト・マネジメントの手法とは根本的に違う。

DDOが活動を脱線させないために取る対策は、単なる目標の設定や進捗状況の点検にとどまらない。ときには、メンバーに居心地悪い思いをさせることもある。第1章で紹介したデキュリオンの「金魚鉢《フィッシュボウル》」の対話は、その一例だ。ブリッジウォーターが「通じ合う」★を重んじるのも、つねにギャップに注意を払い続けるための方法論と言える。ネクスト・ジャンパーたちは、「トーキング・パートナー」と毎日話し、「吐き出し」のエクササイズをおこなう。これは、瞑想の西洋版のような性格をもつ活動で、同僚との間のギャップだけでなく、自分の内面に生じたギャップも埋める効果がある。デキュリオンで会議の最初に徹底した「チェックイン」をおこなうのも、「仕事の私」と「本当の私」のギャップをもち続けずに済むようにすることが狙いだ（囲み記事「DDOの実際——チェックイン」を参照）。

手ごわいビジネス上の課題が人を最も大きく進歩させるのは、対立や恥辱を遠ざけるためだけの思考と行動が克服されたときだ。その点を理解しているリーダーたちは、しかるべき環境、対話のあり方、上層部による支援を用意して、メンバーがビジネス上の重要課題に取り組み、それにともなう痛みを乗り越えられるようにする。沈黙を破り、自分の弱みにまっすぐ向き合い、ほかの人との意見対立を公の場で経験すれば、痛みを感じるのが当然だからだ。

★ 訳注：原語は「in sync」。「データの同期がとれている」という意味のシステム用語に端を発していると推察されるが、組織開発の文脈で意味を取りやすい言葉として「通じ合う」とした。

また、逆説的に聞こえるかもしれないが、ビジネス上の問題を議論しやすくしたければ、メンバーが最高の仕事をするのを妨げるビジネス外の問題にうまく対処しなくてはならない。ここまで論じたようなギャップも解消すべきだが、それは、誰もが自然に示す自己防衛反応の産物だ。そこでDDOは、ギャップの解消に取り組める安全な環境をつくろうとする。ここで重要なのは、信頼できる場で——つまり、個人の成長の可能性が信じられていて、関係者全員の善意が前提とされる場で——真実を語れるようにすることだ。

DDOでは、ビジネス上の重要課題をただちに抜本的に解決するために、特別な議論の形式が用意される。メンバーがその問題に関係する個人的なジレンマを率直に語り、ほかの組織では話題にできないようなことも話せるようにしているのだ。ブリッジウォーターでは、個人の思考の背景をグループで「精査」し、デキュリオンでは、「金魚鉢」の対話をおこない、ネクスト・ジャンプでは、「状況ワークショップ」を開催する。これらの場は、個人とグループが成長するために全員が共有する「るつぼ」のようなものだ。そこでは、率直に発言しても罰されることはない。罰されるのは、本音を語らなかった場合だ。参加者は、埋めるべきギャップが明らかになり、みんなで一緒に課題に取り組む方法が見つかれば、それを歓迎する(それぞれの会社の活動について、詳しくは第4章で紹介する)。

DDOは、知識やスキルを継続的に深めていくコミュニティを形成し、それを通じてメンバーの間の信頼感を高めようとする。DDOで働く人たちは、みずからの弱さをさらけ出すリスクを負い続けるうちに、それがあまりリスクだと感じられなくなり、むしろ割に合うことだと思えてくる。対立をあらわにしたり、みずからの能力の限界(エッジ)を同僚に見せたり、以前なら話題にできなかったことを論じたりしても、最終的には誰も不利益をこうむらないとわかるからだ。メンバーは、組織のことを成長のエンジンとして信頼するようになるのである。

ＤＤＯのとりわけ驚くべき――そして希望をいだかせる――点の一つは、弱さが「想像を絶するほどひどい事態」をもたらすと思い込んでいた人たちの考えを変え、弱さが自分を成長させてくれると信じさせることかもしれない。「弱さをさらけ出すリスクを負えば、ひどい結果になる」と思うのではなく、「リスクを負って弱さを見せれば、たぶんなにかを学習でき、しかも最終的には問題がない」と思うようになるのだ。そのような発想に転換すれば、普通の組織に存在する最大のギャップ、すなわち人々の「仕事の自分」と「本当の自分」のギャップを頻繁に、あるいは絶えず埋めることができる。

ＤＤＯの実際――チェックイン

デキュリオンのようなＤＤＯでは、個人が生活全般を日々の仕事に結びつけ、日々の仕事を生活全般に結びつける機会が一日のなかで複数回与えられる。同社の映画事業を担うアークライト部門で会議の冒頭にかならずおこなう「チェックイン」は、メンバー間の結びつきを再構築し、各自が選んだテーマを自発的に話し合う機会になっている。この活動は、同社の人々がさまざまなギャップを埋め、孤立を減らすために、そして、惰性で行動したり、人間を目的でなく手段とみなしたりしないために不可欠なものだ。会議の終わりにおこなう「チェックアウト」も、メンバーの間に真の結びつきを生み出す。

あるリーダーは、こう述べている。「全人格をもって職場に臨むことは、単に望ましいというのではなく、必須とされています。私たちの会社は、個人が丸ごとの自分でいるべき場なのです」。別のリーダーも、「会話が刺々しくなったときは、互いの人間性に触れようとする」と語っている。

アークライト部門のメンバーは、チェックインとチェックアウトなど、人々が真に関わり合うためにさまざまな方法論を実践している。メンバーはそうした経験を重ねるにつれて、個人と会社にとって重要性の高い問題でも、支援を受けながら本当の自分をさらけ出しつつ話し合えるのだとわかってくる。

⑦ 計画の達成ではなく、成長を意識した時間の尺度をもつ

ＤＤＯのことをはじめて知った人が最初に示す反応は、「人材開発にこんなに時間を費やすなんて信じられない」というものだ。「馬鹿げている！　こんなことをしながら成果も上げるなんて、できっこない」という思いが透けて見える。しかし、第５章で詳しく論じるように、デキュリオン、ブリッジウォーター、ネクスト・ジャンプは、大人の発達を促す「培養器」として成功しているだけでなく、売上や利益の面でも大きな成功を収めている。これらの企業が成果を上げていること、それも目覚ましい成果を上げていることは、疑問の余地がない。しかし、人々がＤＤＯに対していだく第一印象は、重要なことを浮き彫りにしている。ＤＤＯは、時間の尺度が一般的な組織と決定

的に違うのだ。

ブリッジウォーターは、ものごとの直接の結果と二次的な結果を明確に区別しようとする。同社では、この二つを混同しないように、つねに注意が喚起されている。たとえば、人が運動することを億劫に感じるのは、苦しいし、時間がかかるからだ。これらのデメリットは運動の直接の結果だが、運動には健康の増進とエネルギーの増大という二次的な結果もある。もし、不快な経験を最少化することではなく、活力を高めることが最大の目標なら、苦しくて時間がかかるとしても、運動を習慣化するのが賢い選択だ。

旧来型の組織は、問題の分析に力を入れ、効率性、つまり短時間で新しい計画や合意を導き出す能力を誇りにしているかもしれない。しかし、ＤＤＯと比べると、あることが見えてくる。旧来型の組織が「効率的」な会議に費やしている時間をすべて合計すると、途方もない時間数になる。たくさんの会議をおこなう必要があるのは、個人とグループの弱点が明らかになっていないために、同じ問題が繰り返し発生していることが原因なのではないか？　効率性と有効性は、区別して考えるべきだ。ＤＤＯでは、非効率に見えることがきわめて高い有効性をもつ場合もある。**ＤＤＯは、個人とグループが抱えている根本的な問題に対処するという形で、全員の学習と成長に時間を投資しているのだ。**いまその投資をすることにより、将来さらに大きな成功を収めようというわけだ。

ＤＤＯはどうして、一般的な組織が時間を割けないようなことに多くの時間を費やせるのか？　最もシンプルな説明はこうだ。ほとんどの組織では、誰もが本来の仕事とは別の「もう一つの仕事」（弱点を隠したり、好ましい印象を維持したりすること）に多くの時間を割いている。しかし、半分の人が「もう一つの仕事」の時間を半減できれば、あるいはすべての人が「もう一つの仕事」をいっさいやめれば、莫大な時間が生まれるのだ。

⑧人の内面もマネジメントできる

一般的な組織で重んじられるのは、形があって、目に見えるものだ。リーダーたちの関心も、そうした要素に向けられる。その結果、「オペレーション」とはもっぱら、外的な戦略に沿って個人と集団の重要業績評価指標（ＫＰＩ）や成果物、目標を推し進めるための外的な行動とプロセスを指すことになる。それに対し、**ＤＤＯでは、形がなく目に見えない内的なオペレーション――内面的な行動、心の中の動きや思考パターン、（とくに感情面で難しい問題と向き合っている人の）心理的戦略――にも、外的なオペレーションと同じように関心が払われる。**

人の内面がマネジメントの対象とされるといっても、リーダー層がメンバーの内面に土足で踏み込んでマインドコントロールしようとか、セラピーをしようという話ではない。内面の経験を職場生活の「対象外」ではなく、「対象内」とみなすという意味だ。そのような組織文化の下で、一人ひとりがそれを前提に行動する。計画、戦略策定、オペレーション、実行、成果の向上、プロセスの改善――こうしたビジネス上の機能はすべて、全人格とともに職場に臨む人たちによって遂行される。この点で、ＤＤＯは、多くの組織で当然視されている前提を意識的に覆している。一般的な組織では、仕事は公的（＝外的）、個人的なことは私的（＝内的）という線引きを絶対視し、それゆえに個人的なことを仕事の場に持ち込むべきではないと考えているのだ。

しかし、働いた経験がある人なら誰でも知っているように、仕事とは、きわめて個人的な性格が強いものだ。人はみな、全人格をもって職場に臨む。この点は、一般的な組織では不都合な真実として無視されている。人の内面の要素が表面にあらわれることは避けられないが、経営陣はそれを回避すべきものと考えているのだ。しかし、このような組織にも社員の「正気を保つ」ための安全地帯のような場があり、そこでは人々が人間的な側面を見せる。給湯室の会話やランチの時間、あるいは業務時間中にこっそりする私用電話や私用メール、廊下でのおしゃべり、隣の席の同僚との私語などのことだ。それと異なり、DDOはさまざまな慣行を通じて、内面の私的な要素とオープンに向き合い、職場にそうした要素の居場所を確保しようとする。そうすることにより、社員が全人格をもって毎日の仕事に臨むことを明確に歓迎しているのだ。

たとえば、ブリッジウォーターで重んじられている「通じ合う」の考え方は、すべての利害関係者が計画に賛同すべきだというだけの話ではない。その計画が人の内面の情熱や性質（プロジェクトを脱線させかねない性質も例外でない）と一致し、そうした要素を取り込んでいると、一人ひとりが確認する必要があるのだ。また、同社では、不首尾に終わった結果の報告は、外的な問題点と改善点を論じるだけでなく、人の内面に踏み込むことが求められる。どのような心理的アプローチを実践したかを振り返り、その経験からなにを学んだかを述べなくてはならない。

ブリッジウォーターは、現実を歪めて認識しないことも非常に重んじている（「真実はなにか?」を追求するのはその一環だ）。この方針の下、人々が自動的・反射的に取っている自己防衛反応を自覚させるための慣行を大がかりに実践している。自己防衛反応に走ると、人はものごとの見方に死角をいだき、現実を歪めて認識しかねないからだ。ブリッジウォーターで「精査」を通じて「痛いところを衝く」のは、誰かに居心地悪い思いをさせることが目的ではない。狙いは、仕事の経験が浅い社員に、上司の失望を買わないようにするという自己防衛反応に潜む落とし穴を教えることにある（経験豊富な人物には、それまで築いてきた仕事上の地位を守りたいという自己防衛反応の落とし穴について教える）。

第1章で述べたように、ネクスト・ジャンプの社員は、新卒からCEOにいたるまで、自分が

「傲慢」と「不安」のどちらに傾斜しているかを把握している。トーキング・パートナーの活動では、ほとんどの場合、傲慢寄りの人物と不安寄りの人物がコンビを組む。この対話では、二人が交互に自分について語り、まず内面を吐き出すことから始める。そして、「内面で起きていることのうち、外面で起きることに影響を及ぼす可能性がある要素はどれか?」という問いに答えていく。

ネクスト・ジャンプのトーキング・パートナー制度の趣旨は、デキュリオンにおける会議冒頭のチェックインとほぼ同じだ。内面を吐き出す際に、対象外とされるテーマや感情はない。仕事と直接関係ないことを話してもいい。内面を吐き出したあとは、その日の予定を話題にする。「今日の予定でいちばん手ごわいこと、報われること、重要なこと、やり甲斐のあることはなんだろう?」「バックハンド（弱点）を克服するのに、どのような練習の機会がありそうか?」という問いに答える。とくに重視されるのは、後者の問いだ。たとえば、不安に傾斜している人の場合は発言することに腰が引けること、傲慢に傾斜している人の場合は異論に対してオープンな態度を取れないことがバックハンドだったりする。そうしたバックハンドを克服するための練習とは、自分の内面をマネジメントする練習にほかならない。

DDOのさまざまな慣行（グルーヴ）は、個人が能力の限界（エッジ）に挑むのを助けるためのものだが、その取り組みが成功するためには、ある特別なコミュニティ（ホーム）が欠かせない。次は、この点について論じる。

ホーム——弱さを引き出し、それを支える発達指向のコミュニティ

DDOの際立った特徴の一つは、コミュニティ（ホーム）が個人の発達に関して非常に重要な役

割を果たしていることだ。人が成長するためには、職場のコミュニティで一人ひとりが人間として尊重され、つねにみずからの行動に責任を負い、うわべだけでない対話を続ける必要がある。本書で紹介している三つのＤＤＯは、この点をよく理解している。強力なコミュニティを築き、そのコミュニティがエッジとグルーヴに関わる取り組みを後押ししているという点で、ＤＤＯは典型的な組織とはまるで違う。

⑨地位には、基本的に特権がともなわない

大半の組織では、地位が高い人ほど、意見を尊重され、面と向かって批判されることが少なくなる。厳しいことを言う人が減り、地位の低い人たちとの間に何層も障壁が積み重なる。要するに、地位には特権がともなうのだ。

ブリッジウォーター、デキュリオン、ネクスト・ジャンプは、けっしてフラットな組織ではない。社内には階層があるし、上司と部下の関係も存在する。しかし、一般的な組織とは決定的な違いがある。**社内の地位が高いからといって、意見を無条件に認められるわけではないし、下の地位の人物から異論やアドバイスが提供されないわけでもない。自分自身と組織のニーズに応えるために成長し、変わり続けようとする努力を免除されるわけでもない**（囲み記事「ＤＤＯの実際――地位が高い人も成長への努力を免除されない」参照）。

地位や年齢がずっと下の同僚から、みんなが見ている前で仕事の進め方に異論を述べられたり、自分の押しつけたがる傾向や細部にこだわりすぎる傾向を注意されたりする――こうしたことを無礼で不愉快と感じる人は、ＤＤＯでは気分を害することが多いかもしれない。ＤＤＯでは、肩書き

ではなく、アイデア自体の価値を重んじることを目指している。自分の専門を強調することは、やんわりと相手より優位に立とうとし、真の意見交換を妨げる姿勢とみなされる。そうした態度は、コミュニティのメンバーの間にギャップを生み出しかねない。へたをすると、学習の機会を閉ざし、ビジネスの成功を妨げる恐れもある。

一般的な組織ではたいてい、高い地位にある人を試練にさらさない。組織の存立を危うくするような極端な問題行動でもないかぎり、地位の高いメンバーが互いに対して厳しい姿勢で臨むことはほとんどない。そういう人たちは完全に成長した人物、言ってみれば完成品であり、悪しき行動を罰する場合以外は説明責任を問う必要などないと言わんばかりだ。ＤＤＯの考え方は違う。リーダーは、自分を試練から守ってくれる仕組みを構築・維持するために権力を利用しがちだ。それを許すと、組織の進歩が妨げられることを、ＤＤＯはよく理解している。

ＤＤＯの実際――地位が高い人も成長への努力を免除されない

入社して一カ月ほど経った頃、私はいかにもブリッジウォーターらしい経験をしました。社内の人物と話していたときのことです。相手は、たぶん二五歳くらいだったと思います。私が知りたいことについて尋ね、話が一通り終わると、その若者が言いました。「質問してもいいですか?」

「もちろん」と私が答えると、若者は言った。「この前の会議であなたが言っていたことがまったく理解できませんでした。非論理的に思えたのです。どうして、あのように述べたのか教えていただけますか?」

とっさに、「なんだと? お前、よくそんな口の利き方ができるな」という思いが頭をよぎりました。でも、考え直しました。ここはブリッジウォーターなのだ、と。こんなことは、ほかの組織ではありえません。私は、アメリカ合衆国の司法副長官や巨大企業の顧問弁護士を務めてきた経験の持ち主です。私の論理がおかしいと指摘する二五歳には、まずお目にかかれない。ここがこの会社の素晴らしいところなのです。実際、私はときどき論理のおかしいことを言うときがあります。でも、それまで働いたほかの組織では、誰も指摘してくれません。ここではそれを指摘してもらえる。それは勇気ある行動というより、社員の義務なのです。このような問いを投げかけると約束したうえで採用されているのです。

この会社では、「精査」という言葉を使います。互いに質問し合うことを指す言葉です。私はこれまでの激動の人生を通じて、さまざまな場で「精査」されてきました。法廷で証言もしたし、大統領への報告も何度もした。最高裁で弁論をしたこともある。そして、ブリッジウォーターでも「精査」を受けてきた。このなかでいちばん手ごわいのは、ブリッジウォーターです。大統領に間抜けなことを言えば、ピシャリと「馬鹿げた答えだ」と言われるかもしれない。でも、大統領は、「どうして、そんなことを言ったのか? それは、あなたの仕事へのアプローチについて、そしてあなたという人間について、なにを浮き彫りにしているのか?」などとは尋ねない。大統領はけっしてそんなことを聞かない。どのような角度から質問が飛んでくるかという点も違います。最高裁で問われることは、裁判に関係のあることに限られます。それ以外のことは聞かれない。ブリッジウォーターの人たちは、尋ねたいと思えばなんでも聞きます。「どうして、そのように考えたのか？」「ほかのケースでは、どうしてこのように振る舞ったのか？　あなたが関わったケースには、ほかにどういう例があったのか？」といった具合です。

つまり、知性が試され、深い掘り下げが求められ、あらゆる角度からの問いを投げかけられるのです。ブリッジウォーターほど、厳しい問いにさらされる場所は、世界中を探してもほかにないでしょう。これはいい意味で言っています。もっとも、質問を浴びせられているときは、頭がくらくらすることもあるのですが。

——ジェームズ・コミー（元ブリッジウォーター社員、FBI長官）

⑩ みんなが人材育成に携わる

先進的な組織の人事部門は、社員の環境に細かく気を配るだけでなく、社員が成長し続けるための支援もする場合が多い。このような組織では、人々が自分の行動を突き動かす要因を知り、それが生み出す仕事上の強みと弱みを知り、弱点を克服するための支援（学習プログラム、コーチング、メンタリングなど）を得るにあたって、人事部門や人材開発部門が大きな役割を果たしている。

DDOがこうした組織と決定的に違うのは、人材育成が全員の役割と位置づけられていることだ。大半の組織では、あることが全員の責任とされると、誰もそれをせず、目的が達成されないままになる場合が多い。しかし、**DDOでは、人を成長させることが全員の責任とされ、実際に日々それが実行されている。**

DDOで個人の成長とビジネスが一体になっていることは、人を成長させるために日々の業務外で「特別なことをする必要はない」というデキュリオンの考え方によくあらわれている。人を成長させることは、ビジネスの成長エンジンと別個の活動ではないし、それに付け足されるものでもない。それは、成長エンジンの切り離せない一部なのだ（囲み記事「DDOの実際――人材育成はみんなの仕事」参照）。

ブリッジウォーターで全員が人材育成に責任をもっていることは、私たちが同社をはじめて訪れて数人の投資ストラテジストたちと面談したとき、最初の五分で明らかになった。私たちのチームはすでに同社の経営委員会の面々と会い、企業文化について詳しく話を聞いていた。投資ストラテジストたちとの面談は、ヘッジファンドの組成とマネジメントについて技術的なことを聞く機会になるだろうという触れ込みだった。

会ってくれたのは、金融業界でキャリアを重ねてきた数人の男性たち。当然、金融の話を聞かされるのだろうと思って、私たちは面談に臨んだ。自己紹介が済むと、私たちはこう言った。「まず、みなさんが会社でなにをなさっているかをうかがいます。そのあと、みなさんがどのように企業文化を経験し、それが一人ひとりにどのような影響を及ぼしているかを聞かせてください」。しかし、ストラテジストたちが話しはじめて数分経つと、二つの要素を区別することは無意味だと気づいた。文化を切り離してビジネス上の重要な活動について語ることは不可能だったのだ。

ストラテジストたちは、確かに金融について語った。たとえば、金融機関の融資決定に関する研究に取り組んでいるとのことだった。しかし、その研究をまとめた報告書の原案に対して寄せられた批判を通じて、自分たちの個人的な弱点がいくつか見えてきたという。幹部たちから思考プロセスを「精査」されるのは、つらいけれど生産的な経験だと、ストラテジストたちは述べた。それにより、調査分析が改善されただけでなく、自分たち自身も変身できたというのだ。私たちは、投資というビジネスについて話を聞くつもりでいたが、金融の最も専門的な業務においても個人の成長が不可欠なのだと知った。ある人物が発した言葉は、投資のプロの口から出てくるとは予想もしていなかったものだった――「毎朝起きたとき、自分がなにを改善しようとしているのかをきわめて明確に理解できています。その対象とは自分自身です」

ＤＤＯでは、ヘッジファンドや映画館やＥＣサイトの運営と同じくらい、一人ひとりが自分を成長させることも大切な「本業」なのだ。ネクスト・ジャンプで言うように、「自分の成長＋他者の成長＝みんなの成長」なのである。

ＤＤＯの実際――人材育成はみんなの仕事

私たちが調べたＤＤＯでは、オフィスから離れた場所で業務スキルの開発に取り組むことはしていない。幹部クラスが「先生」役を務め、個人とグループが実際のビジネスで経験する試練を教材に、仕事のなかで学習する。

ネクスト・ジャンプで主任コーチ役を務めるのは、自社の経営者たちだ。同社の「パーソナル・リーダーシップ・ブートキャンプ（ＰＬＢＣ）」は、専門の研修チームではなく、共同創業者たちが主導し、新しく加わった社員にみずからの弱点を把握させ、最も徹底的な練習が必要な領域を認識させている。

同社の「状況ワークショップ」では、職場の意思決定に関わる実際のジレンマを報告させる。それに対して、ワークショップのリーダーが質問を投げかけ、原因を診断し、対策案の選択肢を広げる手助けをする。同社は、ワークショップのリーダーの育成に積極的に取り組んでいる。幹部クラスの全員がリーダーを務めるほか、社内の誰でも同僚の意見に対する感想を伝えたり、同僚のコーチ役を務めたりといった栄誉ある役割を担えるようになっている。

デキュリオンでは、自己マネジメントに関する全社セミナーのファシリテーターを幹部クラスが務める。同社で働く人たちはこのセミナーを通じて、自分の現在の能力、成長可能な領域、自己防衛的な行動パターンをあぶり出していく。セミナーの議論やエクササイズは、メンバーが実際に経験しているジレンマや取り組んでいるプロジェクトに基づいておこなう。実際の仕事における経験を最も価値ある教材とみなしているのだ（同社では、「実務をカリキュラムとして用いる」という言い方をする）。同社のリーダーたちにとって、セミナーでファシリテーターを務めることは避けて通れない義務だ。あるリーダーは、内省の未熟さを同僚たちから指摘され、それを克服するためにセミナーのファシリテーター役を務めるよう求められたという。同社では、このようなことが珍しくない。

ブリッジウォーターでも、幹部クラスが個人の成長に関して中心的な役割を担っている。社員が口々に言うように、同社の幹部は、多くの時間を費やして率直な対話をおこない、若手にコーチングをしている。経営委員会のメンバーも、会社の基本原則と価値観を浸透させるための学習を全社レベルで主導する。同社では、全社で共有して議論するためのケーススタディとして、個人の学習に関するストーリー（「豆情報」と呼んでいる）を動画と文書で収集しており、そのストーリーの整理・選別も幹部たちが担当している。この職場では、日常の業務上の会議が学校の教室のような対話の場に変わることも珍しくない。会議の途中で「一歩下がって考える時間」を設け、誤ちを洗い出し、その根本原因となっている個人の行動と思考を突き止め、失敗から学習するためになにをすべきかを明らかにするのだ。あらゆる会議が個人の発達の場になる可能性をもっている。また、コーチングは、マネジャーが直属の部下に対しておこなうだけではない。社内の全員がコーチングチームのメンバーだ。社員が毎日おこなう振り返りの内容は、全社に公開されている。それを読めば、一人ひとりの同僚がどのような発達上の課題を抱えていて、どの同僚がどのような気づきを得つつあるかを、誰でも知ることができるのだ。

⑪ みんなが「僚友《クルー》」を必要とする

成長するために弱さをさらけ出す必要があるなら、弱さを経験し、それを克服しようとしている人を支えるコミュニティが不可欠だ。**DDOでは、新入社員からCEOまで全員が「僚友《クルー》」たちに支えられている。それは、本人が気づいていない要素や反射的に取っている反応を指摘することにより弱点を認識させ、それを克服することを通じて成長するのを助けてくれる頼もしい存在だ。**

一般的な組織の状況はまったく違う。その点では、きわめて支援が手厚く、高い生産性を誇るチームも例外でない。一般的な組織においても、優れたチームは、適切な期間内に質の高い成果を上げるだけでなく（これはＤＤＯのチームも目指すべきことだ）、メンバーに精神的なサポートを与えている。メンバーは同僚たちを信頼し、仕事に関係のある個人的なことや仕事以外のことも安心して話せるのだ。しかし、個人的な要素を取り上げる目的は、あくまでも仕事の試練やストレスに「対処」するのを助けることにある。私生活のストレスが仕事に影響を及ぼさないようにするため、と言い換えてもいいだろう。

「対処」するとは、安定を脅かされたときに安定を保とうとする行動を取ることだ。しかし、人が成長するためには、既存の慣れ親しんだ安定を捨てて、より現実に適応した別の安定状態に移行する必要がある。しかし、その道のりはときとして険しい。ＤＤＯで働く人の多くは、「準備が足りていない」「安全環境《セーフティネット》なしに綱渡りをしている」「自分の能力を超えた仕事をしている」「いつもうまくいかず、将来成功する保証もない」などと感じている（このような感想を述べる人のなかには、きわめて有能なリーダーや、ほかの会社で輝かしい成功を収めてきた人物も含まれている）。それでもＤＤＯでは、不安定化の要因を減らして以前の安定を取り戻してやることは、まったく本人のためにならないと考えられる。

一般的な組織で働く人にＤＤＯのことを話すと、「途方もなく信頼性の高い環境がなければ、そんなやり方は機能しない」という反応がよく返ってくる。実際、そのとおりだ。しかし、こうした反応は、それほどの信頼をいだける職場などありえない、という思い込みを浮き彫りにしている。自分がＤＤＯで働くことを想像したとき、多くの人が否定的ないし懐疑的な反応を示す理由も、これにより説明がつく。「弱点が自分に不利な材料として用いられないと本当に信じられれば、もちろんそういう職場で働きたいと思いますよ」と言う人は多い。ブリッジウォーターの「痛み＋内省＝進歩」という数式を紹介したが、もっと厳密には、「痛み＋（きわめて信頼性の高い環境での）内省＝進歩」と言うべきだろう。

⑫ みんなが文化を築く

どの企業もそうであるように、ＤＤＯはそれぞれ独特の企業文化をもっている。とくに、業務に関わる行動パターンや慣行、社内だけの用語、そして世界の仕組みや問題解決法や価値観に関する深い共通理解といった面で、その企業ならではの文化が確立されている。[4] 多くの企業では、社員は態度や基準、行動様式、対人関係を通じて会社の価値観を体現していれば評価される。ＤＤＯの場合も、社員は企業文化を実践することが求められるが、それだけでは十分とされない。

ＤＤＯでは、全員が企業文化の形成に貢献し、いつでも仕事のやり方を改善するために積極的に役割を果たすことが求められる。新入社員からＣＥＯまですべての人に、企業文化を実践するだけでなく、それを強化することが期待されているのだ。組織の仕組みと仕事のやり方を、みんなで絶えずつくり変えていく。ブリッジウォーターのグレッグ・ジェンセン共同ＣＥＯはこう述べている。

「私たちはいくつかの基本原則をもっていますが、社員はそれに従うだけでいてほしくない。原則に深く関わり、それと格闘してほしいのです。理屈に合うと思えば、その原則に従えばいい。でも、いちばん大切なのは、理屈に合わないと思えば、それを変えるために徹底的に戦うことです。どうして理屈に合わないのかを教えてほしい」

ＤＤＯは、仕事の進め方の共有をことのほか重んじているように見える。社内のどこかで問題があれば、誰もそれを他人事と考えることは許されない。それは、みんなの責任と考えられる。新しい事業がスタートしたときは、人々がコミュニティを形成し、仕事の実行とマネジメントの面で適切なプロセスを設計するために多くの時間を費やす。

ＤＤＯでは、社内のプロセスの設計に対する考え方も広く共有されている。ブリッジウォーターの人々はつねに、なんらかの「機械《マシン》」について理解を深め、それに修正を加えようとしている。前述のように、同社では、ある結果を生むプロセスなりシステムなり（個人の思考パターンもそこに含まれる）のことを「機械」と表現するのだ。デキュリオンのメンバーは、ものごとの仕組みが特定の行動を導くという前提に立って、組織デザインの細部に注意を払うことが多い。オフィスの座席をどのように配置するか、どのくらいの頻度で会話するか、どのように課題を構成すると誰の協力が必要になるか、といったことだ。ネクスト・ジャンプでは、人々が自己改善を成功に導くための慣行を見いだそうとしている。これらの企業では、完璧な慣行を確立できれば完璧な結果が得られるという考えの下、絶えず慣行に磨きをかけ続けているのだ。

どうして、適切なプロセスとやり方を確立し、みんながその設計者になることが重んじられるのか？　ＤＤＯでは、業務の遂行を通じて発達指向の原則が実行に移される。だから、人が成長するためには、仕事の成果と自分の成長を両立できるプロセスが必要で、会社が成功するためには、すべての社員が仕事を通じて自然に成長できることが必要なのだ。

発達指向の原則を企業文化に反映させるうえでは、人々の関わり合い方に絶えず注意を払わなくてはならない。「リーン・シックスシグマ」★のような品質改善アプローチと異なり、ＤＤＯが重視する改善アプローチでは、メンバーの仕事の外的な側面（製造工程のエラーや異常値の指標など）の改善と同じくらい、個人の内的な側面（心理面での発達）とコミュニティの側面（みんなが責任を共有する

★　訳注：スピーディーに改善を重ねて無駄を排除していく「リーン生産方式」と、品質のばらつきやミスを最小化することを目指す「シックスシグマ方式」をかけ合わせたもの。

なかでの人々の関わり方）の改善が重要になる。

ＤＤＯでは、映画館で観客を誘導するような新人メンバーに始まり、経営委員会の幹部たちにいたるまで、みんなでプロセスについて検討し、それを設計し直す。その結果、ほかの組織で成果の足を引っ張ることが多い、二つの要因の影響を最低限に抑えられている。

第一に、パターン化された行動を漫然と取ることは、誰にも認められない。ほかの誰かが設計したプロセスに従って行動するだけの態度も許されない。「全員が参加者だ。誰もが教え、誰もが学ぶ」と、デキュリオンのメンバーは言う。

第二に、日々の小さな行動も含めてあらゆるビジネス上の結果は、単独で発生する出来事ではなく、ビジネス上のプロセスの産物と位置づけられる。そして、そのプロセスを理解して是正することにより、好ましい結果を引き出せると考えられる。目の前の業務に関わる問題にせよ、全社レベルの問題にせよ、現在の結果を生み出している人間的な要素をみんなで点検して改めることにより、結果を改善していけるのだ。

本書で取り上げた三社では、仕事の環境を絶えずつくり変えることの楽しさと難しさを、あらゆる組織階層の人たちが語ってくれた（多くの組織では、そうしたことはもっぱら地位の高い人の役割とされている）。最下層の現場社員が業務上の契約交渉や映画館の清掃をするときも、ほかの誰かが書いたルールブックに機械的に従うことはない。改善すべき点があると思えば、つねにルールブックを作成したり、改訂したりすることが求められる。マネジャーも、標準化されたオペレーションの手順をそのまま適用するのではなく、現場のメンバーが仕事のやり方を絶えず改善できる環境をつくることが期待される。幹部も、戦略を立案し、誰かがそれを実行に移すのを監督するだけでなく、プロセス設計を導く原則の守り手としての役割も担っている。ＤＤＯで働く全員が組織変革に参加し、幹部たちはその険しい道のりでコーチやメンターを務めるのだ。

会社は、コミュニティにおける人々の協働のプロセスから生まれるものだ。そうである以上、全員が重要なプロセスの観察・診断・改訂に関わる必要がある。組織デザインに失敗すれば、直接的にビジネス上の成果を上げられなくなるだけでなく、メンバーが成長することもできなくなる。そうすると、長期的にビジネスを成功に導く原動力も失われてしまう。

個々の総和より大きく

ＤＤＯの個々の構成要素をすべて正しく説明しても、ＤＤＯの精神を適切に表現したことにはならない。私たちは本書の執筆にあたり、三つのＤＤＯで働く一〇〇人以上の人たちに、それぞれの会社に関する記述の原稿に目を通してもらった。返ってきたコメントは、私たちにとって喜ばしいものだった。「鏡のように真実を映し出していると思う」「私たち自身よりも的確に理解している」「私の職場のことを理解してもらうために両親に読ませた」などの言葉が寄せられたのだ。

これほど強く前面に出てはいなかったが、コメントに共通していた要素のなかに、同じくらいありがたく、そして本当に目を開かされたものがあった。それは、どういう点が読者にうまく伝わらない恐れがあるかという指摘だ。具体的に言及されたのは、自分の弱点と向き合うことがいかにつらいか、コミュニティがいかに重要か、土台を成す信頼と善意がいかに欠かせないものかといった点である。一見すると雑多な感想に思えるかもしれないが、私たちはこれらを一つの大きな問題と考えている。その問題について考えると、本章を終える前に、リーダーシップの重要性について、そしてＤＤＯが有害な性質をもったり、軌道をはずれたりしないために不可欠な要素について触れないわけにはいかない。

「簡単なことではない」

「別に、美化して書かれていると言うつもりはありません」と、ある社員は私たちに言った。「大きな痛みをともなうことも、途方に暮れたり、安定を崩されたりすることも指摘されている。でも、みなさんは人間の発達を専門にしている研究者です。人間に起きる変化に、つまり私たちのやっていることが生む結果に、強い関心をもっている。そういう人たちの著作という性格上、読者は、厳しい要素を見落としたり、軽く見たりし、いいことにばかり目が行きすぎるかもしれません。私は、これまでの人生で経験したことがないくらい大きく変わりました。それは間違いない。でも、そこにいたる過程では多くの傷を負うのだということも知っておいてほしいのです」

近年、業務スキルに関しては、開発や評価やフィードバックの際に、人の長所を強調するアプローチが盛んだ。「人が得意なことに目を向けよう。苦手なことをさせて苦しめるのは終わりにすべきだ。人は大して変われない。強みを生かすことを重んじ、弱みのことは忘れよう」という発想である。DDOも人の長所を無視するわけではないし、改善の可能性がない弱点は防御するが、長所重視の職場とは対極的な場になっている。DDOでは、「弱点」「試練」「発達の機会」「能力の限界（エッジ）」「バックハンド」など、呼び方はともかく人の弱さに着目する。最近の流行とは一線を画し、自分をよく見せたいという人の欲求ともぶつかり合うアプローチだが、DDOのリーダーたちは社員の弱点をいわば金の鉱脈と信じているのだ。ただし、それを採掘するには多大な苦痛がともなう場合がある。この点は直視しなくてはならない。

「コミュニティが欠かせない」

ＤＤＯはすべての人に適した職場ではないが、ＤＤＯを好む人たちは居心地の悪い経験に耐えることができている。それは、彼らが強い人間だからではない。組織文化によって支えられているからだ。ＤＤＯの組織文化は、一見すると過激に感じられるかもしれないが、メンバーをサポートする体制も非常にしっかりしているのだ。ＤＤＯではなく、ＤＤＯを目指しているとも思えない組織のなかにも、際立った家族意識と連帯感、深い絆をはぐくむ文化をもっているケースがある。そのような組織は少数派だが、職場で有意義な絆を形成する方法はＤＤＯ以外にもあるようだ。

しかし、ここまで紹介してきた事例を見るかぎり、ＤＤＯで生まれるコミュニティは特別なものなのかもしれない。なにより、そのコミュニティは、弱さという贈り物と、そこから生まれる成長を通じて形成される。ＤＤＯで働く人たちは、自分が不完全で力不足だと実感しながらも、それでも排除されずに受け入れられる経験をする。また、まわりの優秀な人たちが不完全で力不足でありながら、それでも尊敬すべき人物であることを知る。そうした経験を重ねることにより、誰もが対人関係に望む要素、すなわち共感と敬意がはぐくまれていくように見える。これらの感情は、ＤＤＯの土台を成すものだ。

私たちのような心理学者は、一時的なコミュニティを舞台にこの種の特異な絆が形成されるのを目撃することがある。数日間にわたる個人単位の学習プログラムや、ファシリテーションを受けながら数カ月間続く支援グループなどがそのような場になりうる。人々がみずからの成長のために内面の改善に努めると、新しいタイプのコミュニティが生まれる場合があるのだ。しかし、これらの場は、自己改善と並行して実世界の問題を解決するようにはできていないし、恒久的に続くわけでもない。それに対し、DDOは実世界の問題を解決する恒久的な場だ。

ひとことで言えば、デキュリオンやブリッジウォーター、ネクスト・ジャンプのような会社は、社員の開花とビジネスの繁栄を相互依存関係にあるものと考え、両者を一体のものとして追求できる環境をつくり出そうとしている。そのために、社員の学習と未来の開花を目指すコミュニティ（ホーム）を舞台に、発達への強い欲求（エッジ）に導かれ、緊密に結びついた相互補完的な慣行（グルーヴ）を実践する。本章で紹介した一二の革新的な特徴が根づく環境をつくるためには、一般的な組織とは異なる文化をはぐくもうとする強い意志がなくてはならない。求められるのは、個人の成長を手段ではなく目的と位置づけ、失敗と不出来を弱点克服のチャンスとみなし、職場の強力なコミュニティを、個人と組織の可能性を開花させるために必要な混乱を経験できる場と考えるような文化だ。

本章の序盤で、DDOの三つの軸（エッジ、グルーヴ、ホーム）を三本足の椅子になぞらえた。この椅子を支えるためには、三つの足すべてがなくてはならない。たとえば、エッジの質を高めたいと思えば、支援してくれるコミュニティで信頼と安全を感じられるようにすること、そして、慣行を徹底的に実施して、一人ひとりの欠点をあぶり出し、それを克服していくことが不可欠だ。

DDOのエッジ、グルーヴ、ホームが互いに支え合う関係にあると言われれば、当然頭に浮かぶ問いがある。「DDOを維持するために、これらの条件がそろうべきなのはわかった。では、これからDDOを築こうとする場合は、どこから手をつければいいのか？　まず慣行を確立すべきなのか？　それとも、コミュニティ意識をはぐくむのが先なのか？　あるいは、発達への強い意欲をもつことが先決なのか？」。この問いには、あとの章で答えていきたい。差し当たりは、三つの要素

（そして、それらを具体化した一二の特徴）が一体になることにより、手ごわい仕事を通じて成長を目指すための強力な場がつくり出されるのだと理解しておいてほしい。

「リーダーシップが重要だ」

私たちは、世界中の人々にＤＤＯを説明してきた。なかには、話を聞いて涙を流す人たちもいた。おそらく、職場生活に対する深い欲求と不満が刺激されたのだろう。その一方で、同じ説明を聞いて、ぞっとすると感じる人たちもいた。強力なコミュニティが暴走しないか、「人が成長するのを助ける」ことが自由の統制と私的領域への侵害になりはしないか、「弱さという金の鉱脈を掘る」ことが自己批判の儀式に転じはしないかと恐れるのだ。

私たち執筆チームのメンバーは、個人的な理由と専門的な理由の両方により、カルト的なマインドコントロールまがいのものには強い警戒心をもっている。そんな私たちの誰一人として、ＤＤＯに対して懸念のさざ波が立つ感覚を経験していない。それでも、不安を感じる人がいるのは理解できる。実際、ＤＤＯの精神がねじ曲がり、悪しき組織が出現する可能性は排除できない。

組織文化が不穏な方向に進むことを防ぐためには、なにが必要なのか？　重要なことが二つある。一つは、組織文化に基づくすべての活動、とくに人がみずからについて語るという難しいコミュニケーションの土台に、つねに善意が存在するようにすること。もう一つは、トップに対する揺るぎない信頼があることだ。リーダーたちの言葉と行動がつねに一致していると思われている必要がある。

あなたがＤＤＯで働いているとして、みずからの学習の過程をさらけ出してもいいと思うためには、明示的にせよ暗黙にせよ、ある「契約」が成立していると信じられなくてはならない。その契約は、あなたの学習を促す人たちにも多くの責任と義務を負わせるもので、神聖不可侵とみなされていなくてはならない。一回でも違反行為があれば、直接の当事者だけでなく全員にとって、コミュニティの信頼性が崩れるからだ。弱点をさらけ出したら自分に対して不利な材料として用いられたとか、ありのままの自分を洗いざらい見せたら評価が下がったといった出来事があってはならない。そのような問題が起きた場合に、コミュニティが過ちを正せなければ（謝罪して、有効な再発防止策を打てなければ）、そのコミュニティとＤＤＯは有害な存在に成り下がる。私たちが調査したＤＤＯのとりわけ素晴らしい点の一つは、難しい課題に挑む勇敢なメンバーが大勢いること。そしてもう一つは、信頼性の高いコミュニティが存在し、メンバーとの神聖不可侵な契約を貫くことにより、メンバーが難しい課題に挑めるようにしていることだ。

このような特殊なコミュニティをつくり、はぐくみ続けるうえでは、組織のリーダーたちが中心的な役割を果たすべきだ。リーダーがＤＤＯの使命――つまり、組織と個人が互いの成長を助ける最大の資源となること――のすべての面を本気で実践しなければ、ＤＤＯはスタートを切れず、長続きもしない。ＤＤＯのリーダーもビジネスの成功に対して強い情熱をもつべきだが、それだけでは十分でない。第一に、人々が可能性を開花させるための支援をすることにも強い情熱をいだくべきだ。そして、それが副次的な目標ではなく、ビジネスの成功と切っても切れない関係にあると理解する必要がある。第二に、リーダー自身もプログラムに全面的に参加しなくてはならない。

人は、強さを見せる人に敬意をいだくが、弱さを見せる人に魅力を感じると言われる。私たちは、デキュリオン、ブリッジウォーター、ネクスト・ジャンプで出会ったリーダーたちに敬意をいだいている。人が成長できる職場づくりを目指す姿勢を鮮明にしているからだ。クリストファー・フォアマンは、「デキュリオンの目的、会社の根本的な存在理由は、人々が可能性を開花させられる場をつくること」だと言っている。レイ・ダリオは、「ブリッジウォーターは、人の最も根源的な動機、すなわち進歩したいという思いを支援している」と言い、ネクスト・ジャンプのチャーリー・キムは、「私たちはビジネスという場を通じて、素晴らしい人格の持ち主を育てようとしている」と述べている。

しかし、私たちがこの人たちに魅力を感じるのは、彼らがそれぞれのやり方で自分の全人格をさらけ出してくれたからだ。ＤＤＯがあるべき姿であり続けるための最善の方法は、このようなリーダーをもつことなのかもしれない。ビジネスの成果を高めること、そして企業文化の信頼性を高めることと同じくらい、自分を成長させることにも真剣に取り組むリーダーが必要なのだ。

ＤＤＯをいわば俯瞰した本章に続き、次の第４章では、一二の特徴を地べたのレベルで見ていきたい。それぞれのＤＤＯがこれらの特徴を実践に反映させるために、具体的にどのような慣行をつくり上げているかに光を当てる。

第4章

グルーヴ
——組織文化を築くための慣行と訓練

本章では、DDOの人々が具体的にどのようにして自分の限界に挑み続けているのかを見ていく。DDOはどうやって、人々がみずからの弱点をあぶり出し、行き詰まりの原因を掘り下げ、自分の足を引っ張ってきた思考パターンと行動パターンを克服し続けるようにしているのか？　以下では、社員一人ひとりが成長を遂げるために、それぞれの組織がどのような慣行を確立し、つねに改善し続けているかを紹介する。なかには、本章の記述を処方箋のように考えて、自分の職場に移植できそうなアイデアを探し、そのまま実践したいという誘惑に駆られる人もいるかもしれない。

しかし、そのような読み方はしてほしくない。

まず、それぞれの慣行の趣旨をそれぞれの組織の文脈、目的、基本姿勢に照らして考えてみてほしい。その組織がどのようなアプローチで慣行を実践しているかを知ることにより、どのように他社の慣行を自社に導入したり、まったく新しい慣行を考案したりすればいいかという理解が深まる。

本書では、人の発達を促すツール、習慣、ルールに基づいた行動、会議のやり方などの総称として「慣行（practice）」という言葉を使っている。「慣行」や「練習」といった意味をもつ「practice」という英語は、特定の心構えで特定の意図をもってものごとを実行するというニュアンスがある言葉だ。

「practice」の核を成す意味は、あることへの上達を目指してそれを繰り返しおこなう、というものだろう。上達を目指すということは、裏を返せば、現状ではそれを完璧にできていないという意味だ。本人も周囲の人たちも、そのように認識することになる。したがって、職場のさまざまな活動を「practice」と呼べば、実験と試行錯誤と改善に取り組んでいることを表現できる。また、この言葉を用いることにより、上達に向けて懸命に努力するのが当然のことであると、はっきり位置づけることができる。その結果、仕事においてプロフェッショナルとして振る舞わなくてはならないというプレッシャーを感じずに、実験し、フィードバックを受け、学習できる環境をつくり出せる。

「practice」という言葉には、日々の生活の一部としてものごとを繰り返しおこなう、という意味もある。なにかに上達するためには、学習を習慣化しなくてはならない。今日も明日も、そしてこの先もずっと、練習を続ける必要がある。人は上達を目指して練習に励むが、完璧な状態に到達することはけっしてない。練習と学習に終わりはないのだ。

この点を前提にした場合、あなたは「練習」と言われて、どのようなものを思い浮かべるだろう？　スポーツの練習だろうか？　それとも楽器の練習？　あるいは瞑想？　「仕事の練習」という発想をする人はほとんどいないだろう。それは偶然でない。大半の組織は、練習のためではなく、成果を上げるために文化を設計しているからだ。そのような文化の下では、誰もが自分をよく見せようとし、専門知識をアピールし、ミスや失敗を最小限に抑え、それを隠したがる。その一方で、自分が知っていることや上手にできることは、強く印象づけようとする。それに対し、練習の文化の下では、誰もが学習と成長を続ける。

DDOの慣行をコピーしてもうまくいかない理由は、ここにある。人々に練習の時間と場所とルールを与えるだけでは不十分なのだ。**練習の文化をつくること、つまり人々が成果重視ではなく練習重視の精神、意図、マインドセットをもつよう促すことにも注意を払わなくてはならない。**

ＤＤＯで練習の文化にどっぷり浸かった経験を少なくとも数年もつ人たちは、成果重視のマインドセットから練習重視のマインドセットへの転換を経験している。そうした人たちも、自分の成長を助けるために提供されているのだと納得するまでは、フィードバックを受けるのがつらかったと振り返る。また、自分の弱点を認め、さらには早く弱点を知るほど早く改善のための学習ができると理解することは、非常に難しかったという。それでも、ほかの人たちがフィードバックを受け、練習し、学習し、改善し、成長するのを目の当たりにするうちに、抵抗感が和らいでいったとのことだ。

ＤＤＯの慣行をコピーしてもうまくいかない理由は、ほかにもある。練習が効果を発揮するかどうかは、さまざまな要因の影響を受ける。計画的な練習に関する研究によれば、自己改善が成功するかどうかは、課題の難度を次第に高めていきながら、どのくらいの頻度で練習するかに左右される。どのように練習するかの影響も大きい。理想は、専門家に練習の設計と監督を依頼することだ。専門家に現状を分析してもらい、練習の仕方について具体的なアドバイスを求め、改善すべき点についてフィードバックを受けるのが望ましい。三つのＤＤＯが新しい慣行を素早く試し、その慣行がどのくらい学習を後押しできるかというデータを集めたがるのは、好ましい練習のあり方を見いだすためでもあるのだろう。

読者には、本章で紹介する慣行を単にコピーするのではなく、次のような問いを考えてほしい。その慣行が学習と改善を生み出せるのは、どのような環境か？　その慣行により、どのような改善が実現するか？　それにより、どのような目的を果たせるか？　改善を実感できるようになるためには、どのように練習すべきか？　本書で取り上げた三社と同じように、職場で新しい慣行を試しに導入し、その成果について客観的に情報収集して評価をくだし、それに基づいてまた実験に乗り出すことを繰り返すつもりでいてほしい。

以下では、三つのＤＤＯの「グルーヴ（慣行）」を詳しく紹介する。それらに共通するのは、人々の足を引っ張る固定観念とマインドセットをあぶり出し、それを検討して克服することを目指している点だ。一つひとつの慣行は、それぞれの職場で一定の役割を担っているが、どれも単独では目的を達成できない。いくつもの慣行がさまざまな組織単位と時間的単位で重層的に実践されている。全員のための文化《エブリワン・カルチャー》の下では、このような慣行が職場生活に重要なパターンを生み出し、個人単位で、小規模なチーム単位や部署単位で、また全社レベルで、誰もがそれを実践する。こうしてたくさんの慣行を実践することにより、ほかに類のない豊かな発達指向の文化が形づくられるのだ。

ブリッジウォーター――「通じ合う」ためのツール

第1章では、コネティカット州の森の中にあるブリッジウォーターの本社に読者を案内した。それを読んでいれば、この会社で日々どのような会話が交わされているかという感触はつかんでもらえたと思う。社員は会議室やその他の場でことあるごとに、真実と「通じ合う」ことに努める。社員同士の対話で人々が会社の基本原則を実践に移し、みずからの思考プロセスとパフォーマンスをつねに「精査」にさらすことにより、徹底的な透明性が追求される。すべての会議（私たちのような研究者が同席する場合も例外扱いはされない）を録音して誰でも聞けるようにするなど、ほとんどの組織ではありえないようなことも標準的な慣行として定着している。

ブリッジウォーターは、徹底的な透明性を重んじる濃密な文化を実践するために、これ以外にどのような行動パターンやツールを用いているのか？　どのような日々の慣行の集合体を築くことにより、真実を追求し、ビジネスの成果と社員の実力の両方を高めるための「機械《マシン》」をつくり出しているのだろう？

ドット・コレクター

ブリッジウォーターのグレッグ・ジェンセン共同CEOは、アイデアを（誰の発案かではなく）その案自体の価値を基準に評価するという難しい目標を達成するためには、実践的なツールのエコシステム（生態系）が欠かせないと語っている。

原則に準拠した行動の習慣を毎日の仕事のなかに定着させると、実務とマネジメントの違いがなくなります。そこで、習慣をテクノロジーとツールに組み込むことにより、つねに原則に沿った行動が取られるようにしています。習慣を確立することで、反射的に特定の振る舞い方ができるようにするのです。透明性をつねに貫くよう社員に教えるのは、非常に難しいことです。だから、ほぼ強制的にそのような行動を取らせるためのエコシステムを築いて、背中を押してやる必要があります。

そのエコシステムの実際を知るために、ブリッジウォーターで全社員に支給されるタブレット型端末の電源を入れてみよう。同社では、好ましい行動を反射的に取れるようにするために、誰もがほかの社員の行動についてひっきりなしにフィードバックをおこない、それを全員が読めるようにしている。タブレット型端末で動く「ドット・コレクター」という専用アプリを使い、ほかの人の行動に対する賛否と、その人が取った行動（あるいは取らなかった行動）への率直で具体的なコメントを記録するのだ。記録された一つひとつのデータを「ドット（点）」と呼んでいる。

その点と点をつなぎ合わせて、多くの社員から寄せられた情報をもとに一人の人間の行動パターンを描き出す。人の発達を後押しするために、ビッグデータ的な手法を導入しているのだ。ドットが蓄積されるにつれて、次第にその人の人物像に関する「点描画」が描かれていく。同僚やマネジャーはほかのツールとあわせてそれを利用し、ある人がどのような人物か（what people are like＝WPAL）を把握する。そして、その人がなんらかの役割でもっと成功するために、どのような発達上の課題を克服すべきかを明らかにする。

ブリッジウォーターでは、全社員がフィードバックを受ける。誰一人として特別扱いはされない。ジェンセンも、部下を含む社内のあらゆる人からフィードバックを受け取っている。たとえば、二〇一四年六月のある日には、創造性、コンセプト思考、ビジョンと目的のマネジメント、プロセスのマネジメントなどの項目ごとに、さまざまなフィードバックを受けていた。そのなかには、以下のように、リーダーシップの振るい方についての率直な指摘も含まれていた。なお、「ＷＧＯＩＴＷ会議」とは、「世界でなにが起きているか（What's Going On in the World）」を話し合う会議のこと。ジェンセンが責任者を務めている。

×ＷＧＯＩＴＷ会議をやや混乱状態に陥らせた。
○素晴らしいＷＧＯＩＴＷ会議だった。

×ネラに担わせる役割を持続可能な形で設計するのに、時間がかかりすぎている。
×ネラの後任探しに優先的に取り組んでいない。

イシュー・ログ

ブリッジウォーターが、問題の根本原因を突き止めるために活用している慣行は、ドット・コレクターだけではない。「イシュー・ログ（問題の記録）」というツールもある。一人ひとりがミスや失敗、問題について疑問やデータを記録するためのデジタルツールだ。ジェンセンの言葉を借りれば、「社内で持ち上がったあらゆる問題について、進歩のプロセスを観察する」ことを可能にし、「進化を突き動かす手段」になっているという。

社員が失敗をすることは想定の範囲内だ。同社では、自分の失敗を報告し、その原因について内省することが社員の職務の一部とされている。創業者のレイ・ダリオは、大きな問題や小さな問題がイシュー・ログを通じて診断される過程について、次のように語っている。

どの問題を記録すべきかについて、判断に迷うことはありません。うまくいっていないことは、すべて記録するのです。イシュー・ログは、水の中のゴミを濾過するフィルターに似ています。ゴミを調べ、どこから入り込んだかを明らかにできれば、ゴミの発生源を絶つことができる……イシュー・ログには、自分や他人の長所と短所に加えて、一人ひとりが問題にどのように関わっているかを率直に記す必要があります。そうやって、ゴミを減らすなり、なくすなりするための変革を実行できれば、水をそれまでよりきれいにできるのです。

ただし、イシュー・ログが他人を非難する道具だと勘違いされると、人々はそれを用いることに抵抗を示す。ダリオはこう述べている。

イシュー・ログを使わせるうえで障害になるのは、それが他人を非難する道具だと誤解される場合があることです。使用を促すためには、これがいかに有益かを明確に示し、活発に使用した人に報い、使用しなかった人を罰しなくてはなりません。問題が持ち上がったとき、そのことがイシュー・ログに記されていなければ、当事者が困った立場に立たされるようにすべきです。逆に、問題が起きても、イシュー・ログに記されていれば（適切な診断がされていればもっと好ましいのですが）、当事者が報われ、あるいは称賛されるようにします。ただし、一人ひとりの責任を明らかにすることは忘れてはなりません。

具体例を見てみよう。調査部門の若手スタッフであるロヒットは、社内のある部署に問題が生じていると感じ、その部署のトップであるアレックスの監督の仕方に疑問をいだいていた。以下は、ロヒットが書いたイシュー・ログの一部だ。

私たちは、なかなか仕事を処理し切れずにいた。その状況が悪化し、アレックスはついに、コンサルタントをマネジメントするためのコンサルタントを招くことにした。企業文化と通じ合うことが徹底して重んじられる職場では、あってはならないことだと思う。どうして、ブリッジウォーターの「市民」になるプロセスを経ていない部外者にマネジメントをさせるのか？　アレックスはどうやって、マネジャー役を務めるコンサルタントたちに、つねに私たちの原則に従い、十分に高い基準を設定して仕事に取り組むようにさせているのだろう？

ここでロヒットは、同社で地位に関係なく全社員に期待されている行動を取っている。会社の基本原則に反している人がいると思った場合、些細なことでもオープンにはっきりと指摘することは、同社のよき一員であるために不可欠な行為とされているのだ。誰かが問題を指摘することにより、イシュー・ログを通じて双方向のやり取りを重ねることで原因を診断し、みんなで真実を明らかにし、その結果に従って行動を変えることが可能になるからだ。

しかしこのとき、アレックスはロヒットの主張の説得力に疑問を投げかけた。

ロヒットが組織デザインに関して言うことに、説得力があるのかわからない。現在の設計はしっかり精査されたものであり、マネジメントをコンサルタントに委ねる手法は、社外に委託する業務すべてについて、ずっと前から議論されてきた。私自身、正式な社員になる前は、外部のコンサルタントとしてマネジメントを担っていた。

イシュー・ログでのやり取りを読んだジェンセンは、古典的なマネジメント上の問題が発生していると感じた。アレックスがその落とし穴にはまっているというのだ。「彼の反応は、論理ではなく、権威に頼ったものと言わざるをえません」と、ジェンセンは説明する。「その手法は理にかなっているのかもしれない。でも、なぜそれが理にかなっているのかという説明をしていません。問題に向き合うのではなく、問題をかわそうとしている。実質的には、こう言っているに等しいのです。『とにかく私を信じてくれ。この決定は多くの人が了解しているんだから』と。このような姿勢は、ブリッジウォーターでは受け入れられません」

では、ロヒットはここでどのような態度を取るべきなのか？　求められるのは、そのまま放置することでは断じてない。アレックスの反応を不満に感じたロヒットは、それに対する自分のフィードバックをドット・コレクターで全社向けに公開した。アレックスがブリッジウォーターの重要な基本原則の一つに反しているのではないか、と指摘したのだ。その原則とは、「自分の考えを主張すると同時に、異論をオープンに受け入れよ」というものだ。ロヒットはこう書いている。

コンサルタントがマネジャーを務めている問題をイシュー・ログに記したとき、アレックスは問題をそらそうとした。私が問題を理解するのを助けてくれないどころか、私の主張の説得力を問題にし、厳しい評価をしすぎていると言おうとした。

これを受けて、ロヒットの上司である調査部門トップのブライアンが議論に割って入る。イシュー・ログでの二人のやり取りと、ロヒットのドット・コレクター上の記述を読んで、イシュー・ログに次のように記す。

言うまでもないが、私がすべてを知っているわけではない。ここでは、私がわかっていることを述べたい。重要な問題なので、長い文章になる。以下に記す内容に全面的に同意してもらえるとは思わないが、友好的に受け取ってもらいたい。私はそういう意図で書いている。

まず、ログで指摘があった件。そのことが本当に問題なのかは、私にはわからない。その点はロヒットも同じだ（そのことは本人も認めているように読める）。「ここからなにを学ぶか？」について、私がそれより問題だと思うのは……きみ［アレックス］がイシュー・ログの本来の意図からかけ離れた反応を示していることだ。イシュー・ログは、攻撃をするために書かれるわけではない。だから、自己弁護に走る必要はない。イシュー・ログは一つの問いかけだ。それを書く人は、ある認識を自分の内側に抱え込むのではなく、親切にも教えてくれている。当事者に「改善のためのガソリン」を提供したいと思ってのことだ。

ロヒットは、書かずに済ますこともできた。余計なことは考えずに、自分の仕事に徹してもよかった。でも、私たちはロヒットに、依頼し、懇願し、要求している。BW［ブリッジウォーター］の一員として、なにか問題があると感じたときは発言してほしい、と。その指摘がすべて正しいことまでは求めていない。求めているのは、自分の考えを主張すると同時に、異論をオープンに受け入れるよう最大限努力することだ。

誰かが私や私の役割や私のチームについてイシュー・ログに記したとき、私がぜったいに避けたいのは、私やチームの面々が弁解がましい態度を取っていると思われることだ。そう思われると、改善のためのガソリンを運んでくるパイプがおそらく閉じてしまう。私は改善のためのガソリンを切実に必要としているから、それは避けたい。

ブライアンは、アレックスやほかの人たちの反応を詳しく検討した末、アレックスがこのやり取りを自己改善の機会に転換すればどれほど大きな恩恵を得られるかを再び説明した。

きみがこのような変化を遂げられれば（つまり、自己弁護を減らし、指摘を受け入れて理解することに徹するようになれば）、自分を成長させるペースが速まるだけではない。顧客との関係を改善し、より活力があり、より強い絆で結ばれ、より実りある関係を築けると思う。

このようにして、対話が深まっていく。このとき、なにが起きているのか？　この実例を通じて、ブリッジウォーターの職場で習慣となっている行動についてなにがわかるのか？　ブライアンは、自分が取るべき行動をよく理解していた。アレックスに自己防衛反応が繰り返し見られると思うなら、本人がそれを克服できるように助けなくてはならない。イシュー・ログを書いて、アレックスの妨げになっている行動とマインドセットを示して成長を促すことは、ブライアンに課された職務の一部なのだ。一方、アレックスの立場にある人に求められるのは、そのプロセスにオープンな精神で参加することだ。

では、アレックスはどのように反応したのか？　ブライアンの指摘を冷静に検討し、問題の診断をおこない、ほかの局面で自分の成功を妨げている行動パターンとの関係を知ろうとした。

ブライアン、フィードバックをありがとう。同僚として、そして同じ部門責任者として、親しく付き合い、コメントを寄せてくれたことに感謝している。今回の問題に対して好ましい姿勢で臨んでいなかったという指摘は、全面的に受け入れる。きみのフィードバックは、要するに次のようなことだと思う。

私の野球《ベースボール》選手カード［詳しくは後述する］にも記されているとおり、私が真っ先に示す「脊髄反射」的な反応は、自己防衛的で自信過剰なものになりがちだ。また、ほかの人たちによる精査を促さず、指摘を受け入れるより自分の主張を訴えたがり、さまざまな可能性を考えようとしないという「危うい要素」も見られる。

今回の問題から、どのような教訓を引き出すべきかを考えてみたい。それをチェックすべき問いの形で表現すると、次のようになると思う。

- 指摘されたことのなかで、正しい情報はどれか？
- 「機械」を繰り返し活用するために、正しい情報をどのように使えばいいか？
- その情報から、顧客との関係について、そして私たちがコミュニティと共有しているサービスの質について、なにがわかるか？
- 今回の経験は、学びの機会になりうるか？

こうしてアレックスは、ブリッジウォーターで言うところの「高い場所にいる自分」の視点で、一連のやり取りを見るようになった。同社には、「二つの自分」という考え方がある。一つは、みずからの行動のなかに身を置いている自分だ。この自分は、脅威を感じると自己防衛的な行動を取ってしまう。もう一つは、高い場所にいる自分だ。この自分は、みずからの行動を客観的に見て、個々の行動を自己システムの産物として位置づけることができる。「高い場所にいる自分」とは、発達理論の用語で言えば、それまで「主体」（それを通して世界を見るもの）だったものを、「客体」（それ自体を見られるもの）に移行できた自分のことだ。「高い場所」に立ったアレックスは、これまでの行動パターンを続ける以外の選択肢もあることを知った。四つの問いにたどり着いたことで学習のプロセスが完結するわけではないが、これらの問いに答えることを通じて、いままでとは違う自分になる道が開けるのだ。

野球選手カード

アレックスが言及した「野球選手カード」とは、どのようなものか？　ブリッジウォーターは、この「カード」を使って、どのような重要な慣行を実践しているのか？　社員一人ひとりに作成されるデジタルな「野球選手カード」は、ドット・コレクターやイシュー・ログなどのツールとともに、人がみずからの弱点と格闘するよう促す活発なシステムを形成している。

ジェンセンの説明によれば、野球選手カードは、「現状の自分を理想の自分へと導く道筋を示した地図」のようなものだという。その社員の人物像に関する情報がすべてそこに集約されており、全社員がほかの全員のカードに電子的にアクセスできるようになっている。カードには、同僚などの証言、フィードバックされた情報、性格に関するデータ（マイヤーズ・ブリッグス性格指標［MBTI］など）、得意なことと苦手なことの調査結果（強制的ランクづけエクササイズの結果など）が記される。いかにも成功しているヘッジファンドらしく、ここでも分散投資の精神が実践されている。「複数の情報源の情報をつなぎ合わせます。真実を描き出したいなら、一つの情報や一つの情報源だけに頼ってはなりません」と、ジェンセンは言う。ブリッジウォーターの社員は、同僚の野球選手カードを見れば、基本原則の下で成功の必須条件とされている資質の数々に関して、その同僚がどの程度の水準に達しているかを知ることができる。その人物の現在の地位で要求される水準に照らした到達度もわかる。

カードの上部の目立つ場所には、その社員が安定的にうまくできること（「安心できる要素」と呼んでいる。カードでは緑色で記載）と不得意なこと（「危うい要素」。赤で記載）が簡潔にまとめてある。

アレックスの野球選手カードにもその記載がある（表4－1を参照）。これは、カードに蓄積されているすべてのデータと評価コメントを要約したものだ。

自分の「危うい要素」が誰でも見られる場所に記してあるのは不安でないのかと、あなたは思うかもしれない。この会社で働く人たちも、そうした感情があることは認めている。しかし、野球選手カードは適材適所の人事に欠かせないものであり、カードの記載は自分で変えていくことができると、ジェンセンは説明する。

このカードに一人ひとりの人物像がまとめてあるので、人事異動を決めるときにそれを参照すれば、ある人をある役職に任じた場合にどのような結果になる可能性が高いか推測できます。そのおかげで、社員に得意な仕事を任せられるのです。なかには、野球選手カードの記載を永久不変のものと思い込む人もいます。「私はこういうことが苦手なのか。最悪だ。もうおしまいだ！」という具合です。このような発想をする人は、人生の可能性を最大限開花させることができません。弱点に対応する方法は、二つあります。一つは、学習して克服するという方法。この道を追求してもいいでしょう。もう一つの方法は、その苦手なことを避けて通る方法を見つけるというものです。ほかの人の力を借りて弱点を回避することにより、目標達成を目指すのです。現実を見つめ、本当の自分を受け入れ、ほかの人たちの力を借りれば、成功への地図を手にできます。野球選手カードは

表4-1

アレックスの野球選手カード

安心できる要素	危うい要素
● 強い意志がある	● 状況を総合的にとらえる
● 職務にふさわしいスキルと経験がある	● 複数の可能性を見る
● 実務的思考ができる	● 適材適所の人材配置をする
● 自分のスケジュールを管理できる	● 論理的推論をおこなう
● しっかりした自己規律をもっている	● 適切な自己評価をする

注：カードでは、「安心できる要素」は緑色で、「危うい要素」は赤で記される。

そのためにあるのです。

アレックスも、自分の野球選手カードを見れば自分がどういう人間かがわかる。どのように仕事をし、どのようにリーダーシップを振るっているか、そして、周囲からどのような面で信頼でき、どのような面で信頼できないと思われているかといった点だ。このデータは、ジェンセンが勧める二種類の自己改善をおこなうための資料になる。それを元に、弱点を克服するために学習してもいいし、ほかの人の力を借りて弱点を回避する方法を確立してもいい。この後者の方法は、ブリッジウォーターでは「ガードレールを設置する」と呼ばれている。

ここまで紹介してきたブリッジウォーターの慣行は、個人の自己認識と周囲の評価のギャップを埋めるためのものだ。DDOでは、人々がリラックスして自己改善に取り組める環境をつくるためにこの種のことを実践している。弱点をもつのが当たり前（誰もが弱点をもっていて、それが文書に記されている）と思えば、みずからの弱点を認めて克服しようと努めることがあまり怖くなくなるだろう。幹部クラスも一人残らず、野球選手カードが全社に公開されている。そして、この人たちのカードにも、「安心できる要素」と同じか、それ以上たくさんの「危うい要素」が記されている。

デイリー・アップデートとデイリー・ケース

ブリッジウォーターでは、精査と診断、ドット・コレクター、イシュー・ログ、野球選手カードのほかにも、学習と内省を日々おこなうための仕組みが用意されている。

一つは、上司に毎日提出する「デイリー・アップデート（今日の最新状況報告）」だ。上司が定期的に部下の状況を確認する仕組みはほかの会社でも珍しくないが、ブリッジウォーターの特徴は、そうした社員と上司の認識共有のプロセスが公開されている点にある。社員は誰でも、ほかの全員のデイリー・アップデートを見られるようになっているのだ。この慣行はなによりも、社員が自分自身について学んだこと、いま経験している痛みのこと、基本原則の実践を改善するために取り組んでいることについて内省する機会になっている。うまく機能すれば、社員の内面の苦闘とそれに関する上司の認識の間にギャップが生まれることを防ぐ効果もある。

もう一つの慣行は、一人ひとりの社員が毎日おこなう学習の一部を成す活動だ。それは「デイリー・ケース（今日のケーススタディ）」と呼ばれていて、同社のリーダーたちによれば「企業文化の準備体操」のようなものだという。社員は、毎日一五分ほど費やしてケーススタディを検討する。扱われる事例は、同社の企業文化に関して教訓になる実際の出来事だ。教材は、動画やデジタル文書、電子メールなどを組み合わせて作成されている。ビジネススクールなどの専門職大学院でおこなうケースメソッドの授業のようなものと思えばいい。前述のロヒットとアレックスの事例は、理想的なケーススタディ教材になるだろう。

デイリー・ケースでは、教材を検討したあとに「自分だったら、どのように行動するか？　それはなぜか？」といった問いに答える。ジェンセンにとっては、社員にエクササイズをさせる機会というだけでなく、社員の人物像についてのデータを集める機会にもなる。「これにより、経営陣が現場を知るための活動を強化できる。短いケーススタディで社員が企業文化を吸収する一方、私たちは社員の反応を見ることができます。それを通じて、それぞれの社員が似たような局面でどのように行動するかについての理解を深められるのです」。全社員に同じカリキュラムに取り組ませることにより、社員に基本原則の実践を練習させ、一人ひとりのマインドセットに関するデータも集められるのだ。

一対一の面談による個人単位の精査に始まり、テクノロジーを駆使したドット・コレクター、イシュー・ログ、野球選手カード、そして全社規模のデイリー・アップデートとデイリー・ケースにいたるまで、ブリッジウォーターは、個人の発達を助けるための慣行のエコシステム（生態系）を築いている。そのシステムに助けられて、全社員がほかの全員の人物像に関する真実と向き合っているのだ。

ネクスト・ジャンプ——人格を筋肉のように育てる

ネクスト・ジャンプがものごとの失敗の原因を調べたところ、最も多いのは、感情のマネジメントがうまくできないパターンだとわかった。同社で言う「人格のアンバランス」の問題である。感情をマネジメントできなければ意思決定の質が落ちると、同社のリーダーたちは考えている。共同創業者のミーガン・メッセンジャーの言葉を借りれば、「たいていの企業には、自信満々の実行者はいても、自信満々の意思決定者はなかなかいない」のだ。

ネクスト・ジャンプが気づいたのは、自信と謙虚のバランスが崩れると心理面で破綻に陥るということだった。過度に自信をいだいて暴走したり（＝傲慢）、過度に謙虚になって機能麻痺になったりする（＝不安）。もっと謙虚になったり、もっと自信をもったりするためには、人格を筋肉のように育てればいいという考え方の下、リーダーたちがその練習をするようにした。すると、リーダー層の成長が加速しはじめた。同社ではその支援ツールとして、一人ひとりの未熟な面を訓練するためのヒントと注意事項を記したお財布《ウォレット》サイズの「ウォレット・カード」もつくっている（表4－2

参照）。

ネクスト・ジャンプのリーダーたちは、慣行を慎重に設計すれば人を大きく変えられると信じている。同社で実践しているのは、慣行のための慣行ではない。慣行を通じて、人々に人格の成長に向けた行動を取らせることを目的にしている。以下、具体的に見ていこう。

トーキング・パートナー

前述のように、ネクスト・ジャンプでの一日はたいてい、ペアを組む相手と互いの状況を報告し合うことから始まる。「トーキング・パートナー」と呼ばれる活動である。会社が提供する朝食をとりながら話す場合も多い。その会話を聞けばすぐわかるように、議題は決められていない。だが、話し合いの目的に関しては共通認識がある。その目的とは、チャーリー・キムCEOの言葉を借りれば、「互いにメンタリングをおこなう」ことだ。

トーキング・パートナーの話し合いは、三つの要素を軸に進められる。「ミート（＝会う）」「ベント（＝吐き出す）」「ワーク（＝仕事）」の三要素だ。「会う」とは、ペアが毎朝欠かさずに会うという意味だ。この慣行を毎日の儀式にするのだ。「吐き出す」とは、言ってみれば「毒素を外に出す」ことを意味する。家庭生活と職場生活のあらゆる

表4-2

ネクスト・ジャンプのウォレット・カード

	自信過剰／傲慢	過度に謙虚／不安
自分の成長	● もっと人の話をよく聞く（会議では最後に口を開く）	● もっと発言する（会議では最初に口を開く）
	● もっと積極性を抑える（スタートを遅くする）	● もっと積極性を高める（スタートを早くする）
	● もっと弱さをもつ	● もっと勇気をもつ
	● もっと慎重になる	● もっと楽観的になる
他者の成長	● もっとアドバイスを受け取る	● もっとアドバイスを送る
	● もっと人をはぐくむ	● もっとコーチングをおこなう

問題がテーマになる。職場に全人格をもって臨むことを求める以上、個人の一部である苛立ちと不安の感情を大切にする場を設けるべきだと考えられているからだ。これは、マイナスの感情が意識に及ぼす影響を和らげる機会にもなる。

三要素のなかで、多くのネクスト・ジャンパーがみずからの成長を最も強く後押ししていると感じているのが「仕事」の要素だ。ペアを組む二人は、互いの進歩に向けて背中を押し、高い要求水準を設定し、（仕事全般に関しても、その日の仕事に関しても）進歩への道を見いだすのを助け合うものとされている。

ナヤン・ブサとロケヤ・ヴェンカタチャラムのペアを見てみよう。ブサは、第1章の「スーパー・サタデー」のエピソードで大勢の採用候補者を前にスピーチをした人物だ。ここでは、ヴェンカタチャラムとのトーキング・パートナー活動について語ってもらおう。

ある面では、いっさい歯に衣着せずに話します。「大丈夫、心配ないよ」と励まし合うステージにはとどまっていません。その一方で、互いのことを気遣ってもいます。そして、相手が気遣ってくれていることを二人とも知っています。私は、ロケヤが間違った方向に進んでいると思えば、「それは間違っている」と端的に言います。率直に話し、必要なら批判的なフィードバックもする。同時に、好ましい点も指摘します。実際、彼女は着実に進歩を遂げている。本人が気づかないといけないので、そのことは忘れずに伝えるようにしています。彼女も私に対して同様の接し方をしてくれます。

ヴェンカタチャラムも、ブサとの毎朝の活動がいかに重要かを述べている。私たちが二人の話を聞いたのは、ブサが毎月定例のイベント「10Xファクター」（社員の成長を促すための行事。詳しくは後述する）でプレゼンする予定の日だった。ヴェンカタチャラムのコメントから、トーキング・パートナーの活動がどのように個人の成長を促す環境をつくり出すかを垣間見ることができる。

今朝、10Xの準備をしているナヤンに、心配するのはよそうと言いました。「苦手なストーリーテリングの練習だと考えてはどう？　聴衆に伝えたいストーリーを二つ選んで語ってみては？」。彼はそれまであれこれ心配していたけれど、気が楽になったようです。「短いプレゼンとストーリーテリングを磨けばいい。いまできることだけ考えて、それ以外のことを気にするのはやめましょう」と、私は話しました。私たちは、互いをこのように導き合っています。そういうとき、「もしこの活動を実践していなかったら、人生で大きなものを逃していただろう」と、私たちは感じます。同輩のトーキング・パートナー同士は、互いの直面している状況をよく理解できます。この機会がなければ、このような相手と巡り合うことは不可能だったでしょう。私たちはそれを通じて弱点を修正し、弱点への対処の仕方を考え続けます。

すべてのペアがこの二人のように好相性を発揮し、互いの成長を促せるとは限らない。しかし、ペアの組み合わせは固定されているわけではなく、しばしばペアの組み替えがおこなわれる。ペアの組み合わせを決めるときは、互いの背中を押せる人物同士をペアにする。つまり、自信過剰になりがちな人物と自信喪失になりがちな人物を組ませるように、最大限努力を払うのだ。

状況ワークショップ

トーキング・パートナーは、もう一つの重要な慣行の土台にもなる。その慣行とは「状況ワークショップ」である。ネクスト・ジャンプのリーダーたちによれば、このワークショップは、同社でとりわけ有効な慣行の一つだ。この活動は、毎週一時間、五人のメンバーが集まっておこなう。トーキング・パートナー二組（合計四人）と、メンターおよびコーチ役を担う経験豊富な同僚が一人という構成だ。ワークショップでコーチングを受けた人はみな、やがて別のワークショップで四人の同僚をコーチすることが期待される。生徒が先生になるのだ。

チャーリー・キムは、この毎週定例のワークショップが効果を発揮する理由を語ってくれた。

四人の一人ひとりがその週にぶつかった試練について、そして、その問題に対してどのような行動を取ったか（あるいは取らなかったか）について語ります。自分の対応が適切だったか判断がついていなくても構わない。あくまでも、目的は内省することだからです。メンター兼コーチが自己理解の手助けをしてくれます。それにより、次に同様の局面に遭遇したときに前と同じ対応をせず、新しい選択肢を見いだせるようになるのです。ワークショップで自分の状況を語ると、コーチがこんなことを言ってくれます。「これとこれが選択肢だと思っていたの？あなたが気づかなかった選択肢がいっぱいありますよ」。こうした毎週の活動を通じて、人々は目を見張るほど成長します。だから、マネジャー会議の大半を状況ワークショップに変更してしまいました。

報告される問題は多岐にわたるが、ほとんどは、その人のバックハンド（弱点）に関わるものだ。私たちが立ち会った場でも、実にさまざまな個人的な弱点や問題が報告されていた。たとえば、頼まれなくても他人に助言すべきか、完璧を求めすぎる傾向を克服するにはどうすればいいか、もっと上手に時間のマネジメントをするにはどうすべきか、強いプレッシャーのかかる場面で萎縮しないためにはどうすればいいか、といったことだ。

キムの表現を借りれば、狙いは、「技能のトレーニングではなく、判断力のトレーニング」をすることにある。はじめてワークショップの様子を見た人は、やり取りされる内容と会話のペースに少し驚くかもしれない。コーチが問題解決に直接結びつく発言をすることはほとんどない。ネクスト・ジャンプの慣行はすべて、問題を早く解決しすぎると本人が変われない、という認識を前提に設計されているように見える。いくら問題を解決できたように見えても、本人が変わらなければ、やがて同じ問題が形を変えて浮上する可能性が高いと考えているのだ。

コーチは、人が問題を解決するのではなく、問題に「人を解決させる」よう導くことが多い。そのために、たとえばこんな問いを投げかける。「その状況でどのように行動すべきかわからなくなることは、あなたという人間についてなにを物語っているのでしょう?」。この活動では、長時間かけて一つの問題を検討するより、たくさんの問題を報告させることが重んじられる。これが毎週すべての社員について実施される。その結果、ブリッジウォーターの「ドット・コレクター」と同じように、膨大な量のデータが蓄積されていく。一つひとつは大きな出来事ではないかもしれないが、積み重なれば、みんなの目にパターンが見えてくる。それは、このワークショップを実施しなければ明らかにならないものだ。

人の発達を促す手段として見ると、状況ワークショップには、いくつかの特筆すべき点がある。

一つは、トーキング・パートナーにより形成された人間関係の土台の上に乗っていること。学習の過程について注意深く話を聞き、学習を続けるよう目を光らせ、学習したことを実践する手助けをしてくれるパートナーがいるのだ。もう一つ、これと同じくらい重要なのは、仮想のエクササイズから教訓を引き出したり、抽象的なコンセプトを学んだりするのではなく、みずからの職場生活における実体験に基づいてケーススタディをおこなう点だ。論じられる問題は、自分がいだいている心配事や最近の不快な出来事、不適切な反応のきっかけになった経験、味わった失敗に関するものなので、コーチングを求める人にとって切実な意味をもつ。ワークショップを通じて、自分の思考や感情や行動を「主体」(それを通して世界を見るもの)から「客体」(それ自体を見られるもの)へ転換できる。言ってみれば、それまで世界を見るのに使っていたレンズ自体を見られるようになるのだ。

状況ワークショップは、DDOの「ホーム」を強化する役割も果たせる。最上層のリーダーたちもワークショップに全面的に参加し、毎週みんなの力になるために時間を割いているという事実は、社員に強い印象を与えている。トーキング・パートナーと一緒に参加することの意味も大きい。参加者は、相棒がワークショップで受け取ったフィードバックをよく理解していれば、毎朝の会話でよりよいアドバイスを送れるようになるからだ。ネクスト・ジャンプでは、このほかにもコーチングを受けられる機会がふんだんに用意されている。あらゆる会議の冒頭と終わりにもそういう機会があるし、電子メールで相談したり、朝食の時間に話したりすることもできる。そうしたなかで、状況ワークショップは毎週定期的に開催されるため、誰もがそれを前提に行動するという点に意味がある。ネクスト・ジャンパーたちは無意識のうちに、ワークショップで話題にする経験を探しながら一週間を過ごすようになるのだ。また、状況ワークショップが(「進捗状況のチェック」や「行動のリセット」をするわけではないのに)マネジャー会議に取って代わりつつあるとすれば、それは、人の内面をマネジメントすることが外面のマネジメントの強力な手段になりうるからなのだろう。

10Xファクター

毎日のトーキング・パートナーと毎週の状況ワークショップのほかに、月に一回実践される慣行もある。「10Xファクター」である。毎月一回、九〇分を費やして、自分がどのように会社に貢献したかをテーマに一〇人のネクスト・ジャンパーが全社員の前で短いプレゼンをおこなう。「10Xファクター」という呼び名は、人気テレビ番組『Xファクター』をもじった言葉遊びだ。イベントを告知する社内のポスターの類いにも、やはり『Xファクター』にちなんで、「世界が見ている」という言葉が記されている。実際、世界四カ所の拠点で働くすべての社員が（その場で直接、もしくは動画のライブ配信を通じて）プレゼンを注視する。

10Xファクターは、社員がみんなの前で成長に取り組む機会だ。プレゼンでは、売上と企業文化のいずれかの面での会社への貢献について話す。プレゼンが終わると、全社員がモバイルアプリを使って1～4点で点数をつける。そのあと、審査員（チャーリー・キムやミーガン・メッセンジャーも参加する場合が多い）が採点し、その場でフィードバックする。

フィードバックは辛辣な場合もあるが、それは一人ひとりが自分の苦闘について上手に説明できるように成長し、ほかの全員の学習を助けられるようにすることが目的だ。あるとき、審査員がおこなったフィードバックの内容を紹介しよう。

きみが成果を上げたことは間違いありません。なにしろ、三カ月以上要していた評価プロセスを一〇日まで短縮し、しかも仕事の質も高めることができたのですから。それに、発表資料にも説得力がありました。以前の文書プロセスを廃止したことはよく理解できました。ただし、戦術面では、きみはこの大切な機会を無駄にしてしまった。プレゼンでは、なにを実行したかより、どのように実行したかに重点を置くべきです。10Xでは、みんなの学習を助けることを心がけなくてはならない。だから、どのように実行したかが重要なのです。たぶん、きみは試行錯誤と学習の過程で、失敗を恐れずに行動する勇気を奮い起こしたのでしょう。いまのプレゼンでは、みんながそうした勇気をもつ方法を学ぶきっかけを与えられていません。

ここで見落としてはならない点がある。10Xファクターでは、売上や企業文化の面での成果そのものが称賛の対象になることはない。もちろん、結果は大切だ。しかし、全社員が毎月一回集まり、一〇人の社員の話に熱心に耳を傾ける理由は、それとは別のところにある。このイベントでは、どのように自分の弱点を克服し、ビジネスと企業文化の成果を高めようとしているかをストーリーで明らかにした人が評価される。高い評価は、弱点を克服する過程、マインドセットを転換する過程を勇敢にさらけ出した人へのご褒美であって、成果に対するご褒美ではないのだ（この点は、ブリッジウォーターが「よい悪戦苦闘」を評価するのと同じ趣旨だ）。

このイベントでプレゼンをするのは、誰にとっても非常にリスクの大きな経験と感じられる。これは、通常業務とはまったく異なる活動だ。内省し、自分の仕事を同僚に知ってもらう機会にはなるが、脈拍が速まり、手のひらが汗だくになる。企業文化関係の活動についてのプレゼンには、とくに厳しいフィードバックが待っている。文化に貢献するための活動は、学習と自己改善の練習場と位置づけられているからだ。ネクスト・ジャンプでは、「海面より上」「海面より下」という比喩を用いる。前者は売上、後者は文化のことだ。冷たい海を航行する船は、海水面上で氷山にぶつかってもすぐに沈むことはないが、海水面下で激突すれば沈没しかねない。ネクスト・ジャンプでは練習という考え方が日々強調されているが、文化に関する取り組みはとりわけ実験的な性格が強い。失敗した場合のリスクが小さく、高い水準を追求する過程で失敗できる余地が大きいからだ。10Xファクターが誕生した過程そのものがそうした取り組みの一つだった。二〇代の社員がテレビのリアリティ番組にヒントを得て提案し、企画を具体化して実施し、ほかの人たちの実践と改善をコーチングしたのである。

　第1章でも、採用プロセスの「スーパー・サタデー」、新人や苦戦中のベテランの教育が目的の「パーソナル・リーダーシップ・ブートキャンプ（ＰＬＢＣ）」、そして「自分の成長」のためのさまざまな活動（仕事に意義を見いだせるように、他の人に貢献する機会を用意している）を紹介した。ネクスト・ジャンプでは、これらの慣行が組み合わさって、全員が人格の向上（同社では、大人の発達のことをこう呼ぶ）を習慣化する環境が形成されているのだ。

デキュリオン――「人々はあなたが思っているより一〇倍有能だ」

　デキュリオンの会議に同席するとすぐに気づくのは、環境づくりの重要性だ。同社のリーダーたちは、前もって「意図を一致させておく」ことの大切さを強調する。人々に自分の弱点を強く実感させたり、対立を表面に引き出したりする可能性が高い会話の前は、とりわけその必要性が大きい。

　意図を一致させるとは、会議の議題や目的を周知徹底させることだけを言うのではない。ここで必要なのは、いまから難しい課題を、失敗を恐れて避けたいと思っても不思議でない課題を練習するのだ、というシグナルを発することだ。別の局面での考え方のまま惰性で行動するのではなく、みんながテーブルを囲んで話し合うにいたった深い目的をはっきり理解しなくてはならない。以下では、社員が会社のビジネス上の目標達成と自己の開花の両方を目指すために、デキュリオンでどのような慣行が採用されているかを紹介する。

具体的には、同社の映画館事業であるアークライト部門にとくに注目したい。社内のほかの部門を観察しても同様の発見があるかもしれないが、映画館部門の活動を紹介することにより、ほかとは異なるものを読者に見せられると考えたためだ。ブリッジウォーターやネクスト・ジャンプのような知識産業では、高学歴の社員が高い給料で仕事をしている。それに対し、映画館の人たちは、主に小売業のサービス系の仕事に従事し、観客に有意義な体験を提供するために働いている。しかし、そうした違いはあっても、社員が個人として成し遂げる成長は知識労働者に負けず劣らず力強い。

人を成長させられる可能性がどのくらいあるかという点では、業種や環境や役割による違いは、すべての業種や環境や役割に共通する要素に比べてはるかに小さいと、私たちは考えている。私たちにとって、映画館で働く若者の心理的発達を助けるために充実した企業文化を築いている同社の事例は、エンジニアや金融アナリストのために同様のことを実現しているケースと同じくらい参考になる。読者にもそう感じてもらえれば幸いだ。

タッチポイント

土曜の夜、アークライトの映画館は活気にあふれる。最新の大ヒット映画やインディーズ系映画を目当てに大勢の観客が訪れ、広いロビーを通り、上映室に入る。座席は予約制。上映室は快適さが保たれ、映画への没頭を妨げる要素が極力排除され、質の高い音声と映像が追求されている。一定の間隔で、映画の上映が始まり、終わり、また次の上映が始まるというサイクルが繰り返される。

観客が映画を楽しんでいる舞台裏では、互いに深く結びついたさまざまな慣行が実践されることにより、スタッフの成長がビジネスの繁栄に寄与し続けている。マネジャーは毎日、メンバーと短いミーティングをおこない、一人ひとりの日々の仕事がその人の個人的な成長や大きな目標の実現と結びつくようにする。この短いミーティングは、「タッチポイント（接点）」と呼ばれる。また、メンバーとマネジャーが集まって営業時間中に随時おこなう「脈拍確認の輪《ハドル》」では、参加者が互いにフィードバックを送り合い、実務上の課題と改善策を話し合う。

スタッフの控室には、大きな「コンピテンシー（能力）・ボード」が掲げてある。一人ひとりのメンバーが発揮できている能力の度合いを、カラフルなプラスチックのピンで表現したものだ。このボードは、メンバーの成長に応じて修正される。映画館の支配人とシフトごとの責任者は、これをもとに、じっくり時間をかけて次週の仕事の割り振りを決める。その際は、ビジネス上のニーズと人事計画をすり合わせ、それぞれのメンバーが新しい課題に臨む態勢が整っているか、それともまだ同じ仕事を続けたほうがいいかを確認するようにする。

タッチポイントは、上級幹部も映画館の現場スタッフも対象とし、現在の仕事が自分の成長につながると理解する機会になっている。同社では、誰にとっても仕事は本来やり甲斐を感じられるものであるべきだと考えられており、このミーティングは、職場生活に私的な要素を織り込む裁縫仕事のような性格を帯びている。

このように仕事のやり甲斐、直面している試練、個人の成長にまつわる諸問題について話し合う機会は、一般的な組織ではきわめて少ない。せいぜい、正式な個人評価プロセスの一環として四半期に一回、あるいは年に一回あればいいほうだろう。デキュリオンでもそうした正式な面談（「発達パフォーマンス対話」と呼ばれる）はあるが、それとは別にタッチポイントが頻繁に実施されている。

定期的にタッチポイントをおこなうことの重要性は、メンバーも実感している。その話し合いを通じて、いまの仕事と将来の成長のつながりが理解できたと述べる人も多い。

アークライトのある映画館で働くクリスティナは、タッチポイントの話し合いで、映画の装飾専門家になりたいという目標を語った。すると、上司のマイケルがその映画館で開催されるイベントのセット制作班に加えてくれた。自分の目標といまの仕事の間に結びつきを感じられるようにしてくれていると、クリスティナは言う。

マイケルが思うに、タッチポイントは、この職場で得られる学びの価値をメンバーが知る機会にもなっている。アークライトでは、夢の実現に役立つスキルが身につく。この会社で生涯働き続けるわけではないとしても、そのスキルはたいていのビジネスで有益なものだと、マイケルは言う。メンバーの個人的な目標を達成させたいという思いが理由にせよ、デキュリオンのビジネスが自己改善の実験場になりうるという純粋な確信が理由にせよ、マイケルのようなマネジャーたちはさまざまな方法を駆使して、部下の成長とビジネスのニーズを一体化させている。

ライン・オブ・サイト

職場のミーティングの常で、タッチポイントの時間を十分に取れなかったり、あまり大きな効果がなかったりする場合もある。それでも、この活動には、ある深い意図が込められており、うまく機能すれば会社と社員の双方が恩恵を受けられる。デキュリオンのリーダーたちは、それを「ライン・オブ・サイト（視線）」という言葉で表現する。話し合いの最初に、視線を合わせるようにして双方の意図を一致させることが求められているのだ。マネジャーは毎日のタッチポイントのたびに、メンバーと「視線」を合わせ、「『なに』を通じて、『なぜ』と『どのように』を結びつけるのか」を明らかにするよう促す。タッチポイントでのコーチングには、単なる状況報告ではなく、問いかけの要素が組み込まれているのである。

メンバーはマネジャーとの会話により、たとえば自分がレジ打ちの技能を向上させる（＝どのように）ことが、客の待ち時間の短縮と金銭管理の正確性につながる（＝なに）ことを知る。そして、それが観客の体験を大幅に改善し、ひいては会社のビジネスに好影響を及ぼす（＝なぜ）ことを理解する。

脈拍確認の輪《ハドル》

土曜の夜に話を戻そう。そこでは、アークライトのもう一つの慣行である「脈拍確認の輪」が実践されている。次々と観客を入れ替えて映画を上映し続ける映画館の現場では、慌ただしいものになってしまう場合も多いが、この話し合いはアークライトの職場で欠かせない活動になっている。これを通じて、ビジネス上の成果の追求と自己改善を同時に推し進められるようにしているのだ（DDOがこの二つの目標をどのように一体化させているかは、次の第5章で論じる）。

この活動は、業務の最中に頻繁におこなわれる。次の上映のために上映室を整備する前後のいずれかに、マネジャーとメンバーが一〇分くらい集まる。このとき、ほかの会社のミーティングと同じように、その日の状況（たとえば大規模な試写会があるといったこと）、チケット販売の目標、映画館全体の座席の予約率などを全員が確認するが、それだけではない。この機会を通じて、効果的なフィードバックを送り合うスキルや、自分の仕事を会社全体のビジネスと結びつけて考えるスキルも磨くのだ。

脈拍確認の輪は、具体的にはこんなふうに進む。みんなが集まると、さっそく誰かが別のメンバーにフィードバックをおこなう。いちばん大きな上映室が予定時刻どおりに開場されず、観客の体験に悪影響が及んでいるというのだ。そこで、二人で一緒に上映終了後の整備時間の短縮に取り組もうと提案する。また、このシフトの責任者は、あるメンバー（仮にアンジーと呼ぶことにしよう）が青いピン（ある役割に関して能力があることを認定する印）を取得するために努力していることに言及し、今晩フィードバックなどの支援をしてほしいとみんなに呼びかける。

話し合いが終わり、メンバーがチケット確認、清掃、客の誘導など、それぞれの持ち場に戻ったあと、支配人がシフト責任者にその場でフィードバックをおこなう。支配人は、次の機会にはアンジーが具体的にどのような能力を身につけようとしているのか（案内係のスキルを磨こうとしていた）をみんなに伝えるべきだと主張する。それにより、どうすればもっと彼女の力になれるかを全員に理解させられると期待しているのだ。漠然とサポートするのではなく、最大限有効なフィードバックが提供されるようにすることが狙いだ。

脈拍確認の輪は、人の成長を促す手段としていくつかの魅力をもっている。一つは、仕事の現場で——生のデータを得ることができ、軌道修正が可能な場で——メンバーが話し合い、実際の活動から学ぶべき点と必要な改善点を検討すること。もう一つは、メンバー同士がフィードバックを直接送り合うこと。ほかの多くの職場で働く人たちと同様、アークライトで働きはじめる人の大半は、職場で誰かにフィードバックをした経験がほとんどない。その点、脈拍確認の輪は、定例の行動の一環として、そうすることが危険をともなわず、むしろそれが期待される場で、そのスキルを練習する機会をつくることができる。そして、もう一つの魅力は、フィードバックに対するフィードバックが提供されることだ。フィードバックをおこなうメンバーは、フィードバックのやり方を改善すべき点についてマネジャーからコーチングを受けられる。

脈拍確認の輪に参加することにより、メンバーは事業の全体像を把握できるようになる。みんなで頻繁に情報交換することを通じて、映画館全体を一つのシステムとして見られるようになるのだ。これは、支配人が館内を見回り、映画館全体の状況を把握するのと同様の意味がある。この活動のおかげで、メンバーは各自の役割に押し込められるのではなく、なによりも一人のビジネスパーソンになれる。脈拍確認の輪は、「ビジネスを動かすのはメンバーだ」というアークライトの理念を実践に移す場になっているのである。

コンピテンシー・ボード

「コンピテンシー・ボード」は、スタッフの控室に掲示されている画用紙のポスターだ。目立つ場所に張り出されていて、メンバーが出勤してきたときや休憩時間に引き揚げてきたとき、あるいは勤務時間中に用事で戻ってきたときに、いやでも目に入るようになっている。そこには、一五種類ほどの業務機能に関する一人ひとりの能力のレベルが表示されている。メンバーがいずれかの能力を習得すると、マネジャーはそれをみんなに知らせるために、ボードの該当欄に色つきのピンを刺す。その人物が複数のシフトで能力を実証したうえで認定を求めると、青いピンが与えられることになっている（正式認定前の暫定評価の段階は緑のピン）。

ピンを獲得するのが比較的簡単な業務機能もいくつかある。それらは、この職場で働きはじめたばかりの人が最初に挑戦しやすいものだ。それに対し、もっと複雑で、映画館運営のさまざまな要素を統合しなくてはならない業務機能もある。そのようなピンを獲得できた人は、有能な人物と評価され、将来の幹部候補と位置づけられる。

控室のコンピテンシー・ボードのそばで観察していると、自然界で動物たちが集まってくる水飲み場の前にいるような感覚にとらわれる。みんながボードの前で足を止め、誰が新しいピンを獲得したかを確認する。そこがみんなの注目と会話の中心になっているのだ。そこに込められたメッセージは一目瞭然だ。このコミュニティでは、少なくともメンバーのスキルを高めることへの関心が共有されているのである。しかも、成長への目標は、本人とマネジャーの間だけでなく、チーム全体に共有される。誰がなにを目標にしているかを全員が知っているので、誰でもほかの人の成長を助け、フィードバックを送ることができる。また、コンピテンシー・ボードは、ビジネスを成功させるために組織全体としてどのような能力（ボード上の業務機能）が必要とされるかを全員に理解させる役にも立っている。

この職場では、メンバーの学習と発達の状況についてのデータを集めることを重んじている。コンピテンシー・ボードもその一環だ。映画館のマネジャーたちが毎週おこなう会議では、一般的なビジネス上の指標に加えて、マネジャー職に昇進可能なスタッフの割合もつねにチェックしている。一人ひとりがどの発達段階にあるかを把握しておくことは、「誰もが成長の過程にある」「全員が教えると同時に学んでいる」というデキュリオンの基本姿勢に沿ったものだ。

個人の成長をつねに見守るうえでは、成長を促す「引力《プル》」をつくり出し、それを適切に調整することが必須とされている。成長を目指す動機となる試練を与えるのだ。具体的には、新規プロジェクトを割り振るなどして現状の能力を超えた要求をする。とくに、まだマスターしていない役割や責任を課したり、現在の実力より少しだけ難しい課題に取り組ませたりするのが効果的だ。そうした試練の下で適度な支援が提供されれば、おのずと成長が後押しされる。要求に応えるために、成長せざるをえなくなるのだ。このようなアプローチを採用している前提には、デキュリオンのリーダーたちの表現を借りれば「人々はあなたが思っているより一〇倍有能だ」という考え方がある。要するに、適切な仕組みと環境を与えれば、人は成長し、もっと多くの成果を上げられると確信しているのだ。

コンピテンシー・ボードは、この引力を最大化するように担当業務を決める材料として大きな効果を発揮する。アークライトの映画館では週ごとに、マネジャーたちが協力し合って全スタッフのスケジュールを決める。同社の経営陣は、基本的に社員の担当業務を頻繁に変えることが好結果を生むと信じているからだ。「ものごとを落ち着かせるな」と、同社ではよく言われる。

デキュリオン・ビジネス・リーダーシップ会議

最後に紹介するのは、デキュリオンのすべての要素を一つに統合する役割をもった慣行だ。必要に応じて、三〜四カ月に一回くらいのペースでリーダー層全体（マネジャー全員）が一堂に会し、一日がかりで「デキュリオン・ビジネス・リーダーシップ（DBL）会議」をおこなう。ほとんどの場合、出席者は一つの輪をつくって着席する。誰もがほかの全員の顔を見られるようにするためだ。

これは、脈拍確認の輪よりも時間をかけて、もっと深く掘り下げた内省をする場だと考えればいい。社外のファシリテーターは招かない。[1] 多くの場合は、一人ひとりが「チェックイン」をすることから始める。目下の大きな不安や喜びの原因について話すことにより、自分がそうした懸念や思考をいだいていることを認識し、ほかの人たちに自分の内面を理解させることが目的だ。ここでは、一人ひとりが役職に関係なく、なによりも一人のビジネスパーソンとして行動し、コミュニティが足並みをそろえなければ対処できないような課題（会社の規模と複雑性を高めるような不動産取引、映画館の展開地域の全国拡大、新規事業の立ち上げなど）について議論する。それを通じて、幹部たちが互いの意図を一致させる。

ＤＢＬでは、ビジネス上の目標を達成するためになにが必要か、成長を実現するために社内の各部門がどのような能力を高めるべきかを全員で話し合う。そのほかに、部門ごとの少人数での話し合いや、会社の価値観に沿って行動した個人の表彰もおこなう場合がある。参加者が詩や芸術作品を披露し、それについて議論したりもする。これは、今後待っている試練に対するメンバーの意識を高め、自分たちが必要な成長を遂げられるという信念をいだかせることが狙いだ。

以上のように、デキュリオンにも、ブリッジウォーターやネクスト・ジャンプと同様、さまざまな成長の機会が用意されている。一時間ごとに実行する慣行もあれば、一日ごと、一週間ごと、一カ月ごとに実行する慣行もある。いずれも、成長に向けた取り組みができるように、安全で信頼できて、継続性のある場を生み出す役割を果たしている。こうした活動の舞台となるコミュニティの規模は、大小さまざまだ。一対一のコーチングやチーム単位の対話もおこなうし、組織全体で学習のための体験もおこなう。デキュリオンで用いられる表現を借りれば、ＤＤＯでは、ＣＥＯであろうと、未経験者レベルの社員であろうと、職務の一環として自己改善に向けた練習を一緒におこなう「僚友《クルー》」が欠かせない。試練と支援を与えてくれる信頼できる人たちのグループが必要なのだ。

慣行の実践に共通する五つの要素

以下では本章で紹介してきた三つのＤＤＯの慣行を俯瞰して見ていきたい。おそらく、三社の相違点はすぐに目につくだろう。そこで、三社の慣行の土台にある共通点をいくつか指摘したい。

●**人の内面の要素を外に引き出す。**三つのＤＤＯは、人の内面を外に引き出すための慣行を実践している。一般に、ビジネスの場では、自分の弱点を語ったり、弱点について論じたりするべきではないと考えられがちだ。しかし、そのような姿勢では、弱点の克服は期待しづらい。ブリッジウォーター、デキュリオン、ネクスト・ジャンプのさまざまな慣行は、人があまり他人に見せないような側面をさらけ出し、その部分の改善に取り組めるようにすることを目的にしている。自分の思考と感情、そして行き詰まっている点を他人と自分自身に認識させてはじめて、人は新しい自分を築けるのだ。

●**業務を自己改善に結びつける。**ブリッジウォーターのイシュー・ログに始まり、アークライトの担当業務決定にいたるまで、ＤＤＯで実践されている慣行は、人々がビジネスの成長とともに自分を成長させていく方法をわかりやすく示すものになっている。社外のコーチを招いたり、幹部候補生をＭＢＡのエグゼクティブ・プログラムに派遣したりするなど、本来の業務から切り離して研修を実施するのではなく、職務を実行するなかで自己改善を推し進める機会を用意する。日々の仕事と自己改善は別々のものではなく、一体を成しているのだ。

ものごとの結果ではなく、その結果を生むプロセスに目を向けるよう促す。さまざまな慣行のなかで実践されるフィードバックは、特定の行動を修正することを目的にしていない。そのような行動を生むマインドセットを転換させるのが目的だ。ＤＤＯの慣行は、プロセスと切り離して結果だけを称賛したり処罰したりせず、結果の根底にある思考を改善することを目指す。言ってみれば、目の前の試合のスコアを気にせずに、プレーを改善することに関心を払うのだ。ネクスト・ジャンプのチャーリー・キムＣＥＯは、よくこう言っている。「私たちは短い試合ではなく、長い試合を戦っている」

用語も一つの慣行だ。それは、新しい枠組みを生むための新たなツールになりうる。ＤＤＯは、人々に自分と世界に対する理解を深めさせるために、対話を重んじる文化を築いている（会議では、「パワーポイント」のプレゼンや一方通行の説明はあまりおこなわれない）。自社の慣行について、社内独特の呼び方をもっていることも多い。「バックハンド」「ドット」「引力《プル》」といったものだ。こうした独特の名称をもつ慣行は、部外者にとって寄りつき難く感じられるかもしれない。ＤＤＯが成熟し、慣行がより精緻になり、方法論が規格化されている場合はなおさらだ。しかし、独特の用語を用いることには意味がある。言葉で表現しなければ、ものごとのやり方を教えることはできないからだ。ＤＤＯは、文化を築くことを重んじ、有効と思われる慣行を社員に実践させやすくするために、ビジネス界で一般に用いられる用語を放棄しているのである。部外者は、こうした企業での慣行をめぐる会話を奇異に感じるかもしれない。カルト的という印象を受ける場合もあるだろう。しかし、慣行について独特の用語を確立できれば、大きな力が解き放たれるのだ。

●すべての人が日々、組織全体の「背伸び」に取り組む。実践される慣行の数が多いほど、慣行の実践に勢いがつく。表4－3にあるように、DDOでは慣行がさまざまな時間の単位とコミュニティの規模で実践されている。毎日のものもあれば、毎週、あるいは毎月のものもあるし、個人単位の活動もあれば、ペアやチーム、部署、全社で取り組む活動もある。組織全体の「背伸び」を実現するためには、数人が現状の実力より手ごわい課題に一回限りで挑むだけでなく、慣行が社内の全階層でつねに実践されなくてはならない。DDOで働く人はみな、慣行を通じて経験する試練に牽引される形で、自分の足枷になっている固定観念と向き合い、それを克服しようと努め続ける。ブリッジウォーターで用いられる比喩を借りて言えば、すべての仕事が「引き綱」の役割を果たすのだ。

発達指向に貫かれた文化

本人が気づいているかはともかく、あらゆる実践の土台には理論がある。
——ピーター・ドラッカー

第2章で論じた理論の観点から言うと、DDOの慣行はどのように大人の発達を後押ししているのか？　私たちはDDOの現場にどっぷり浸かってはじめて、この問いに確信をもって答えられるようになった。その答えは、驚くべきものだった。大人の発達に関する理論を知っているかどうかに関係なく（実際に理論に精通していたのは、デキュリオンの一部の人だけだった）、三つのＤＤＯは数々の慣行を進化させ続けることを通じて、私たちが見てきたなかで最も発達指向に貫かれた文化、言い換えれば、個人の能力をはぐくむ強力な「培養器」をつくり出していたのだ。

「最も発達指向に貫かれた」というのは、かなり強い言葉だ。数々の素晴らしい職場文化を観察してきた私たちがここまで言う理由は、どこにあるのか？　人の発達を専門とする研究者の見解が昔から一致している点がある。親子関係に始まり職場文化にいたるまで、**発達をとりわけ強力に後押しできるのは、いわゆる「支持的な環境」である場合が多いとされているのだ。これは、それぞれ適切なタイミングで「保持」「解放」「継続」という三つの機能を果たせる環境のことを言う。**

「**保持**」（holding on）とは、人をあるがままに受け入れることだ。この段階では、人は自分を変えることを要求されない。いまもっている能力を発揮する機会が十分に与えられ、その能力を評価してもらえる。

しかし、世界と関わりながら、とくに違いや問題に直面する経験を通じて、人はやがて現状の自分の限界を知る。このとき、自分を守ろうとするあまり、問題の原因を自分以外に求める人もいる。一方、直面した問題に刺激を受けて、自分がもっと成長しなくてはならないと感じる人もいる。好ましいのは、人をあるがままに受け入れると同時に、このような刺激を与えられる環境だ。

表4-3

組織全体の「背伸び」――さまざまなレベルの慣行を統合する

レベル	ブリッジウォーター	ネクスト・ジャンプ	デキュリオン
ミクロ（個人）	・デイリー・アップデート ・「通じ合う」	・トーキング・パートナー	・タッチポイント
中間（チーム）	・イシュー・ログ ・ドット・コレクター	・状況ワークショップ	・脈拍確認の輪（ハドル）
マクロ（組織）	・デイリー・ケース	・10Ｘファクター	・デキュリオン・ビジネス・リーダーシップ

「支持的な環境」が機能するためには、人が自己変革の——そして、その環境自体も含めた周囲の世界との関わり方を変えることの——必要性を感じはじめたときにそれを受け入れるなり、その必要性を認識するよう背中を押すなりすることも必要とされる（理想は、おそらくこの両方が起きることだろう）。これが「**解放**」(letting go) である。たとえば、子どもの思春期への移行をサポートせず、いまのままであり続けてほしいと願いすぎる親は、「過剰な保持」を実践しており、子どもの発達を強力に支援しているとは言えない。同じように、社員を同じ役職に長くとどめ、安定感と信頼感のある仕事ぶりにご褒美を与えることにより、社員がいままでと変わらないことを奨励している企業も、社員の発達を適切に支援できていない。

環境が人を「解放」し、その人がいままでのように環境に依存する必要がなく、環境もその人を現状のままであり続けさせる必要がないと明らかになったとき、その人物にとって重要な問いが持ち上がる。「既存の支持的な環境から自分を引き離すと、私はこの環境を完全に失うのか、それとも環境と新しい関係を築けるのか？　つまり、成長した私が受け入れられ、より大きな影響力が認められるような関係を築き直せるのか？」。この問いをきっかけに、その人と環境の間に新しい「保持」のあり方が生まれる。そしてその人は、保持から解放へと進むサイクルに再び乗り出すことになる。「支持的な環境」が、形を変えて「**継続**」(sticking around) していくのだ。

成長することにより関係に終止符が打たれるのではなく、成長を後押しするような長期的関係は、家庭でも職場でも非常に貴重なものだ。人生の継続性と一貫性を維持するために、そうした関係が必要とされる。ときには、成長した自分にふさわしい仕事を求めて、職場を去らざるをえない場合もある。しかし、メンバーが成長を遂げるたびに、職場が成長を受け止められず、環境が「継続」されないとすれば、本人と職場の両方にとって途方もない損失だ。職場は、せっかく社員の発達を後押ししたのに、その恩恵に浴せなくなってしまう。

発達に適した文化を築ければ、「保持」「解放」「継続」のすべてが非常にうまくいく。しかも、特定の発達段階にいる人だけでなく、大人の発達のあらゆる段階にいる人に効果がある。

私たちがＤＤＯの組織文化を「全員のための文化《エブリワン・カルチャー》」と呼ぶ本当の理由は、ここにある。この言葉に込めた意味は、（一部の選ばれたメンバーだけでなく）組織の全員が発達に向けた支援を受けられるということだけではない。**どの発達段階にいる人に対しても試練と支援を提供し、発達を後押しする**という意味だ。あらゆる人の発達を促せるのがＤＤＯの組織文化なのである。

「待ってくれ。これを実現するのはあまりに難しい」と、あなたは思うかもしれない。そのとおりだ。実際、どんなに高度に進化したＤＤＯでも、すべての面でこの理想に到達しているケースはおそらくない。その点は、本書で取り上げた三社も例外でない。人の発達を促す組織も、つねに発達途上の存在なのだ。

それでも、この三社の慣行が目を見張るほど発達指向に貫かれていることは間違いない。第一に、「支持的な環境」に必要な三つの機能（保持、解放、継続）をすべて実践している。そして第二に、大人の発達のあらゆる段階にいるすべての人を対象にしているのだ。

あらゆる発達段階にある人のために

表４－４に示したように、これらの企業の慣行は、一般的な職場では見られないような形で「保持」を実践している。ＤＤＯでは、みずからの弱さを経験することが発達の源泉とされている。しかし、人が弱さをさらけ出すためには、弱さを見せてもコミュニティが自分を受け入れ、排除せず、

尊重してくれると信頼できなくてはならない。弱さを理由に、排除と孤独を感じ、自己評価の低下と恥の意識を経験したことは、誰でもあるだろう。「最もきちんとした自分」とは対極的な状態にありながら、尊重されて受け入れられていると感じられる――私たちは、そのような状態を表現するために「よく守られた弱さ」という言葉を使っている。

人が「よく守られた弱さ」を経験できる機会はあまりに少ない。どのような場でそれを経験したことがあるかと尋ねると、ほとんどの人は、親密な人間関係やセラピーの場、人によっては信仰のコミュニティを挙げる。固い絆で結ばれた部隊の一員として戦闘を経験した人や、真剣にスポーツに取り組むチームのメンバーだった人は、その経験を挙げる場合もある。職場を挙げる人は非常に少ないし、DDO以外ではほとんどいないと言ってもいいだろう。

DDOは、「解放」もほかではあまり見られない形で実践している。「ようやく地に足がつき、いまの役割が快適になりはじめたと思うと、たちまち新しい役割に移される」という声は、三社すべてで聞かれた。刺激を与えられて「故郷を離れる」よう促されるのは、行動の面だけではない。思考の面でも、新しい領域に足を踏み入れることがつねに求められる。

最もよく見られるのは、慣行に背中を押されてものごとを俯瞰できるようになり、狭い視野から広い視野へ、単純な見方から複雑な見方へ移行するパターンだ。たとえば、デキュリオンの脈拍確認の輪はメンバーに対して、自分の課題や役割や成果だけでなく、もっと広い視野から大きく複雑なシステムを見るよう進歩を促す。個々の要素が事業全体のなかでどのような位置を占めているかに注意を向けさせるのだ。同様に、ネクスト・ジャンプのトーキング・パートナーと状況ワークショップ、ブリッジウォーターの根本原因の分析は、フィードバックの送り手に対して、同僚の行動や結果の質（単純な要素）だけでなく、その同僚の決定や結果の多くに共通する要素を見いだす

表4-4

「支持的な環境」としてのDDO

保持 ● 働き手が「よく守られた弱さ」を経験する ● 自分のミスと弱点をさらけ出した働き手が評価される ● 働き手が全人格的に職場に臨むことを歓迎する文化をもっている（職場の人生と職場以外の人生が分断されていない） ● 働き手の全人格を尊重し、その声に耳を傾ける文化をもっている
解放 ● 働き手が絶えずフィードバックを受け取る* ● 働き手が絶えずフィードバックを与える* ● 働き手がつねに違いと向き合う ● 働き手が自分の担当業務外につねに目を向ける ●「ある人にとって最良の仕事とは、まだやり方がわからない仕事である」という文化をもっている
継続 ● 働き手の権限が次第に拡大していくのが当たり前である ● 地位に特権がともなわない（地位が下の人物が上の人物に対してフィードバックをすることが推奨される）

* 絶えずフィードバックを与えたり、受け取ったりすることは、好ましい「保持」も生み出せる。

よう求める。同僚が問題の根底にあるマインドセット（複雑性の高い要素）に気づくのを助けるためだ。

複雑な見方へ移行するとは、より多くの情報（具体的な要素）を処理できるようになることとは違う。目指すべきは、情報をより大きなシステムのなかに位置づけられるようになることだ。目の前の具体的な状況ばかり見るのではなく、一歩うしろに下がって状況を俯瞰し、もっと抽象的で高次の分析をする必要がある。こうした「メタ（高次）」な方向への移行を促す力が強い慣行ほど、人々に現状の発達段階のマインドセットを克服させる力も強い。

これらの企業の発達指向が最もよくあらわれているのは、実践されている慣行があらゆる発達段階の人の成長を促せる点だろう。DDOでは、一つの慣行が人の発達段階によって異なる体験を提供している（表4－5参照）。たとえば、ひっきりなしにフィードバックを受ける経験は、どの発達段階の人にも有益な支援と試練を与えられる。ひっきりなしにフィードバックを与えることなど、ほかの慣行にも同じことが言える。

環境順応型知性への移行過程にある人に求められる成長は、自分の目先の欲求を抑えて、外部のより大きな考え方や人物に従うようになることだ。デキュリオンの映画館で働く思春期のメンバーのなかには、この移行の途上にある人もいるだろう。そういう人は、脈拍確認の輪を通じて、チームや会社が目指すものと自分が目指すものを一致させ、チームや会社の成功に貢献しようという動機をいだくことにより、環境順応型知性への成長を促される場合がある。

一方、フィードバックのやり取りは、人が環境順応型知性を乗り越えて自己主導型知性へ移行する後押しにもなる。自己主導型知性の持ち主は、外部の権威を絶対的存在と考えず、それに従うことを無条件の目標としない。もっと複雑なシステムをはぐくみ、自分の内面で成長していく価値

表4-5

つねにフィードバックを受けることの恩恵

	環境順応型知性	自己主導型知性
支援と承認	フィードバックを受け入れれば（すぐに拒絶せず、耳を傾ければ）、コミュニティの核を成す価値観に正しく従うことを通じて、自分がコミュニティと足並みをそろえて忠実に行動していて、その一員として敬意をもたれていると感じられる。*	フィードバックに耳を傾けることにより、自分の自己防衛反応や悪い行動の引き金になる要因を知り、それをマネジメントすることが可能になる。フィードバックの内容を検討するときは、自分の独立した思考をはたらかせることができる。フィードバックを受け入れれば、自分の思考を修正・改善できる（ただし、同じ枠組みのなかで思考を修正して強化しているにすぎない。大々的な再設計ではなく、設計の修正にとどまる）。一方、フィードバックを拒絶すれば、自分の視点（フィルター）を維持できる。
試練と背伸び	感情的にならずにフィードバックを受け取ることで、その指摘で示された考え方との間に距離を置く（他人の考え方に振り回されたり、全面的に従ったりしない）ことが可能になる。フィードバックの内容を検討することを通じて、それを相対化できる内的判断基準をもっているか（自分なりに評価をくだし、受け入れるか拒絶するかを自分で判断できるか）を問う機会が得られる。ここで、まわりの人たちの期待にそむくリスクを冒して、指摘をはね返すことができるのか？ 「フィードバックに同意しなければ、周囲との間にズレが生じ、コミュニティの価値観に反してしまうのか？」と問いはじめる。**	フィードバックに耳を傾け、その内容を検討することにより、既存の視点、フィルター、「機械」を乗り越える機会を得られる。それまでいだいてきた枠組みを絶対視せず、最初にうちは自我やコントロールの喪失と感じられるような状況に耐え、硬直マインドセットではなく、しなやかマインドセット（つねに能力の向上に励み続ける思考）を強められる。そして、言ってみれば、特定の一つの建物にではなく、建物を設計し直すというプロセスへの帰属意識をいだくようになる。

* 一貫性のある文化の下で好ましいとされる価値観、行動、態度に忠実に行動する（たとえば、高信頼性組織でミスを犯さない、売上重視の職場でつねに契約をまとめるなど）場合は、つねに同様の感覚を味わえる。しかし、このケースがほかと違うのは、従っている価値観や慣行が自分を環境順応型知性の次の段階に引き上げてくれる可能性が高いということだ。

** DDOでは、客観的に見れば、問いの答えは「かならずしもそうとは限らない」となる。しかし、この発達段階にある人自身は、そうした意識はまだ芽生えはじめたばかりだ。

基準との関係のなかに外部の権威を相対化できるようになるのだ。

その点、ブリッジウォーターの社員は、ほかの人の意見を無批判に受け入れることを求められない。前出のロヒットは、アレックスが社外のコンサルタントに頼りすぎていると思うなら、若手社員であってもイシュー・ログで異を唱えることが期待されていた。そのときアレックスは、コンサルタントの活用は入念に設計された手法だと主張し、ロヒットの指摘をかわそうとしたが、自分の手法が好ましいという根拠は示さなかった。共同CEOのジェンセンは、それを「肩書きを振りかざす」姿勢とみなした。主張の根拠となる論理を示していないので、ロヒットがアレックスの主張の是非を判断できない、というのである。

このように、ブリッジウォーターの企業文化は、社員が権威者（自社のリーダーたち）の主張を無批判に受け入れないよう積極的に促している。主張の論理と証拠を知ろうとし、それを自分なりに判断することが期待されているのだ。これは、とくに環境順応型知性の限界にぶつかりはじめた人の発達を促す刺激になる。この面で、同社の慣行は、論理、証拠、信頼性などを基準にほかの人の意見を評価し、さまざまな意見をすり合わせることにより、自分なりの独立した（つまり自己主導型の）結論に到達させることを目指している。

しかし、自己主導型知性の人も、フィードバックを通じて成長を促される場合がある。既存の価値体系を支える仮説と基準が邪魔になり、自分が新しい価値体系を受け入れられずにいることを思い知らされた人は、現状の内発的な価値基準と価値体系を乗り越えるよう背中を押されるのだ。たとえば、デキュリオンのダッシュウッドが受けたフィードバック（本人はのちにそれを「炭鉱のカナリア」と評した）は、彼女が他人のアイデアに賛同していないとき、その場の空気が冷たくなったように感じられるというものだった。このフィードバックを受けたダッシュウッドは、みずからのリーダーシップの指針になってきた固定観念を掘り起こし、それがつねに正しいのかを問い直した。そして、固定観念を検証するための実験と内省を重ねるにつれて（このプロセスについては、第6章で詳しく論じる）、ほかの人の意見や仕事のやり方を受け入れれば、好ましい結果につながるだけでなく、新しいリーダーシップの振るい方に自分自身も深い満足感をいだけることがわかってきた。

以上のように、ＤＤＯでは、同じ慣行がさまざまな異なる発達段階を「保持」したり「解放」したりする機能を果たせるのだ。

すべてを実践に移す

ブリッジウォーター、デキュリオン、ネクスト・ジャンプの日常の職場風景について、本章で見てきたことをまとめておこう。この三社では、慎重に設計された、多種多様な慣行を猛烈なペースで実践することにより、人々がみずからの能力の限界に挑むよう背中を押している。どうして、ＤＤＯではこのような慣行が活力と規律を生み出せるのか？　慣行が職場生活への単なる付け足しに終わらず、効果を発揮できているのは、どうしてなのか？　以下のような理由が考えられるだろう。

- 自己改善をおこない、ほかの人の自己改善を助ける（＝エッジ）ためには、コミュニティによる支援がもたらす安全（＝ホーム）と、実践すべき活動に名前をつけ、その活動を定例化する慣行（＝グルーヴ）が欠かせない。
- 人々に真のリスクをともなう行動を取らせるには、みんなが同じルールの下で同じことに取り組む必要がある。

- 「才能」と「成果」を偏重せず、もっと個人の成長を目指す組織文化を築こうと思えば、つねに練習し続ける取り組みを評価し、それが個人と会社にもたらす恩恵を重く見る文化が形成されなくてはならない。
- 人々は慣行を通じて練習を重ねるうちに、「リスクを背負って自分の弱みをさらけ出しても、とくにひどい結果は振りかからない。たぶん、新しいことを学習できるし、最終的には自分を向上させられるだろう」と感じるようになる。
- ほかの人たちの練習を助けること（＝他者の成長）は、ほかでは味わえない満足感をもたらす。しかもＤＤＯでは、マネジャーやリーダーだけでなく、すべての人がそれを経験できる。

おそらく、あなたは、三社の慣行について自分なりの意見をいだいているだろう。もしかすると、自分も活用できるか試してみたかもしれない。しかし、深く共感したものばかりでなく、思わず尻込みしたものもあったに違いない。抵抗を感じた場合は、こう自分に問いかけてみるといい。「当事者でもないのにそう感じた最大の要因はなんだろう？　自分がそれを実践すれば、なんらかのリスクにさらされると感じたのか？　もし、みんなが一緒に定期的に実践するとすれば、その慣行に対する自分の感じ方は変わるのか？」

一つひとつの慣行は、魔法の杖ではない。それは、成功への処方箋ではないし、これを満たせばうまくいくというチェックリストの類いでもない。それに、慣行はいずれも、どの組織に移植してもすぐに効果を発揮するというものではない。読者には、本書で紹介したさまざまな業種のさまざまな企業で実践されている慣行の共通要素に目を向けてもらいたい。本書で紹介している三つの企業は、研究がかなり進んだ段階で私たちが教えるまで互いのことを知らなかったが、これらの企業の慣行には共通する構造があるのだ。

その共通点とは、表面上の特徴ではない。DDOを築こうとする人は、どうしても目に見えやすい特徴に関心が向きがちだが、対話がペアで実践されるかグループで実践されるか、どのようなペース（毎週や隔週など）で実践されるか、モバイル端末を用いるか会議室のテーブル越しに話すかといったことは重要でない。

本書で紹介された慣行に飛びつき、すぐに職場に導入しようとするのではなく、まずは、それぞれの慣行が「発祥の地」でどのように形成されたかを考えてほしい。いずれの慣行も、実験と試行錯誤を重ねることで確立されていった。その過程では、うまくいかない活動が廃止されたケースもあっただろう。成果が上がりはじめるまでに、長く厳しい対話が必要だったケースもあったかもしれない。

最も重要なのは、日々の仕事で試練と向き合うことにより人が成長できると、リーダーたちが信じていたことだ。人は優れた仕事をしながら、それと並行して自己を改善できると、三社のリーダーたちは思っていた。社員がより質の高い意思決定をおこない、より速く成長し、より難しい仕事に取り組み、より大きな責任を担うようになり、自分のイメージを守るために費やす時間を減らし、本当の仕事をする時間を増やし、協力し合って仕事をする際の効率を高めれば、ビジネスに好ましい影響が及ぶ――リーダーたちは、この点を裏づける現場のデータにつねに注意を払い、それに照らしてアプローチを修正していった。

三社のリーダーたちは、慣行を通じて形づくられる企業文化が「全員のための文化《エブリワン・カルチャー》」であるべきだという点も理解していた。一般社員とリーダーに別々のルールや業務が適用されることはない。そして、社員には、つねに透明性を貫き、弱点をさらけ出し、互いに信頼し合うことを求めている。透明性と信頼性を徹底し、会社とリーダーの意図を明確に示さなければ、慣行は空疎なセレモニーに終わりかねない。社員はクビにならないために慣行に従うだけで、それ以上の効果は生まれないだろう。

三社のような慣行を自社に導入したり、独自の慣行の開発を目指したりする場合は、職場で日常的に慣行を実践することの深い目的を再確認するべきだ。その目的とは、個人や組織の足を引っ張っている固定観念をあぶり出し、それを掘り下げて検討し、乗り越えることである。その目的に照らして、自分の環境や業種において、どのような慣行が必要かを考えてみるといい。日常の仕事のなかでどのような慣行を採用すれば、自分や同僚たちが十分な信頼関係と適切な仕組みの存在を実感し、個人レベルと組織レベルで変革を妨げている障害に安心して向き合えるだろうか？

ＤＤＯの多くの要素がそうであるように、慣行も不変のものではない。細部の微調整やシステム全体の見直しがつねに続く。ＤＤＯは、組織文化の変革に乗り出したばかりの組織に始まり、本書で取り上げた三社のような成熟した組織にいたるまで、すべてが「進化へのプロジェクト」だ。この言葉には、二つの意味がある。一つは、ＤＤＯの構築は終着点のない未完のプロジェクトだという意味だ。第5章で論じるように、ＤＤＯは、ビジネスを成長させ続けるためには、社員が成長し続けなくてはならないという前提に立っている。それに、人が変わり、人々の行動が変わり、ビジネスの機会が変わり、市場や業界の環境が変われば、組織も変わらざるをえない。だから、ＤＤＯ

の構築には終わりがないのだ。

しかし、「進化へのプロジェクト」という言葉には、もう一つの意味がある。ＤＤＯは、つねに進化を実現し続ける性質をもっているのだ。具体的には、ビジネスの成功、個人の可能性の開花、集団レベルの能力の成長を生み出す。本章で論じてきたように、ＤＤＯは、恒常的で徹底的で重層的な慣行をつくり、あらゆる発達段階の人がマインドセットを改めやすい環境を生み出すことにより、そうした進化を牽引している。そのような一貫性のある慣行のシステムを築ければ、社内のどのオフィスや会議室でも、ビジネスを通じて人々が新しいタイプの進化を成し遂げることが可能になるのである。

第5章

営利企業を運営できるのか？
——狭い意味でのビジネス上の価値

発達指向型組織（ＤＤＯ）についてよくある誤解の一つは、こうした組織がビジネスに本気でないのでは、というものだ。百戦錬磨のビジネスパーソンの目には、最上層の幹部たちが自分の年齢の半分ほどの若手社員のために、「人事ごとき の問題」で時間を割いているとしか見えない。最もお手柔らかな感想でも、「素晴らしい思いつきだが、企業の経営方法としてはお粗末だ」といった表現になる。

「こうした組織のリーダーを青臭いと言ったり、この類いの会社をカルトみたいだと揶揄したりする人もいる」と、あるアナリストは私たちに言った。「私はそこまで言わないけれど、プレーしているゲームがまったく違うことは確かです。彼らは、ビジネスパーソンというより教師のような心をもっている。企業という形を借りて高等教育機関や能力開発センターをつくりたいなら、それは結構なこと。健闘をお祈りする。ただし、潤沢な資金なり、放っておいても売れるような商品がなければ苦しくなります。こうしたお遊びにかかる資金を確保する必要があるでしょう。さもないと、たちまち破産しかねません。一人ひとりの社員が自分の真の思いを見いだす手立てとしては素晴らしいとしても、現実的なビジネスのやり方とは言えません」

この問題に関して私たちが最も知りたいのは、「人々の能力をはぐくむことに大きな関心を払いつつ、ビジネスを成功（ここでは旧来の一般的な意味での「成功」のことだ）させることなど可能なのか?」という点ではない。この問いは決着済みだと、私たちは考えている。なにしろ、ブリッジウォーターは、エコノミスト誌により、史上最も投資家の資金を増やしたヘッジファンドと認められており、デキュリオンは、傘下の映画館のスクリーン当たり総収益が北米のどの映画館運営会社よりも高い。ネクスト・ジャンプも、インク誌に「これほど大きな成功を収めている企業は聞いたことがない」と評されている。

DDOがビジネスで成功を収めることは可能なのだ。二〇〇八年、アメリカと世界は、第二次大戦前の大恐慌以降で最悪の経済崩壊を経験した。アナリストや財務アドバイザー、戦略コンサルタントたちは、それほどまでの景気悪化を予測できなかったことを嘆いたり、誰も予測できなかったのだからと自分を慰めたりした。しかし、誰も予測できなかったというのは正しくない。ブリッジウォーターは、事前に警告を発し、その分析どおりに行動して顧客の資産を守ったのだ。

テクノロジー業界では、プログラマーの退職率が平均年四〇%に達する。退職者一人の空席を埋めるだけでも、目に見えるコストと目に見えないコストは測り知れないが、毎年、社員数の半分近くにそのコストが発生するのだ。ネクスト・ジャンプも、完全なDDOに成熟する前の二〇一〇年と一一年の退職率は四〇%に達していたが、いまはそれが一桁まで下がっている（業界平均は四〇%程度のまま変わっていない）。

老人ホーム業界は、政府の規制が多い分野だ。しかし、デキュリオンはもともと業界経験がなかったにもかかわらず、カリフォルニア州の複雑極まる許認可プロセスを乗り切り、ものの数週間で業界参入を実現した。

ＤＤＯがビジネスで成功できるのかという点よりも、興味深い問いがある。これらの企業は、普通とは異なる企業文化に足を引っ張られながらも成功しているのか、それとも、その文化のおかげで成功しているのか？　ＤＤＯであることは、ビジネスの成功に役立っていないのか？　それとも、それが成功に寄与しているのか？　本章ではこの点を論じたい。

ブリッジウォーター、ネクスト・ジャンプ、デキュリオンの三社のリーダーたちは、企業文化がビジネスの成功をもたらしていると確信している。そこで、私たちはあえて懐疑論者の役割を演じ、その根拠を説明するよう求めた。ブリッジウォーターの精神さながらに、こう尋ねたのだ。「あなたがそう信じているのはわかります。でも、本当にそうなのですか？」。Ｘのあとに Ｙが起きた場合、ＸがＹの原因だと思い込むのは、人がよく陥る論理の誤りだ（「前後即因果の誤謬」と呼ばれる）。このケースで言えば、「あなたはこのような文化を築いた。そして、そのあとにビジネスが花開いた。でも、その前後関係をもって、文化がビジネスの成功要因だと結論づけられるのか？」という疑問は残る。もしかすると、ブリッジウォーターが目覚ましい成功を収められたのは、レイ・ダリオが天才投資家だったからにすぎない可能性だってある。

ネクスト・ジャンプは、それまで年間成長率三〇％前後で推移していたが、完全なＤＤＯに移行してから三年続けて年一〇〇％以上の成長率を記録した。同社のリーダーたちは、ＤＤＯになったことが成長を力強く後押ししたと信じている。しかし、その考えには十分な根拠があるのか？　もしかすると、アメリカ経済の景気回復の波に乗っただけなのではないか？

以下で述べるように、私たちはこの点をじっくり考えた末、最終的に三社のリーダーたちと同様の結論に達した。ここでいきなり結論を示されたことで、この先を読む楽しみを奪われたと思う読者もいるかもしれないが、心配は無用だ。まだ披露していない驚きの要素が残されている。これらの企業が特異な文化にもかかわらず成功したというより、そうした文化ゆえに成功した面が大きいという考え方を検討すると、驚くべき結論が浮かび上がってきたのだ。しかし、そのささやかなサプライズは本章の最後に取っておこう。

ネクスト・ジャンプの成功

ネクスト・ジャンプが年間成長率を三〇%から一〇〇%へ、社員の退職率を四〇%から一桁に改善できたのは、DDOを明確に目指してきたおかげだと考える根拠を教えてほしい——チャーリー・キムとミーガン・メッセンジャーにそう強く迫ったとき、すぐには答えが返ってこなかった（慎重な性格のメッセンジャーはともかく、キムが質問に即答できないのは珍しい。本書で述べてきたように、ネクスト・ジャンプの社員はみな、自分が傲慢寄りの人間か、不安寄りの人間かを把握している。キムは、みずからが傲慢寄り、つまり自信過剰なタイプだとあっさり認めるだろう）。

キムとメッセンジャーは私たちの問いに答えるために、自分たちがネクスト・ジャンプをDDOへ導いたというのは具体的にどういうことだったのか、を解きほぐす必要があった。振り返ると、それは革命というより、進化のプロセスだった。その進化が始まったのは、同社のリーダー層が「成熟」し、財務面で目覚ましい成果が上がりはじめた二〇一二年より、ずっと前のことだった。

昔、ネクスト・ジャンプのリーダーシップ研修プログラムの多くは、全社員を対象としていなかった。当時は、まだ「全員のための文化《エブリワン・カルチャー》」を築いていなかったのだ。将来有望と思われる社員を選抜して、キャリアの早い段階でプログラムに参加させていたのである。それでも、そのプログラムを導入したところ、退職率が下がりはじめたと、キムたちは言う。社内からのリーダー登用を

（それまでより速いペースで）目指す方針が社員に浸透したからだ。この成功を受けて、同社はプログラムを全社に拡大させていった。「財務面で成果が上がりはじめたのは、最後でした。財務成績は、文化を変える取り組みの遅行指標です。人を育てるには時間がかかります。一夜で結果が出るものではありません」と、キムは言う。

最も重要だった職場の変化はなんだと思うか？――こう尋ねると、キムたちは二つの点を挙げた。

① 権限を組織階層の下部へ委譲し続けたこと

まずトップの二人が率先し、とくに能力の高い部下に仕事の多くを譲った。キムとメッセンジャーは長年、文字どおり会社を牽引していた。いかにもリーダーらしく、「売上の陣頭指揮官」として事業の全情報を毎週確認し、その結果に即して必要な行動を取っていたのだ。しかし、いまは違う。育成した部下二人に、日々の事業運営を任せている（ちなみに、一人は三三歳、もう一人は二八歳だ。そして、売上は年間数十億ドル単位に達している）。

権限委譲は、二〇一二年に大きく加速した。メッセンジャーが第二子を出産し、ワーキングマザーならではの時間的制約に直面したのがきっかけだった。メッセンジャーは、キムと交わした会話をこう振り返る。「こんなに長い時間働きたくない。子どもたちと過ごす時間をもっと増やしたい」と打ち明けると、キムがこう言ったという。「私は会社を一人で経営したくない。だから、この問題を解決するためには、ほかのみんなにビジネス全体に責任をもってもらう以外にない。もっとリーダーを育てる必要がある」

権限委譲の結果、社員の仕事は見違えるほど難しいものになった。責任の範囲が広くなり、学習と成果の両面で要求が厳しくなったのだ。一方、権限を手放した側は、新しい仕事に取り組む自由を手にできた。上級幹部の時間は、会社にとって最も貴重な資源だ。幹部たちは、新たに得た資源をどのように使ったのか？

②コーチングのあり方を見直したこと

キムとメッセンジャーは、新たに手にした時間の多くをコーチングに割いた。直属の部下にコーチングをしたり、ほかの幹部たちにコーチングの仕方をコーチングしたりすることに力を注ぎはじめたのだ。社内のコーチングのあり方が見直され、それが会社全体のDNAの一部を成すようになった。率直に言って、一般に外部のコーチは顧客の仕事の一部しか知らない。コーチが把握しているのは、顧客が話してくれた一部の側面だけだ。その点、ネクスト・ジャンプでは、誰かをコーチするためには、その人の担当業務を経験し、それを知り尽くしていることが求められる。同社では、コーチングを外部に委託することはない。社員の継続的な学習を徹底して重んじる姿勢の下、社員が仕事と別に学習に取り組むのではなく、学習が実際の仕事に深く組み込まれているのだ。

ビジネスと学校

本書の著者であるキーガンとレイヒーはビジネスやマネジメントの仕事をしているわけではなく、教育大学院に勤務し、学習や学校のあり方を研究して、教育の質を高める方法を日々考えている。そんな私たちにとって、ネクスト・ジャンプが実行した二つの変化の方向性はなじみのあるものだった。

学校教育を構成する二つの柱は、カリキュラム（＝なにを学ばせるか？）と教育法（＝どのように教えるか？）だ。このいずれかを微調整するだけでも、学習の性格と深さと質が変わってくるが、学習のあり方を大きく改めたければ、この両方を根本から変えなくてはならない。同じことは、職場の学習にも言える。ネクスト・ジャンプも、カリキュラムと教育法の両方を大きく変えた。同社では、権限を組織階層の下部へ委譲し続けるようにした結果、社員の責任の範囲が量的に拡大し続けるだけでなく、仕事の難度が質的に高まり続けるようになった。こうして、カリキュラムの難度を継続的に高めているのだ。

しかし、質的に難度の高いカリキュラムを課すなら、学習者への教育上の支援のあり方も質的に変えなくてはならない。なにしろ、社員はまだうまくできない仕事を課されるのだ（このようなことは、普通の職場ではありえないかもしれないが、学校ならある学年のカリキュラムをすべて習得した人が同じ学年を繰り返すことはない）。

ネクスト・ジャンプでは、社員が現在の役職の仕事をうまくできないという前提で、その役職にふさわしく成長するのを助けるために教育素材を提供している。具体的には、コーチング活動を現場リーダーの職務に組み込むことにより（前述のように、ある仕事を実際に経験した人物がコーチ役を務める）、教育の起点と信憑性と質を大きく変えている。こうして、同社は職場における教育法も根本から変えたのだ。

退職率と生産性の改善

ネクスト・ジャンプの取り組みのエッセンスは、ご理解いただけただろう。しかし、それが退職率と生産性の改善に直接的な影響を与えたと、どうして判断できるのか？

まず、退職率を見てみよう。ネクスト・ジャンプの社員に、この会社で働くことのなにが好きかと尋ねると、とくに多いコメントは次の二つだ（この点は、デキュリオンやブリッジウォーターの社員たちも同じだ）。「よその会社なら何年も待たないとやらせてもらえない仕事ができることです」というものと、「この会社で働くことの最も好きな点は、最も嫌な点と同じです。ある仕事をマスターできそうになると、別の仕事を与えられる。そして、また右も左もわからなくなるんです。ああもう……」というものだ。

率直な言葉だ。この二つ目の答えについては、少し考えてみる価値がある。ここには、人が誰でも抱えている緊張関係が浮き彫りになっているからだ。人はみな、進歩への欲求と現状維持への欲求の両方を内面にもっている。社員にはその人が習熟している仕事をさせ続け、質の高い成果を安定的に生み出すことを評価する職場は、現状維持の方向でこの緊張関係を解決したい人に向いている。こうした指向をもつことが悪いわけではない。問題は、普通の企業が（イノベーションと起業家精神の重要性を強調している企業も含めて）現状維持に傾きすぎる結果、社員がみずからの本当の指向を見いだす機会を奪ってしまっているケースが多いことだ。

ＤＤＯで働く人たちが職場のあり方に悪態をつきながらも、そういう職場が好きだと言うのは、現状維持の誘惑を感じつつも、それより価値あるものを得られていると思っているからだ。ＤＤＯで働く人は、安定を奪われ、多くの混乱を経験する。地位、確実性、予測可能性、コントロールが恒久的に約束されることはない。このような環境の刺激が強すぎると感じるときは、誰にでもある。しかし、すでに習熟した仕事を安定的に実行し続けることが望まれる環境に身を置いていると、自分が惰性に流されていると思えてくる場合が多い。もっと好ましい選択肢があるのではないかと不安になってくるのだ。正直な人なら、ときどきＤＤＯでの日々をつらく感じると打ち明けるだろう。

それでも、ＤＤＯでの職場生活を経験した人の多くは、(たまにうらやましく感じることがあっても)一般的な職場にずっと身を置きたいとは思わない。

そうした思いは、どのくらい強力なものなのか？　一般的な職場がはるかに高い給料や充実した福利厚生制度を提示しても、それは変わらないのか？　テクノロジー業界では、引く手あまたの人材にかなり手厚い待遇が与えられることが珍しくない。もしそのような好待遇で移籍を誘われても、ネクスト・ジャンプの人たちの気持ちは変わらないのか？　同社では、毎年一〇人程度の新卒枠に対して数千人の応募がある。採用されるのは、マサチューセッツ工科大学（ＭＩＴ）、カーネギー・メロン大学、ジョージア工科大学などの優秀な学生が多い。こうした学生たちは、就職市場で引っ張りだこな人たちだ。ＤＤＯで感じる重圧が自分の好みに合わなければ、苦もなく転職できるだろう。キムとメッセンジャーによれば、同社の社員のなかには、毎週のように真剣な引き抜きを受けている人も少なくない。

二〇一〇年、ネクスト・ジャンプがエンジニアにとってアメリカ東海岸で人気の就職先になりはじめた頃、同社では社員の退職率が跳ね上がっていた。当時のテクノロジー業界ではエンジニアの人材不足が深刻で(その状況は現在も変わっていない)、ほかの企業にとっては、優秀なエンジニアが集まっているネクスト・ジャンプから引き抜くことが最も手っ取り早く、最良の人材調達方法だったのだ。同社を出ていく社員は、すぐにもっと給料のいい就職先を見つけられた。給料が一挙に二倍や三倍になるケースも多かった。

しかし二〇一二年以降、ネクスト・ジャンプは完全なＤＤＯへと成熟し、いまでは他社に移るエンジニアはほとんどいない。ＤＤＯに移行する前と違って、エンジニアたちは、上司が次々と権限を譲ってくれると感じられるようになっている。ＤＤＯであることが退職率の低下をもたらしたとは断言できないが、それは説得力のある仮説に思える。

誰だって、最も多くの所得が手に入る職場で働きたい。ただし、ひとくちに「所得」と言ってもさまざまな種類がある。外的な要素に関わる所得もあれば、内的な要素に関わる所得もある。金銭的な所得もあれば、みずからの可能性を開花させる機会という所得もある。ほとんどの人はすべてのタイプの所得に価値を見いだしているが、優先順位のつけ方は人それぞれだ。

ＤＤＯに移行したこと以外に、ネクスト・ジャンプの退職率が急激に改善した理由を説明できる要因はあるのか？　引き抜きの誘いが急になくなったわけではないし、同社が給料を引き上げたわけでもない。ましてや、社員にスポーツカーを貸し出しはじめたわけでもない。この時期、同社が大きく変えたこと、それは、個人の内側から生まれる内面の所得を増やしたことだった。すると、そのことが採用プロセスで明らかに好ましい結果を生み、この種の所得に大きな価値を感じる人たちが集まってくるようになった。ＤＤＯに移行したことと、そのような職場に満足感をいだける人を採用するのが上手になったこと――同社が退職率の問題を解決できた要因としては、この二つの組み合わせが最も説得力ある説明に思える。[1]

一方、ネクスト・ジャンプがカリキュラムと教育法を変更したことと、生産性の向上との間に直線的な関係を見いだすことは、もっとたやすい。同社の生産性は、売上を生み出せるプロジェクトをどれだけ立ち上げ、それをどのくらいうまく主導できるかと直結しているからだ。

よい学校であること

ネクスト・ジャンプはＤＤＯに移行することにより、職場を「キャプテン輩出マシン」に転換させたと言ってもいい。大勢のエンジニアが働く同社でリーダーたちが最も誇りにしているエンジニアリング上の業績は、キャプテンを生み出す仕組みをつくったことなのだ。

同社は、キャプテンを育てるために、より多くの人にプロジェクトを主導する機会を与えているだけではない。つねにコーチングとメンタリングを提供し、一人ひとりの状況に応じた教育環境を整えることにより、その人物がキャプテンとして成功する確率を高めている。そのコーチングを充実したものにするために、過去に同じ仕事を経験した人物にコーチを担当させることにした。また、社内の人物にコーチを任せ、権限委譲によってコーチングの時間を捻出することにより、教育のための活動を予算面で持続可能なものにできている。要するに、(a)より多くのキャプテンが、(b)より多くのビジネス上のプロジェクトに、(c)持続可能性のある支援体制の下で取り組む結果、(d)生産性が飛躍的に向上する、という図式が成立しているのかもしれない。

言うまでもなく、退職率の下落も生産性の向上をもたらす要因になる。キャプテンは、一朝一夕では育たない。優秀な人材を大勢失い続ければ、社員が職場で学習する期間が足りなくなり、生産性の向上に貢献できなくなる。

ネクスト・ジャンプが学校の基本的な性格を職場に持ち込んでいるのは、特異なことではない。DDOに限らず、あらゆる職場は学校的な性格をもっている。問題は、率直に言って大半の職場がよい学校ではないことだ。

職場が学校としてお粗末なのは、たいてい同じカリキュラムを繰り返し学ぶ仕組みになっていることが原因だ。とくに、成熟企業にはそういうケースが多い。このような職場で働く人は、失敗への不安を感じることがない半面、次の段階に昇格することもない。自分の安定性と信頼性が評価されていると感じ、それにより報酬を手にできると思っている。

一方、新興企業や、成熟企業でも全社的な転換期にある会社では、これとは逆の理由で職場が学校としてうまく機能しないケースもある。極度に難しいカリキュラムを課すばかりで、質の高い支援体制を十分に提供できていないため、社員がカリキュラムをマスターできないのだ。

理由はともかく、大半の組織はお粗末な学校でしかない。そのような組織のリーダーたちは、こう反論するかもしれない。「よい学校になれているかには関心がない。私たちの組織は、そんなことのために存在しているわけではないのだから。私たちの関心事、それはビジネスの成功だけだ」。このような考え方でも通用するのかもしれない。ただし、不安定さ（Volatility）、不確実さ（Uncertainty）、複雑さ（Complexity）、曖昧さ（Ambiguity）を特徴とする「ＶＵＣＡ」の世界でビジネスを成功させるために、本書で言う「よい学校」であることが不可欠でないという前提に立てばの話だが……。

会社がよい学校であることには、どのくらい大きな価値があるのか？　ネクスト・ジャンプはＤＤＯに移行した際、職場での学習カリキュラムと教育法を改め、権限を組織階層の下部へ委譲し、社員がより複雑な仕事をマスターできるように体系的な支援を提供した。それが会社に直接的な恩恵をもたらした可能性がある。これは、ネクスト・ジャンプに限った現象ではなさそうだ。デキュリオンやブリッジウォーターの社員がここまでの記述を読めば、こう思うだろう――「私たちの会社と同じだ！」。権限を下層に委譲することと、社員が職場生活の変化に対応するための支援を提供すること、この二つの要素が職場の礎石になっているのは、ネクスト・ジャンプだけではないのだ。これらの要素が三社すべてで強力な存在感をもっていることを考えると、それはＤＤＯの核を成す要素と見てよさそうだ。

ブリッジウォーターの成功

ブリッジウォーターのグレッグ・ジェンセン共同CEOは、本章の問いに対して、これ以上なく明確な答えを述べている。「企業文化がビジネスの成功に貢献しているとは思っていません。文化がビジネスの成功に寄与しているとは思っていないのです。文字どおりの意味で、文化が成功の原因だと思っています。私たちは、このような文化をもっているからこそ成功できている。企業文化は、ビジネス戦略そのものなのです。それに尽きます」

ブリッジウォーターの企業文化では、いかなる考え方も鵜呑みにしないことに重きが置かれる。その精神にのっとり、ジェンセンは「文化が成功の原因」という考え方の根拠も丁寧に検討した。まず、資産運用ビジネスで成功するために、なにが必要かを考えることから出発した。「第一に、市場平均を上回る成績を上げるためには、独立した思考をもっていなくてはなりません。一般的なコンセンサスは、すでに相場に織り込まれているからです」と、ジェンセンは言う。「第二に、ものごとの本質を見抜く力も必要です。そうでないと、せっかくの独立した視点が価値をもちません。第三に、自分が間違いを犯したときに、それを認められる謙虚さも求められます。誰でも間違いを犯すことが避けられないからです。そして第四に、長い目で見ておおよそ正確な判断をくだせることも必要とされます」

ジェンセンは、自社の企業文化がこれらの要素を直接生み出していると考えている。

ほかの誰かの考え方に基づいたものだったり、誰かの考え方に反応したものだったりしない、真の独立した思考に到達するには、どうすればいいのか？　間違えるより、正しい結論を見いだせるときが多くなるようにするには、どうすればいいのか？　成功に足をすくわれないように、成功したときに謙虚であり続けるためには、どうすればいいのか？　私たちが利回りや運用資産額に関して世界で最も成功している資産運用会社であることは、独立した思考、洞察の深さ、判断の正確さ、謙虚さの賜物だと思っています。

　では、これらの要素は、どのようにして生み出されているのでしょう？　私たちが先鞭をつけた取り組みの数々を見てみると、すべての原点は、ある考え方が本当に正しいか問い直す姿勢、純粋に質の高いアイデアを評価する姿勢、ものごとの最善のやり方を話し合う姿勢、ほかの人たちがもっていないアイデアを見いだそうとする姿勢にあるように思えます。私たちは、人間の直感的判断を体系化し、分析指標のアルファ値とベータ値を分離した最初の投資会社でもあります。機関投資家向けの「ピュア・アルファ」というファンドをつくったのです。機関投資家がアルファにアクセスするには、それが最良の方法でした。「全天候型《オールウェザー》」のアプローチでパッシブ運用のポートフォリオのあり方を一変させたのも私たちです。いずれも、私たち以前には存在しませんでした。ブリッジウォーターのなかでも、これらを自分一人で生み出せた人はいなかったでしょう。純粋に質の高いアイデアを評価する姿勢がそれを可能にしたのです。この方針を徹底したことにより、ほかの大勢の人たちがやっているのとは、まったく違うやり方を実践できたのです。

社員と顧客の維持率を改善する

ＤＤＯ的な組織文化を築くためには、人材を長期間つなぎとめることが不可欠だ。ブリッジウォーターの場合、前述したように、最初の二年間の厳しい試練を乗り切れば、会社を去る人はほとんどいない。
好ましい人材の退職率が低いことは好材料だが、それは本当に企業文化の賜物なのか？　ジェンセンは言う。「このような企業文化がなければ、そして全面的に正直に行動する人間同士の関係がなければ、この数字は実現できなかったでしょう」

これは、私自身の経験からも言えることです。ブリッジウォーターに入社したとき、二〇年も勤め続けることになるとは夢にも思っていませんでした。私がこの会社で働き続けている理由は、全面的な正直さがつくり出す人間関係の下、フィードバックによって成長を遂げ、自分の弱点をことごとく突きつけられ、内省を通じて進歩できるという点にあります。これはあくまでも私個人の例ですが、私たちは二カ月ごとに社員の調査をおこない、年に一回は匿名の調査も実施しています。それによると、社員の圧倒的大多数は、この会社で働き続けている最も大きな理由は企業文化だと答えています。

ヘッジファンドのような専門サービス企業の成功を最も左右するのは、顧客と質の高い関係を築けるかどうかだ。その点、ブリッジウォーターは、多くの顧客との間に質の高い関係を築けていることを誇りにしている。ジェンセンによれば、これも企業文化の直接の産物だという。

ほかの企業とまったく違うのは、顧客に戦略パートナーとみなされている点です。企業イメージについて顧客調査を実施すると、半分以上の顧客は、私たちを「ヘッジファンド」や

「資産運用会社」と呼びません。「戦略パートナー」と呼ぶのです。この業界では非常に斬新なことです。資産運用会社と顧客の関係は、概してギブ・アンド・テイクの関係になります。顧客が資産運用会社に依頼して最良の運用成績を実現させようとし、運用手数料を交渉して……といった具合です。両者が深い信頼関係で結ばれることは、ほとんどありません。

このような関係を築けている理由を問われたジェンセンが真っ先に挙げた要因は、優れた運用成績ではなく、企業文化だった。「二〇年にわたり、企業文化に則して顧客と接してきたことが要因です。全面的に正直に振る舞い、ほかの誰にもないアイデアを提供します。商品を売るという観点ではなく、ものごとを成し遂げる最善の方法はなにかという観点で考える。そして、そのアイデアを実行するために顧客と協力し、アドバイザー役になってもらって戦略パートナーとしての関係を築きます。このような姿勢はすべて、ブリッジウォーターの社内の文化から派生したものです。それを社外に対して適用したのです」

ブリッジウォーターに関して本章のテーマを論じる際に、忘れてはならない偉業がある。大恐慌以来最悪の経済危機の真っただ中にあった二〇〇八年、個人や企業や国家が相場の崩壊に痛めつけられていたとき、ブリッジウォーターは九・四％の運用利回りを達成したのだ。損失を最小限に抑えるだけでも立派だった時期に、顧客のために利益を上げたのである。数年間続いた景気後退期を通じて、同社がおこなった売買の八〇％は儲けを出した。しかも、CEOのレイ・ダリオは何年も前から、差し迫る危機について公の場で警鐘を鳴らしていた。

この会社が際立った強みをもっていることは間違いない。しかし、DDOであることが成功をもたらしたと、本当に言えるのか？　ダリオとジェンセンは、強い確信が大きく間違っている場合があるという信念をもっている。誰も真実が見えていなかったときに真実が見えていたと、しばしば称えられるが、彼らがものごとを見通す力を誇ることはない。自分たちも、必要な知識がなかったり、間違った判断をしたりする場合があると、いつも肝に銘じるべきだと思っている。そして、この点が自分たちの知っている最も重要な知恵かもしれないと、つねに自分たちに言い聞かせている。「私は毎日失敗している」と題した電子メールを全社に送ったこともあるダリオに言わせれば、経済危機のなかで成功できた要因は、同社の企業文化を形づくっている要因と重なるという。その電子メールに、以下の一節がある。

このような成果は、ブリッジウォーターの流儀の賜物です。とくに、なにが真実かについて、独立した視点で掘り下げて検討したことにより、市場で資金の引き揚げが起きつつあると気づくことができました。徹底した検討に基づいて、一般の共通認識とは異なる見解に到達できたのです。[2]

ジェンセンは、経済危機を予測したことを大したこととは思っていない。止まった時計でも一日に二回は正しい時刻を表示するように、誰かはかならず正しい予測を示せると思っているようだ。予測を的中させるより重要なのは、予測が当たっても外れてもいいように準備することだ。ジェンセンが思うに、同社の本当に素晴らしかった点はそこにある。そして、それができたのは、総じて企業文化のおかげだという。

なぜ、私たちはこれほど大規模な金融危機に対処できたのか？　社内のプリンシパルの誰一人として経験がない状況で、どうして資金運用を成功させられたのか？　私たちは、間違っているかもしれない点を精査し、正しいと思うことを文章に記し、考えていることをすべて厳しく検証し、過去の経験にとらわれないようにし、大恐慌や日本のバブル崩壊の教訓も学びました。そうしたことをつねに繰り返していれば、実際に金融危機が起きた場合にどう対応すべきかを考えるようになるのです。危機を乗り切る過程では、多くの間違いも犯したし、多くの点で判断を誤っていたことにも気づかされました。私たちはその経験から学習し、理解を深めていきました。そうやって、自分たちのモデルに改良を加え続けたのです。

あらゆる因果関係の法則を徹底的に分析して検証すれば、万事うまくいく、という単純な話ではない。それだけでは、ブリッジウォーターで言う「掘り下げ」の作業の半分しかしたことにならない。その点は、金融機関の融資パターンを論じる場合も、ある社員が三期連続で締め切りに遅れた原因を論じる場合も同じだ。脳科学への関心が深く、多くの文献を読み漁ってきたダリオは、ものごとを検討するとき、脳の新皮質（分析的思考を担う領域）だけでなく、扁桃体（より原始的な反射的反応を担う領域）の作用にも目を向ける。心理学者のダニエル・カーネマンが言うところの「遅い思考」と「速い思考」の関係を見るのだ。[3]

人は、損失回避（地位や支配力、予測可能性、さらには愛情や尊敬などを失うことを恐れる性質）の傾向ゆえに認識の歪みに陥り、判断が曇らされる結果、部下のマネジメントや投資資金のマネジメントで好ましい成果を上げられなくなることがある。ブリッジウォーターの企業文化の下では、あらゆる状況において、人が本当にマネジメントすべき対象は一つしかない。その対象とは自分自身だ。私たちがブリッジウォーターを訪ねた初日、社員の一人に自分の仕事と企業文化の関係を尋ねると、こんな言葉が返ってきた。「企業文化は、私の仕事の仕方に関わる一要素ではありません。それは、私が仕事をする環境そのものなのです。その企業文化の下、毎朝起きたとき、自分がなにを改善しようとしているのかをきわめて明確に理解できています。その対象とは自分自身です」

失敗を認め、難しい状況を乗り切るためには、謙虚さが不可欠だと、ジェンセンは言う。ここで言う「謙虚さ」がどのようなものかは、ブリッジウォーターがいまだに達成できていない課題によくあらわれている。二〇〇九年、レイ・ダリオは、ＣＥＯ職を誰かに譲りたいという意向を表明した。ブリッジウォーターの際立った成功は、創業者のダリオあってこそのものだ。そのダリオが去ったあと、どうやって成功を維持すればいいのか？　これは、同社にとって切実な問題だ。歴史の浅い会社では、形こそ違っても同様の問題が持ち上がることが多い。「非常に手ごわい試練になるでしょう」と、ジェンセンは言う。「突破できるという確信はありません」

きわめて独特な文化をつくり上げた人物がいなくなったあと、その文化を存続させることは、どのくらい可能なのか？　文化を永久に機能させるようにしたい、それがレイの最後の大方針です。もちろん、学習と改善を続ければ、人々の考えは変わります。永遠に変わらないなどということはありえない。それでも、ものごとを学ぶプロセス——個人レベルと集団レベルで正しい判断と誤った判断にいたった過程を徹底的に掘り下げることや、あくまでも質を基準にアイデアを評価することなど——は、ずっと維持したい。私たちはいま、一〇年計画の六年目です。これまでの道は、平坦ではありませんでした。うまく進んでいないのは、私も含めたリーダー層の行動がなかなか目標水準に達しないからです。

この課題に関しては、企業文化が成功をもたらしたとはまだ言えない。それでも、ほかの多くの企業と違って、この問題でも企業文化を重んじる方針を採っていることは確かだ。ジェンセンをはじめとするリーダー層は、役割を引き継ぐための戦略としてどのように文化を用いているのか?

私たちは、この取り組みを徹底的な透明性の下で推し進めています。私たちが苦闘していることは、社内の誰もが知っているのです。非常にオープンで、思いやりがあり、透明性が高く、論理的な過程を通じて、私たちは前進しています。コミュニティ全体が経営の継承プロセスの全容を見てフィードバックするというのは、珍しいやり方なのでしょう。こうした方法で創業者から次世代への引き継ぎを目指すのは、おそらくあまり例がない。それでも私たちは、一〇年かけて交代を完了させると宣言し、それが簡単でないことを承知の上で、完全にオープンで透明な場で悪戦苦闘することにしたのです。結果が明らかになるのは、まだ先です。私たちの文化と方法論があらゆる問題を解決できると言うつもりはありません。うまくいかない可能性もある。それでも、たとえ成功しなくても、オープンに、透明に、論理的に失敗することができます。企業文化を経営戦略と位置づけ、あらゆることにそれを適用するという原則は、これにより貫かれるのです。この原則の貫徹に関しては、経営者の継承も例外扱いはしません。

六年間というのは、けっして短い時間ではない。現時点でどのくらい成功していると、自己評価しているのか?　私たちはジェンセンに、この点を尋ねてみた。

目を見張るような学習の日々でした。その意味では、すでに成果が上がっているとも言えます。この途方もなく手ごわい課題に対して、透明性と論理を重んじて取り組む結果、私たちはみな、驚くほど多くのことを学んでいるのです。私たちはお互いについて学び、企業文化と会社に関してなにが有効で、なにが有効でないかも学んでいます。この面では、大成功と言えるでしょう。非常に有意義な活動を実践し、素晴らしい学習ができたのですから。それに、ほとんどの幹部は、自分が一連のプロセスに深く関わっていると感じ、強い当事者意識をもっています。意義深い活動の恩恵も実感しているでしょう。

しかし、本章の冒頭の話とも関係してくるが、ブリッジウォーターは学校ではない。ジェンセンは言う。

もちろん、学習することだけを目的にしているわけではありません。確かに、ここで働いている人のほとんどにとって、生きる目的は学ぶこと。だから、学習を追求すること自体は好ましいことですが、それだけを目指してはおらず、ビジネス上の成果も重んじています。二〇年後、三〇年後になっても、これまでの成功要因である独自性を維持できているのか？　この点に関しては、「六年が経過した時点で素晴らしい成果を上げてはいるけれど、成功の確率はまだ十分に高まっていない」と言わざるをえません。私やほかのリーダーたちは、要求される役割をすべて果たせるようになっておらず、まだ弱点があり、それを克服できていないのです。埋めなくてはならないギャップが残っています。いくつか足りない要素があるのです。こうした点を考えると、二〇年後に独自の文化を維持できている確率は、ざっと四〇％というところでしょう。満足できる数字ではありません。でも、六年前に始めたとき、確率はほぼゼロでした。六年で数字をゼロから四〇%まで引き上げたことになります。いまは、それを六〇%に近づけるために奮闘しています。

読者のみなさんもお気づきかもしれないが、ジェンセンはリーダーシップの継承に向けて努力してきた六年間を総括するにあたり、会社の業績にはいっさい言及していない。ウォール街関係者なら、運用利回りを見て、ダリオが舵取り役でなくなっても会社がやっていけそうかを見極めようとするところだ。

ブリッジウォーターはこの六年間、あらゆるビジネス上の指標に照らして目覚ましい成果を上げてきた。ヘッジファンドにとっては厳しい経済状況が続いてきたにもかかわらず、である。利益、利回り、顧客満足に関しては、「過去にないくらい良好な成績」を上げていると、ジェンセンは言う。しかし、人々の目を奪っている輝かしい指標の数々には心動かされていないようだ。

確かに、そうした数字は重視していません。誤解がないように言うと、二〇年後も会社が存続し、十分に成功している可能性はかなり高いと思います。けれども、私たちはそれを目指しているわけではありません。私たちの目標は、ありきたりの会社ではなく、ユニークで発明精神のある会社であり続けることです。過去の評判で食べている平凡な投資会社にはなりたくない。[目先のビジネス上の]成果は重んじません。数字は、会社の状況を先取りする先行指標ではなく、遅行指標にすぎないと思っているからです。

ジェンセンにとって、文化は、リーダーシップ継承の手段ないし戦略であると同時に、継承を成功させる目的でもあるのだ。たとえ文化抜きに会社が存続できたとしても、勝利とは感じられない。一方、文化が成功の原因だという確信もいだいているので、文化抜きにビジネスが成功するとも思っていない。要するに、ジェンセンとダリオは、デキュリオンとネクスト・ジャンプのリーダーたちと同様、文化とビジネスが一体のもので、互いに依存する関係にあり、両方が手段でもあり目的でもあると考えているのだ。

「文化と利益がトレードオフの関係にあるように思えるときは、いつも文化を優先させています」と、ジェンセンは言う。以前、狭義のビジネス上の観点からは飛び抜けた成績を上げていた社員を泣く泣く解雇したことがあったという。「顧客対応を担当していた人物です。素晴らしい人材でした。顧客にも愛されていました。問題は、彼が築こうとしている場が私たちとは違ったことです。そうなると、難しい選択を突きつけられます。利益とビジネス上の指標を優先するのか、それとも文化を優先するのかという選択です。でも、つねに文化を優先させなければ、うまくいかないと思うのです。文化を半分だけ徹底するなどということは不可能だからです」

現代トルコ建国の父ケマル・アタテュルクの言葉にもあるように、ある種の変革は、一〇〇％実行するか、まったく実行しないかのどちらかしかない。車道を右側通行から左側通行に変える場合などがそうだ。ジェンセンは言う。「誰かが半分だけ企業文化を実践しているとしましょう。その場合、周囲の人間はつねに疑念をいだくことになります。『いまは、真実を語っていない時間なのではないか？』と。この事態を避けるために、文化は結果に寄与する一要素ではなく、結果を生む原因そのものなのだと強調することが重要なのです。なにかをいくつかの要素のうちの一つと位置づけると、おのずとほかの要素とのバランスを考えるようになります。そうすると、道をはずれてしまうと思うのです。〔文化を一〇〇％実践することを貫くと〕会社を去らざるをえない人が出てくるとすれば、それはつらいことです。その試練を乗り切る方法を見つける必要があります。それでも、その決断をしなければ、文化を犠牲にし、文化からずるずると離れていく結果、大きな代償を払う羽目になります。その代償は、目先の利益では埋め合わせられないくらい大きい。融通が利かないと思うかもしれませんが、こうした決断は避けて通れないことなのです」

このように、ブリッジウォーターでは文化がつねに優先される。しかし、文化が利益より重視されているわけではない。利益は、人間にとっての酸素のように、会社を存続させるために必要不可欠なものと位置づけられている。文化が優先されるのは、そうすることが利益につながると考えられているからだ。顧客対応のスーパースター社員を解雇したのは、文化が利益より重んじられているからではなく、目先の利益より重んじられているからなのだろう。ジェンセンもこの見方に同意している。「利益は蜃気楼に似ています。目の前の利益を追いかけると、命を落としかねません。文化は成功をもたらし、成功は文化へのさらなる投資を可能にします。好ましい循環が生まれるのです。両者は一体のものなのです」（後述するように、デキュリオンの文化には、この点がさらによくあらわれている）。

ブリッジウォーターは、本章の主題である問い——DDOであることは、ビジネスの成功と共存できるのか？　成功に貢献できるのか？　成功の原因になれるのか？——に、別の角度からアプローチする機会も与えてくれた。私たちの友人のなかに、同社への移籍を決めた人物がいた。世界的な戦略コンサルティング会社のシニアパートナーを務めていて、年収は数百万ドルにのぼり、同僚たちの評価も高い男性だ。その友人に、どこが魅力だったのかと尋ねてみた。

友人が挙げた理由は、企業文化とはまったく無関係だった。むしろ、文化のことは、我慢しなくてはならない試練と受け止めていたようだ。この友人は、二〇年にわたりプロとしてさまざまな企業の内情を深く知ってきた。期せずして、世界中の複雑な企業の経営手法を評価するエキスパートになっていたのだ。そのような人物のブリッジウォーター評には、耳を傾ける価値があるだろう。友人は同社の魅力について、こう言っている――「これほどうまくマネジメントされている企業は見たことがない」と。

組織に蔓延する二つの問題に対処する

ＤＤＯであることがどうして狭義のビジネス上の成果を高めるのか、という問いの答えは、ＤＤＯだけ見ていてもよくわからない可能性がある。その問いの答えは、ＤＤＯでなにが起こらないかという点に関係しているかもしれないからだ。そうした要素のいくつかは、一般的な組織と比較してはじめてはっきり見えてくる。

一般的な組織で働く人を悩ます典型的な障害や停滞について考えてみよう。ほとんどの人は諦めの境地に達していて、他人と仕事をする以上、そうした問題は避けて通れないと思っている。そして「ああ、またか」「同じことの繰り返しだ」「相変わらず散々だ」とため息をつく。

しかし、そうした障害や停滞を生む原因は、ＤＤＯの環境ではたいてい長く存続しない。ブリッジウォーターが徹底的な透明性を追求していることも、障害や停滞を長続きさせない環境をつくり出している要素の一つだ。また、同社では、ごく一部の勇気ある個人だけでなくシステム全体が失敗と向き合い、失敗した本人と組織の両方にとって生産的な結果につながるようになっている。この点も、一般的な組織との大きな違いだ。

以下では、一般的な組織に蔓延する二つの問題について考えてみたい。この二つの問題は、ほぼあらゆる組織で日々、ビジネスの成果を蝕んでいる。一つは、本書のほぼすべての章で取り上げてきた問題だ。それは、誰もが自分の弱点と不安と限界を隠すという「もう一つの仕事」に、言い換えれば、自分に対して他人がいだくイメージをマネジメントするために時間を費やしていることである。この問題は、会社にどのようなコストをもたらしているのか？

企業は、業務の「休止時間」が生み出すコストには神経を尖らせる。社員が病欠したり、勤務時間中にインターネットを見てサボったりする時間のことだ。そのコストの大きさをよく知っている企業は、社員の健康維持やエンゲージメントの増進に向けて莫大な投資をしている。

しかし、社員が日々つねに、自分の弱点を隠し、自分をよく見せるために集中力を割いていることのコストは、あまり知られていない。そのエネルギーを会社のために振り向けたら、どうなるだろう？　社員が不要な「もう一つの仕事」をせずに済むようにできたら？　社員が本来の仕事にすべての時間を割くようになったら？　こうしたことが実現すれば、会社の成果は目を見張るほど高まるだろう。

成功しているDDOは、それを実践している。そのような組織では、社員が「知っていること」や「できること」だけでなく、「知らないこと」や「できないこと」をさらけ出した社員が称賛される。ブリッジウォーターでは、許されない誤ちは一つしかない。それは、自分の誤ちを認めないことだ。同社では、一日の終わりに、その日うまくいかなかったことをすべて「イシュー・ログ（問題の記録）」に記すことが義務づけられている。その人の汚点のカタログをつくり、のちに解雇したり、ボーナスを減額したりするための証拠を残そうというのではない。イシュー・ログの記載は、本人と同僚たちに学習と成長の機会を与えるための生きた教材になる（「カリキュラム」という言い方と呼んでもいいだろう)。

弱点を隠すのではなく、本当の仕事にエネルギーを注入するという考え方は、スピリチュアルな空想ではない。そのような職場にいる人は、それをはっきり実感できる。デキュリオンやブリッジウォーターやネクスト・ジャンプで一週間、せめて数日間でも過ごした人は、いわば時間の「圧縮現象」を経験する。デキュリオンの人々は、それを「デキュリオン・タイム」という言葉で表現する。三社で働く人たちはことごとく、「一日が一週間のように濃密だ」と言う。一日の間に、個人の内面と外面で非常に多くのことが起きるのだ。

一般的な組織に蔓延するもう一つの問題は、同僚同士の陰口だ。そうした行為が職場の信頼感を蝕んでいる。著者のキーガンとレイヒーは二〇年ほど前、『あの人はなぜウンと言わないのか』(邦訳・朝日新聞社)という著書を出版した。その本では、次のような問いに光を当てた——もし、誰もが陰口のような行為をプロフェッショナルらしくないと考えていて、しかも誰もがプロフェッショナルらしくありたいと思っているとすれば、どうしてみんながそのように振る舞える職場文化を築かないのか? どうして、同僚への不満や意見の違いを本人に直接言えるような文化を築かないのか? そのような文化は素晴らしいと、誰もが口では言う。税金をごまかす人が一人もおらず、あらゆる人種偏見がいっさい存在しない世界が訪れれば、きっとこれも実現するのだろう。

ブリッジウォーターの人々は、自分たちを聖人だとは思っていない。しかし、本音と建前を使いわける偽善者になることが避けられないとも思っていない。もし、同僚の陰口を言うことがプロフェッショナルらしくないと思っていて、しかも、プロフェッショナルらしくない振る舞いはしたくないと思っていて、職場のコミュニティ全体が理念に従って行動する「集団としての誠実さ」を経験したいなら、自分と同僚たちがつねにそのように行動するための慣行《プラクティス》を導入すればいいのだ。

具体的には、社内のすべての会話を誰でも聞けるようにすれば、陰口を言う余地はなくなる。すべての会議を録音するというと、常軌を逸していると感じる人が多い。しかし、冷静に考えれば、同僚の陰口を言うことがプロフェッショナルとして許し難いと思っていながら、実際には陰口を言うのも、あまりに常軌を逸している。

要するに、イシュー・ログと会議の録音は、一般的な組織で日々無駄を生み出している二種類の力学に対処する役割を果たしている。一つは、人々が言うべきことを言わないこと、もう一つは、言うべきでないことを言うことである。一般的な組織の人々は、一方では自分をよく見せ、他方では同僚を悪く見せるために時間を浪費しているのだ。

弊害は、時間が無駄になることだけではない。これらの力学が作用している組織では、不適切な行動を是正する力が完全に失われてしまう。私たちが現在支援している企業の例を紹介しよう。DDOを目指して変化の途上にある会社だ。その会社は、素晴らしいミッションを掲げていて、社員も献身的で、ライバル企業を上回る成績を上げている。しかし、急速に成長を遂げ、多くの利益を得てはいるものの、自社が掲げる目標にはまだ遠く及ばない。同社のリーダーたちが理想とするようなマネジメントが実践されていないせいで、毎年何億ドルもの売上を逃しているのだ。問題は、誰かがミスを犯したときに、（失敗が一目瞭然で、陰では批判するくせに）地位や部署の垣根を越えて指摘し合うことができず、その一方で、本人は自分が十分な成果を上げていないと知っていても、それを認められない、という状況だ。私たちはDDOでない組織と関わるとき、いつもこう尋ねる――「職場のあり方に対して重要な意味をもつ問題について、ほかの人たちにどの程度率直に話していますか？　10点満点で採点してください。まったく率直でない＝1、完全に率直である＝10とします」。この質問に匿名で回答してもらう（匿名性を保証しないと、率直に答えてもらえないからだ）。

平均は6点くらいだ。お粗末と言うほかない。医師や弁護士や配偶者が本来あなたに伝えるべきことの六割しか話してくれないとしたら、どう思うだろう? 本章の内容を凝縮して、DDOを目指すべき（狭義のビジネス上の）理由をひとことで述べるなら、このスコアを6から9へ、さらには10へと引き上げるためだ、と言えるだろう。このスコアが6の企業は、つまりは業務効率が六割にとどまっていることを意味するのだから。

ここまで論じてきた二つの力学が互いに助長し合っていることは、容易に想像できるだろう。人々は、職場である取引をしているのだ。「私はきみを直接批判することはしない。だから、きみも私に対してそうしてほしい。きみが自分をよく見せるためにやっていることには口を挟まないでおく。だから、きみも私のやることに口を出さないでくれ」という取引である。この結果として、誰もが自由に自分の弱点を隠すことができ、他人の弱点については、本人のいないところでなら好きなだけ陰口を言ってもいい、という状況が生まれている。

ブリッジウォーターで実現していることを見れば、世の大半の人が人間の性質を見くびっていることがよくわかる。同僚たちが互いの陰口を言うのは人間の本性だ、と思っている人は多い。自分の弱点を隠し、長所だけをアピールしたがるのも、人間の当たり前の性質だという。ブリッジウォーターで働きたいとは思わない、と言うハーバード大学の学生にその理由を尋ねると、こんな言葉が返ってきた。「職場の同僚たちには、実際より優れた人間だと思われたい。本当の能力なんて知られたくない! それが人間っていうものでしょ?」。しかし、その「人間の本性」が人々を消耗させ、本来なら仕事に注がれるべきエネルギーを浪費させているとしたら、どうだろう?

もし、露骨に真実を偽る（自分の弱点を隠す）ことと、自分の信じる正義に反する行為を平然とおこなう（他人の陰口を言う）ことが人間のごく当然の性質だというなら、ブリッジウォーターやそのほかのDDOで働く人たちは、人間でないことになってしまう。どれだけ多くの「変わり種」が登場すれば、社会は人間の性質についての常識を改めるのか？

デキュリオンの成功

権限を組織階層の下部へ委譲すること、実際の仕事を教材と位置づけること、透明性を徹底すること、弱点を掘り下げることがビジネスにもたらす恩恵は、デキュリオンでも見て取れる。これらの点は、ネクスト・ジャンプとブリッジウォーターと同様、同社でも企業文化の核心を成す要素だ。しかし同社は、DDOであることとビジネス上の成果の関係について別の視点も提供してくれる。それは、「一体性（integrity）」の視点だ。

試しに、デキュリオンのリーダーの誰かに、「あなたの会社が築いている発達指向の文化のなかで、狭い意味でのビジネス上の成果に貢献しているのはどの側面だと思うか？」と尋ねてみるといい。おそらく、「すべて」と答えるだろう。時間があれば、次のように答えるかもしれない。「あなたの問いはものごとを切りわけて考える発想を前提にしていますが、私たちはそういう考え方に異を唱えます。『光のどの側面が波で、どの側面が粒子なのか？』という問いに意味はありません。光の波と粒子は、個別に取り出せる構成要素ではないのです。これらは、一つのものを見るための別々の視点と考えるべきです」。デキュリオンのリーダーたちは、言ってみれば、波や粒子ではなく、「光」を見ている。人間の発達と利益の追求を一体のものととらえているのだ。

「人間の発達と利益の追求は一体のものである」と、デキュリオンの「アクシオム（公理）」は述べている。同社の社内文書「デキュリオンの目的と手段」に、以下の一節がある。

アクシオム（公理）は、私たちがどのように人生を見て、どのように人生を生きるかという選択を表明したものであり、私たちがどのように協働するかを定めたものである。そこには、ものごとを分離して二者択一の関係ととらえるのではなく、ものごとを全体としてとらえて可能性を見て取る発想が反映されている。私たちのアクシオムは、仕事と人と発達を別々のものと考えず、一体として開花させられる可能性をもったものと考える。

私たちはデキュリオンを観察するうちに、個々の社員にも会社全体にも、「すべてを一体としてとらえる」姿勢が浸透していることに気づいた。英語の「integrity」の語源は、「一つ」を意味するラテン語の「integer」だ。「この会社での生活がこれまでの勤め先と最も違う点、そしてこの職場の最も好きな点は、ひとことで言えば、分裂した生活を送らずに済むことです」と、デキュリオンの不動産部門ロバートソン・プロパティーズ・グループのトップであるジェフ・コブレンツは言う。「出社するときに、自分の人間性の一部を会社の入り口に置いて中に入る必要がありません。会社の内側でも外側でも同じ人間でいられるのです」

社員が分裂した人生の克服を目指すという面でも、会社が利益と人の成長の二者択一の克服を目指すという面でも、「一つであること」は、デキュリオンの出発点となっている基本原則に思える。「私たちにとって、利益を追求することと人の発達を追求することは一体のものです」と、クリストファー・フォアマン社長は言う。「そこにトレードオフの関係はないと思っています。一方のために他方を犠牲にしようと考えた瞬間、両方とも失うのです」

一体性重視の精神が人の成長を後押しし、それがビジネスの成長を後押ししている点は、理解しやすいだろう。しかしここでは、一体性がもっと直接的な意味でも狭義のビジネス上の効果をもつことを明らかにしたい。ビジネス上の効果だけ取り出して論じることに、デキュリオンの人々は抵抗を感じるかもしれないが、私たちにはあまり違和感がない。デキュリオンに「一体性」の精神が浸透している証拠に、以下で挙げるビジネス上の強みにはことごとく、人の発達に関わる要素の影響がはっきり見て取れるからだ。もし、本当にすべてが一つだとすれば、半分だけ取り出そうとしても、おのずともう半分も一緒についてくる。デキュリオンの場合もそうだ。

では、見ていこう。「ものごとを分離して二者択一の関係ととらえるのではなく、ものごとを全体としてとらえて可能性を見て取る」というのは、甘ったるい理想論に聞こえるかもしれない。しかし、デキュリオンで実際に数日過ごせばわかるように、ここで働く人たちはふわふわした雲の上にいるわけではなく、地べたのぬかるみの中で奮闘している。未解決のギャップをつねに認識し、それと対峙し、それを克服するために、いつも努力し続けることが求められる。そうしたギャップを放置すれば、一体性を壊し、ビジネス上の成果をそこなう危険があるからだ。

部署の対立やリーダー同士の対立は、あらゆる会社にとって悩みの種だ。ほとんどの会社は、そのような対立を避けようと最大限の努力を払う。時間や効率や創造性は犠牲になるけれど、不完全で性格の異なる人間が集まる組織ではやむをえないことと受け止めている。先進的な企業なら、対立する人や部署の「休戦」を目指すケースもあるかもしれない。しかし、デキュリオンのようなＤＤＯでは、問題を解決すると、「問題が人間を解決する」機会が失われると考えられる。同社の人たちは、そこに利益の源泉があると気づいている。

デキュリオンがはじめて老人ホームの経営権を取得したとき、同社は二人の幹部にその運営を任せた。ジェフ・コブレンツとブライアン・ウンガードである。考え方、話し方、仕事のやり方が対極的な二人をわざと組ませたのだ。「彼の言っていることは、半分くらい理解できない」と片方は言い、「彼の考え方と話し方にはいらいらする」ともう片方も言う。二人の言葉を借りれば、「互いの神経を逆なでする」関係ということになる。それでも、二人が互いの固定観念やものの見方に異を唱え続けることを通じて、彼ら同士と会社の事業に好影響が及んでいる。

デキュリオンは社内のあらゆる層で、このように意外性のあるコンビにペアを組ませている。ノラ・ダッシュウッドは、社員の多くを占める時給払いのスタッフについてこう述べている。「私の過去の映画館ビジネスの経験では、一九歳と六五歳を一緒に働かせれば、確実に悲惨な結果になりました。互いに話が通じないからです。同じ人間として通じ合う部分がない。うまくいったケースは一つもありませんでした。ところが、私たちの映画館では、それがコミュニティに幸せをもたらしています。多様な人たちが集まっていることが――デキュリオンは、スタッフがなによりも一人の人間として職場に臨み、仕事に取り組むためのツールを提供しています――ビジネスに好ましい影響をもたらしています」

一体性がビジネス上の価値をもっていることは、ビジネス上の成果を生み出している原因を考えることによっても見えてくる。映画館ビジネスは、膨大な数の顧客を相手にするサービス業だ。一軒の映画館を訪れる人は年間数十万人に達する。あなたも、ホテルなりデパートなり、そのようなサービス業を顧客として利用した経験があるだろう。そういうとき、月並みなスタッフではなく、士気の高いスタッフに世話されたことがあるかもしれない。

単にスタッフがフレンドリーだったり親切だったりするとか、過剰なサービスをするというのではなく、強いやる気をいだいて仕事に臨むスタッフのサービスにより、かけがえのない顧客体験が実現する場合がある。デキュリオンのアークライト部門の映画館には、座席の快適さや音声と画像の質など、映画体験を特別なものにする要素がいくつもあるが、士気の高いスタッフに接客される体験が欠かせない要素であることは間違いない。このような顧客体験がもつビジネス上の価値はきわめて大きい。

では、そうしたスタッフのやる気と活力は、どうすれば生み出せるのか？　消費者相手のビジネスで、スタッフにいつもやる気をもたせる方法は一つしかない。毎日ハッパをかけたり、ご褒美をちらつかせたりしても、効果はない。意志の力を奮い起こさせようとしても、そのうち息切れすることが目に見えている。やる気と活力は、真の内発的なやり甲斐に基づいたものであるべきだ。それを人に「注入」することはできないので、本人が日々、自分の内側でつくり出す必要がある。

すでに紹介したように、デキュリオンには、成長を促す「引力《プル》」という考え方がある。映画館のマネジャーたちは毎週、スタッフの異動を慎重に、しかし徹底的に検討する。その際に心がけるのは、メンバー個人の学習上のニーズや次に挑戦すべき課題と、映画館の業務上のニーズを一致させ続けることだ。映画館で働くマネジャーたちは、映画館全体としての「背伸び」に取り組み、一人ひとりのメンバーに「引力」がはたらく仕事を与え、チーム全体の能力を高めるよう努めている。また、メンバーが一種類の役割しか担わなかったり、特定の役割のイメージが染みつきすぎたりしないような企業文化も築く。デキュリオンでは、映画館の現場スタッフから上級幹部まで、誰もが第一にビジネスパーソンであることを求められる。売店のレジ係、支配人、最高情報責任者といった肩書きは二の次だ。

同社のマネジャーやリーダーたちは日々、課題や役割、プロジェクト、システムに、どうやって個人の成長の要素を組み込めばいいかを考えている。ところが、ほかの会社のリーダーたちに対して、個人の発達と利益の追求が一体になっていると説明しても、話がかみ合わないとしばしば感じるという（正直に言うと、私たちもデキュリオンの現場で多くの時間を過ごしてようやく、一体性を強調することの微妙な意味合いと、それがもつ力を理解できた）。ほかの会社のリーダーたちはたいてい、まず次のような反応を示す。

> 私の認識が間違っていなければ、あなたたちの取り組みは素晴らしいと思います。社員が必要とし、希望している研修の機会をしっかり提供している。しかも、それを会社として意識的に実行しています。このように社員を大切にする姿勢は、就職先としてのブランドの向上につながり、有能な人材を引きつけ、つなぎとめる役に立つでしょう。それに、善良な行動を通じて成功を得るという精神を実践しているように見えます。デキュリオンは素晴らしい職場なのでしょう。とても特別な職場と言ってもいいかもしれない。意識の高い企業という理念をお題目にとどめず実践している姿勢に、刺激をもらいました。

このような賛辞を述べる部外者が誤解している点がある。デキュリオンは、優秀な人材を引きつけ、つなぎとめたいという考えから出発しているわけではない。また、漠然と社員を大切にする考え方の下、企業の社会的責任を果たすために犠牲を払っているわけでもない。同社は会社のアイデンティティの根幹に関わる選択として、利益を追求するためにはメンバーの絶え間ない成長が欠かせないと考え、利益を追求する過程で生まれる個人レベルと集団レベルの試練と向き合うことによって、人が成長し、可能性を開花させられると考えることにしたのだ。

ビジネスが成長するためには、人々が成長し続けなくてはならず、人々が成長するためには、ビジネスを通じて、充実した成長の機会が提供されなくてはならない。この二つの点は両方とも正しく、片方が実現するためには、もう片方も実現する必要がある。

「ハワイ・プロジェクト」の場合

一体性を重んじる考え方を前提にすれば、デキュリオンの発達指向がビジネスに好影響を及ぼしていると実証するためには、ビジネス上の価値を生み出すうえで人の発達を目指すことが不可欠だという実例をいくつも示せばいい。

そこで、デキュリオンが傘下の事業（不動産、老人ホーム、映画館）でおこなった戦略上の挑戦のいくつかについて見てみよう。それにより、社員の可能性が開花してこそ、ビジネス上の強みが生まれるのだと理解できるだろう。

デキュリオンでは、映画館事業のアークライト部門で職場のあり方が様変わりしたあとも、不動産部門の組織運営は昔のままだった。アークライト部門のリーダーたちはチームとして組織の健全性を保つ責任を担うようになったが、不動産部門ではそのやり方が難しいように見えた。不動産部門も進歩はしていたが、部署間の関係は明らかにタコツボ化していた。不動産を管理するプロパティマネジメント部門と経理部の関係は、とくに冷え切っていた。プロパティマネジャーたちにとって、経理部は融通の利かない官僚体質に毒されているように思えた。くだらない書式と硬直的な締め切りを押しつけて、仕事の邪魔ばかりしてくる、というわけだ。一方、経理部は、プロパティマネジャーたちのことを軽率でプロフェッショナルらしくなく、信頼できないと思っていた。

社員が相手の職種によって色眼鏡で見る傾向には、どの会社も悩まされている。一般的な企業は、この問題を表面化させないように努める場合が多い。しかし、デキュリオンは違った。プロパティマネジャーたちと経理部員たちが互いの力をいっそう必要とするように、組織を変えたのだ。そうすることで、ビジネスが成長する可能性を開こうと考えたのである。

当時、デキュリオンはハワイで大がかりな不動産開発を手がけていた。タワーマンションが三棟とショッピングセンター、それにホテルを擁する野心的なプロジェクトだった。同社としても過去に経験のない大型プロジェクトだ。開発許可の取得、開発、テナント確保、施設運営、政府機関への届出に関して、まったく新しいモデルを築かなくてはならなかった。

開発、テナント、財務・経理、法務、プロパティマネジメントなど、すべての部署がより高いレベルの協働を実践する必要があった。不動産部門を率いるジェフ・コブレンツは、人の発達とビジネスの成長を一体のものと考える発想を土台に、新しい事業運営のあり方を確立すべきだと感じた。ハワイ・プロジェクトは、一般的な意味で絶好のビジネスチャンスというだけではなかった。メンバーが各自の内面の障害を克服できれば、職場のあり方を大きく変えるチャンスにもなりうると、コブレンツには思えたのだ。社員に多くのことが要求されるプロジェクトを重ねていけば、不動産チーム全体の成長を促す「引力《プル》」を生み出せる可能性があった。しかし、この最初のプロジェクトを成功させる方法を見いだせなければ、同様のプロジェクトを次々と手がける機会は得られない。

コブレンツは、映画館ワークグループにならって不動産ワークグループを設置し、意識的にメンバー同士の相互依存性を高めた。そして、不動産部門の決定に関して責任をもつのは、トップのコブレンツだが、事業運営の役割は、ワークグループのメンバーに共同で担わせた。メンバーは、事業の全容を把握して、思考と意思決定と行動の足並みをそろえるために、みんなで力を合わせることを学ばなくてはならなかった。デキュリオンの用語を使えば、それは「ビジネスのために必要なこと」だった。コブレンツはメンバーに、「ビジネスで求められることが変わり、すべての部署の関係をより円滑で一体性のあるものに高める必要が出てきたのです」と説明した。
デキュリオンは、このワークグループを学習のコミュニティにし、メンバーが狭い専門的な役割の視点ではなく、まずなによりもビジネスパーソンの視点をもつようにすることを必須課題と位置づけた。すると、メンバーは次第に、現状の能力のままではハワイ・プロジェクトを成功させられず、その後の飛躍もできそうにないと気づきはじめた。その点、メンバーが互いに背中を押し、支援し合い、組織の健全性を保つことにみんなで責任をもつようにすれば、一人ひとりがビジネスで求められるような成長を遂げ、業務上の試練という練習場で自己改善に取り組めると期待された。

ワークグループのメンバーが個人レベルと集団レベルの限界を克服するための努力を続けるうちに、変化が起きはじめた。映画館部門でもそうだったように、ワークグループのメンバーはチームとして、新しい選択肢を評価するスキルが高まり、新しいチャンスを発見・分析するスピードが速くなった。そして、部署間の連携が強まり、ものごとのメリットとデメリットを明確に認識し、より質の高い勧告をする能力も高まった。建築士、社内弁護士、それにプロパティマネジメント担当部署と経理部のトップなど、専門分野のエキスパートたちは、部署ではなく会社の利害を重んじた行動をそれまでより一貫して取れるようになった。ただし、会議が整然と和やかに進んだわけではない。緊張が走り、メンバーが声を荒らげる場面もたびたびあった。それでもデキュリオンは、社員と企業はともに成長することができ、そのためには献身と忍耐と日々の努力が不可欠だという前提に立っている組織だ。ワークグループのメンバーはこの精神に支えられて、自分の部署だけでなく、不動産部門全体に対して責任感をもつようになりはじめた。

このような取り組みが人間の発達を促すうえできわめて有効だということは、読者の目にはすでに明らかだろう。ワークグループの後押しを受けて、メンバーが自分の役割に引きずられず、より多面的な見方ができるようになったことは間違いない。コブレンツはこう説明する。

誰でも、現在の実力以上に成長したいという思いをいだいています。経理部のトップに話を聞けば、経理部員たちの仕事に責任をもたなくてはならないと言う。けれども、その人物が本当に望んでいるのは、もっと最高財務責任者（ＣＦＯ）のような仕事をすることなのです。不動産の取得、テナントの獲得、開発、プロパティマネジメントに関するビジネス上の意思決定にもっと関わりたいと思っている。数字の世界だけにとどまりたくないという思いは、経理部員のほとんどがいだいています。プロパティマネジャーたちも、状況は似ています。端的に言えば、プロパティマネジャーにとどまるより、アセットマネジャーとして仕事をするほうがキャリアの面では好ましい。そして、優れたアセットマネジャーになるためには、財務を理解し、商取引の詳細と仕組みを知らなくてはならない。それを学ぶことを通じて、ビジネスの全体像への知識が深まり、より質の高い意思決定ができるようになるのです。

経理部員とプロパティマネジャーがビジネスの全体像をよく理解すれば、既存のグループ内で実行される仕事の質が高まる。しかし、会社の上層部にとっては、もっと現実的なビジネス上の価値も見落とせなかった。コブレンツは、この点をコストの観点から説明してくれた。ビジネスに携わる人間なら、誰でもピンとくる話だ。

経理部員やプロパティマネジャーを増員することでも、問題は解決できたかもしれません。でも、部署ごとにタコツボ化し、緊張と非効率が生まれている状況を放置したまま、人の数だけ増やしても、長い目で見ればうまくいかない。そのことは実証済みです。経営陣がその問題にしばらく「注目」し、いくらかの改善は実現するかもしれない。けれども、それが長続きすると期待するのは非現実的だと思います。

私は組織の能力をはぐくみたいのです。問題の根本原因を取り除き、みんながもっと高い成果を上げられるように仕事のあり方を変えたいと思っています。そうするためには、キャリアの早い段階でビジネス全体への責任をもたせ、より質の高い決定をくだせるようにする必要があります。このような能力を組織全体に浸透させられれば、社員を増やすことで「問題」を解決しようという選択肢は無意味になります。人数を増やすどころか、むしろ少ない人手でやっていけるようになるのです。そうすれば、コストが下がります。より有能でキャリアの浅いスタッフが集まるからです。そうした人たちは、ベテランほどの売上は稼げなくても、同程度のキャリアで能力の劣る人たちよりは稼げます。このような能力をはぐくむためには、人々を海に放り込んで、あとは勝手に泳ぎはじめることを期待するようなやり方ではうまくいきません。意識的に仕事を構築する必要があります。これが実現すれば、人の発達の価値について論じる必要はなくなります。人の発達に関心がない人は、それでも構わない。コストを下げ、より高い成果を得られるという結果だけ考えればいいのです。

DDOのアプローチを実践することの利点について、デキュリオンのハワイ・プロジェクトからなにが言えるだろう？　第一に、賢明にも、組織とメンバーの既存の能力を上回るビジネス上の目標を掲げることができた。その結果、組織もメンバーも、実力以上の課題を突きつけられて困惑する経験をさせられた。

第二に、「メンバーが個人レベルと集団レベルで自分の足枷になっている固定観念を克服し、必要な能力を獲得しなければ、プロジェクトは成功しない」という共通理解をはぐくむために、リーダーたちが多くの時間を割くことができた。

第三に、コミュニティを通じた合意形成を促し、個別分野の専門家や有望な社員に対しては事業全体のことを徹底的に考えるよう求めることができた。事業の全要素を一体のものとして考え、さまざまな部署の相互作用を通じてどのように価値が生み出されているかを知り、どうすれば価値を生み出せるかを理解することを要求しているのだ。

そして第四に、以上のような環境で利益を追求することにより、成長を望む個人の欲求がビジネス上のニーズと対立せず、一致するようにできた。

同社ではさまざまな活動において、このように人の発達を重んじる姿勢が、ビジネス上の価値を生み出している。

老人ホーム事業の場合

もう一つの例を挙げよう。デキュリオンは老人ホーム事業に参入したとき、きわめて長期的な目標を二つもっていた。一つは、会社としての強みと価値観を新事業に転換する方法を学ぶこと。そして、もう一つ明確に目指していたのは、利益を上げる方法を学ぶことだった。社員が可能性を開花させられる場を提供する営利企業として、それを目的と位置づけたのだ。

当初、デキュリオンのリーダーたちは、老人ホーム業界の常識にとらわれずに他社と差別化することに苦労した。それでもしばらくするうちに、個人の発達とビジネスの成功を統合できるような慣行をいくつも確立していった。そうした慣行の多くは、はじめは「取るに足らないこと」に見えたが、「実は大きな問題を解決するカギを握っていた」と、ある人物は言う。その大きな問題とは、「利用者にとって無理のない料金できわめて質の高いケアを提供すること」だ。

既存の慣行のなかで明らかに改めるべきと思えたものの一つが、スタッフの勤務スケジュールのあり方だった。普通の老人ホームでは、勤務スケジュールは幹部が決め、おおむね固定されている。しかし、デキュリオンでは、下級レベルのスタッフに持ち回り式でみんなの勤務スケジュールを決めさせることにした。そうすれば、スタッフが事業全体への理解を深められると期待したのだ。適切なスキルをもったスタッフを適切な時間帯に割り振るためには、施設の活動全体を把握しておく必要があるからだ。この新しい慣行の大きな利点は、ほかにもあった。意思決定の質が向上し、成果が高まり、キャリアの前進が加速したのである。このような仕組みを機能させるためにスタッフの職種の流動性を確保し、より効率的な運営方法が見つかればただちに変更できるようにした。「実務上の理由でそうしています」と、コブレンツは説明する。「スタッフの四分の一が老人ホームの事業全体を把握できれば、現場の成果が上がります。一方、社員にとっても、それによって獲得できる業務上の知識は、この会社にとどまるにせよ、同業他社に移るにせよ、キャリアの前進に役立ちます」

不動産事業と同様に、老人ホーム事業でもコストを抑えるために、業界で一般的なやり方とは異なる方法でスタッフを成長させる必要があった。そこで、社員が狭い視野から脱却し、複雑な事業全体を見るように促す仕組みをつくったのだ。すると、同業他社よりスタッフのキャリアが浅く、人数が少なくても、多くの成果を上げられるようになった。

役割を見直す

デキュリオンの映画館事業で、会社の目標を背伸びして設定することがメンバーの成長とビジネスの成長の両方を後押ししていることは、すでに述べたとおりだ。ここでは、現場スタッフやマネジャー、上級幹部など、個々の社員の成長は脇に置き、ビジネス上の成果について見ていきたい。アークライト部門の売上目標は、個人の成長とビジネスの成長の相互依存関係を前提にした数々の戦略上の挑戦に支えられている。そのなかでも、未経験者レベルやパートタイムの現場スタッフに対する敬意の払い方を変えたことは、とくに注目に値する。

消費者向けの小売業やサービス業の現場で仕事をしている人たちは、成長の可能性が低いという固定観念をいだかれているせいで成長が妨げられていると、ノラ・ダッシュウッドは何十年もの経験を通じて知っている。「売店のポップコーン販売にせよ、映画館のチケット確認にせよ、未経験者レベルの仕事です。ほかの仕事に就けるようになるまでの仕事でしかない」と、ダッシュウッドは言う。「それでも、そうした人たちが実際にできることと、大半の企業が彼らにできると思っていることの間には、大きな開きがあります」

映画館ビジネスの成否を左右するのは、顧客体験の質だ。そして、顧客が映画館でどのような体験をするかは、現場スタッフがどのような姿勢で日々の仕事に臨むかに直接的に影響を受ける。アークライトでは、この点を分析するためにデータを重んじている。ただし、映画館業界で広く用いられている財務指標を慎重にチェックしているだけではない。あらゆる業務運営上の会議では、互いに密接な関係がある二種類の指標に注意を払う。その二つの指標とは、顧客エンゲージメントとスタッフの成長だ。デキュリオンのリーダーたちは、映画館の収益と現場スタッフのやり甲斐が直接結びついていると考えているのだ。やり甲斐を感じているスタッフが高い水準の仕事をすれば、観客の体験の質が高まり、その結果として収益が増えるという関係である。

これまで紹介してきたデキュリオンの慣行と原則の数々は、人々にやり甲斐を感じさせるような職場文化を築く効果をもっている。たとえば、会議の冒頭におこなう「チェックイン」は、人々が職場に人間性を持ち込むよう促す機会になっている。この職場で働く人たちは、一つの歯車ではなく、夢と尊厳をもった一人の人間として職場に迎え入れられるのだ。「脈拍確認の輪《ハドル》」では、忙しい業務時間中にメンバーが集まり、つねにフィードバックを送り合う。それを通じて、スタッフが映画館運営の主役に位置づけられる。メンバーが口々に語るのは、将来有望なビジネスパーソンのように扱われて投資される結果、自分にはそれまで自分で思っていたより多くのことが可能なのだ、と気づかされたという話だ。仕事だけでなく、家庭生活や恋愛、学業でももっと多くのことを達成できると気づく人もいるし、人生の大目標を新たに見つける人もいる。アークライトの映画館では、時給払いのスタッフが損益計算書の読み方を学び、さっそく翌週の上映スケジュールを決めることもある。ほかの映画館運営会社では与えられないチャンスだ。一人ひとりのメンバーのアイデンティティは、担当する業務に固定されない。映画館全体を運営しているという意識をもつことを通じて、アイデンティティを確立している。

こうした取り組みがビジネスに及ぼす影響について、ダッシュウッドはこう述べている。「メンバーの成長と批判的思考を重視しているからこそ、売上と顧客体験に大きな違いが生まれています。ビジネスにとって好ましいことを実践する結果として、メンバーのやり甲斐と自信が生まれているのです。あらゆる事業領域で画期的な成果が上がっています。これらの取り組みは、単なるお遊びではないのです」

「引力《プル》」を生かす

利益の追求と社員の成長を一体のものと位置づけていることは、社員の主体性を重んじるデキュリオンの姿勢を象徴している。この両者を一体のものとして追求するために、同社は、ビジネスの成長にともない、社員に対する要求が高まり続ける環境をつくっている。社員はつねに、より高い水準を追求し、成長し続けることが求められるのだ。

同社の映画館事業、不動産事業、老人ホーム事業について見てきたように、社員の成長を促す「引力《プル》」は、ビジネスを成長させるための要求を通じて、人々がみずからの足枷になっている固定観念を克服するよう促すという形で作用する。ＤＤＯのビジネス上の価値に関する本章の記述を通じて、引力の両端、すなわちビジネスの要素と発達の要素の関係がはっきり見えてきただろう。引くものと引かれるものの両方が存在しなければ、引力は発生しない。引力は、二つの離れた場の間に緊張を生み出し、その距離を埋めることを促す力だ。この場合で言えば、人は現状の自分と仕事で求められる自分の間のギャップを埋めるよう促され、その過程で自分の限界を克服できる。こうして社員が成長を続け、会社はその恩恵を全面的に享受できるのだ。

ここまで読んできてもなお、ＤＤＯが人の発達を重んじるのは時間とエネルギーの無駄遣いだ、と思っている人もいるかもしれない。そういう人にせめて知ってほしいのは、それが社員への施しでは断じてないということだ。デキュリオンでは、社員を成長させるために、より厳しい試練を課し、同時にそれを強力なコミュニティによって支援する必要があると考えられている。しかし、こうした手厚い体制を通じて社員を成長させられれば、会社のビジネスの面でも、コストが削減されたり、リーダーの役割を担える人材が増えたりといった利点があるのだ。

デキュリオンで働く人たちは、自分たちがしばしば投げかけられる問いを裏返しにして、懐疑論者たちにこう問うかもしれない――「あなたは、社員の成長とビジネスの成長を一体のものと考えないせいで、ビジネスの潜在的な成長可能性のうち、どれくらいの割合をふいにしているのか?」

DDOの分析から見えてきた、驚くべき結論

本章では、DDOについてよく聞かれる問いに答えてきた。それは、こんな問いだ。「このような文化が社員に大きな恩恵をもたらすことはわかった。社員が能力を高められるのは素晴らしい。でも、企業が大切にすべきなのは、あくまでもビジネスだ。大学とは違うのだから。私が知りたいのは、それがビジネスにどのように役立つかだ」

私たちは最初にデータを集めたとき、この問いの答えは明らかだと思っていた。しかし、収集したデータを分析してはじめて見えてくることもある。本章で披露したような分析を重ねたところ、私たちを待っていたのはより強力な結論だった。

データを集めただけの段階での私たちの答えは、次のようなものだった。「利益の増加や株主価値の増大など、旧来の意味で企業をより成功させる秘訣が見つかったかと聞きたいのなら、私たちはそもそもそんなことを目指していません。ビジネスを成功させる方法はいくつもあります。DDOとは似ても似つかなくても、成功している企業はいくらでもあります。だから、『成功したければDDOになりなさい』と言うつもりはありません。私たちはこう言いたいのです。『(会社のためや地球のために、あるいはその両方のために) 人の発達の可能性を本気で重んじ、それに適した文化を築き

たいなら、これが最も強力な方法かもしれない。そして、そのような文化を築きつつ、ビジネスを大きく成功させることは可能なのだ』と」

私たちは、人の発達に大きな価値を認めている人だけを対象読者と考えて満足していたのだ。大人の発達に強烈な関心をいだいている研究者たちに向けて、きわめて興味深い発見を紹介できると、私たちは自負していた。このとき対象読者と考えていた専門家とは、次のようなことを繰り返し考えてきた人たちだった。「この五〇～六〇年間、サイエンスやテクノロジーなど、ほかの領域の知的進歩は目覚ましかった。それに対し、組織と職場生活において、どうすれば人的資本やリーダーシップや個人の能力を高められるかについて、同じくらい目覚ましい理論の大転換が起きただろうか？」

とはいえ、ＤＤＯがビジネスを成功させるためのきわめて優れた方法だと納得しなければ、興味を示さない人たちがいることはわかっていた。その点に関しては、ＤＤＯが結果的に（従来的な意味でも）大きな成功を収めているのは素晴らしい、と思っていた。ＤＤＯがビジネスで成功していれば、少なくとも、「そのような職場で働けば、非常に得るものが大きいのはわかります。でも、長続きしないでしょう。このやり方ではビジネスを継続できず、やがて破綻するに決まっています」といった否定的な反応を封じることができるからだ。とはいえ、利益だけを目的にＤＤＯを目指すようでは、じきに意欲が萎えてしまうだろうと、私たちは思っていた。ＤＤＯを成功させるには、ビジネスで卓越した成果を上げることと人を成長させることの両方に対する強い情熱がなくてはならないと考えていたのだ。

私たちも最初からはっきり整理できていたわけではなかったが、ＤＤＯであることがビジネスの成功の足を引っ張るわけではない、言い換えれば、非ビジネス的な目標を追求することの代償を払わされるわけではないという考え方には、いくつかの段階があるように見える。次の三つだ。

① ＤＤＯであることは、従来的な意味でのビジネスの成功と共存しうる。
② ＤＤＯであることは、従来的な意味でのビジネスの成功に貢献しうる。
③ ＤＤＯであることは、従来的な意味でビジネスが成功する原因になりうる。

最初、私たちは②の段階にいた。最初に述べたように、デキュリオン、ブリッジウォーター、ネクスト・ジャンプの存在により、最低でも①の主張は立証できると、私たちは考えていた。この三社のビジネスが成功していることは疑問の余地がない。私たちはこの章を書くことにより、ＤＤＯが企業としてたまたま成功しているのではなく、ＤＤＯであることがビジネスの成功に貢献している（②の主張）ことを論証したいと思っていた。

しかし、文章を書いた経験がある人なら誰もが知っているように、執筆とは、頭の中にあるストーリーをそのまま文字にするという単純な行為ではない。それは、みずからの思考を検討し、自分が本当はなにを考えているのかを明らかにしていくプロセスだ。

私たちの分析にどのぐらい説得力があるかは読者の判断に任せるが、私たち自身にとって驚きだったのは、執筆を始めたときに考えていたより強い主張を導き出せたことだ。少なくとも三社に関して言えば、ＤＤＯであることは、成功に貢献するにとどまらず、成功の原因であるという考え方（③の主張）に近い見解に到達したのだ。

もしこの見方が正しいとすれば、それはどのような意味をもっているのか？　私たちは最初、ビジネスの成功にいたる道はいくつもあると考えていた。人の成長を促す強力な「培養器《インキュベーター》」のような職場を築きたければ、ＤＤＯという道を選べばいいが、人の発達に関心がなければ、別の道を選べばいいと考えていたのだ。

しかし、いま私たちは、そう言い切る自信がない。三つの企業は、ＤＤＯであるがゆえに、実にさまざまなビジネス上の課題に対処できている。その点を考えると、私たち自身も驚くような可能性が頭に浮かんできた。

三つの企業は、さまざまな課題を解決するための新しい有効な方法を考案してきた。具体的には、社員の退職率を下げる、利益を増やす、社員にコーチングを提供する、学習に前向きな姿勢をはぐくむ、昇進スピードを速める、率直なコミュニケーションを実現する、うまく権限委譲をおこなう、経営合理化を成功させる、責任を引き受ける、政治的工作や印象操作や陰口を減らす、社員が業務をおこなわない「休止時間」を減らす、社員のやる気のなさを解消する、社内で誰も経験のない危機を予見してうまく乗り切る、誰も経験のない新たな可能性を切り開いてそのチャンスをものにする、といった課題に対処している。

ビジネスの成功にいたる道はいくつもあるが、企業はどの道を選ぶかを決める前に、「いま自分たちが直面している課題は、主に技術的な課題か、それとも主に適応を要する課題か?」と、みずからに問いかけるべきだろう。この両者を区別することはきわめて重要だ。ハーバード大学のロナルド・ハイフェッツによれば、技術的な課題とは、新しいスキルを獲得することで対処できる課題のことだ。コンピュータに新しいアプリやファイルをインストールするようなものと思えばいい。それに対し、適応を要する課題とは、スキルだけでなく、マインドセットを変えることも要求される課題のことだ。この種の課題に対処するためには、言ってみれば、コンピュータのＯＳ（オペレーティングシステム）を変更しなくてはならない。本書で用いてきた言葉を使えば、発達（成長）することが求められるのだ。[4]

もし、あなたのビジネスが直面している課題が主として技術的な課題なら、成功にいたる道は無数にある。そのなかのどの道を選んでも、DDOを目指す道より容易だろう。しかし、ハイフェッツによれば、組織とリーダーが最もよく犯す過ちは、適応を要する課題に技術的な方法で対処しようとすることだ。VUCA（不安定、不確実、複雑、曖昧）の世界で企業が直面する課題の大半が適応を要するものだとしたら、どうなるか？　もしそうなら、**人の発達に関心があってもなくても、ほとんどの企業は、適応を要する課題に対処することを考えなくてはならない。**DDOになるとは、そのために必要な変化を遂げることだと、私たちは考えている。大多数の企業がまだプロペラエンジンで空を飛んでいるのを尻目に、適応を要する課題に対処するためのジェットエンジンを積んだ企業文化をもっている企業、それがDDOなのだ。

DDOを特殊な存在とみなし、ビジネスの発展と人の成長を一体化することに強い情熱をもったリーダーの下ではじめて実現するものだ、と決めつけるべきではない。もしかすると、DDOは時代の変化にいち早く適応しているだけで、いま突飛に見えている道は、やがて誰もが通る道になる可能性もある。

企業や非営利組織、政府機関、その他の公的組織（学校や病院など）の大半がDDOの特徴のすべてを備える日は、さすがに来ないかもしれない。しかし、二〇世紀に、児童労働がなく、週当たりの労働時間、職場の安全性、医療保険や年金などの面で健全な職場が当たり前になったように、今世紀は、人の内面の健全性を重んじる職場が当たり前になり、一人ひとりの働き手と組織がその恩恵を受けられるようになっても不思議でない。

第6章 最大の死角をあぶり出す
――DDOで体験すること

DDOでどのように成長が後押しされるかは、ここまでの記述から理解してもらえただろう。本章では、そうした組織文化の一つの側面――「エッジ」の側面――を実際に体験してもらいたい。

第1章で、ネクスト・ジャンプのマーケティングマネジャー、ジャッキーを紹介した。社員の投票で選ばれるリーダーグループからはずされた女性だ。ジャッキーに当時のことを振り返ってもらうと、傲慢さがバックハンド（弱点）だとほかの社員たちから指摘されたが、本当にそれを克服するためには、自分の傲慢さを言葉に出して認めるという「痛み」を経験する必要があったという（ちなみに、ジャッキーのバックハンドは利己主義という形であらわれていた）。「より重要なこと、言葉にする際に痛みを感じること、認めるのが恥ずかしいことはなにか？　自分の本当のバックハンドを知るためには、そうした要素と向き合わなくてはなりません」と、ジャッキーは述べている。あなたもそれを実践し、自分のバックハンドを知ってもらいたい。別に、あなたに嫌な思いをさせたいわけではない。DDOで経験する自己学習のカリキュラムを知り、それを体験してもらうのが狙いだ。

具体的には、〝変革をはばむ免疫機能（ITC＝Immunity to Change）〟のエクササイズを進めていく。[1]まず、自分の成長目標を明らかにする。自分にとって重要な自己改善上の課題を選ぶのだ（これを

「一つの大きなこと［ワン・ビッグ・シング］」と呼ぶ）。次に、いくつかの問いに答えることを通じて、自分自身がどのようにその目標の達成を妨げているのかを浮き彫りにする。私たちが知るかぎり、これは、人が自分の死角をあぶり出すための最も手っ取り早く、最も強力な方法だ。このエクササイズをすべて正直におこなえば、自分のバックハンドを明らかにできる（そして、痛みを感じたり、恥ずかしい思いをしたりすることも避けられるかもしれない）。

ここまで来れば、自分がどのように自分自身の足を引っ張っているかを知り、みずからの「OS」（オペレーティングシステム）をアップグレードするためになにが必要なのかが見えてくる。また、現時点での自分の弱点と向き合うことにより、自分が成長を遂げられるのだと理解することで解放感と可能性を感じてほしい。

リーダーの立場にある読者のなかには、本章を飛ばして次の章に進みたいと思った人もいるだろう。自分には関係ない、と思ったかもしれない。あるいは、もっと正直に言えば、以上のような視点で自分を見ることを想像して気が重くなったかもしれない。こんな居心地の悪い経験はごめんだ、と。でも、思い出してほしい。ジャッキーは、自分のバックハンドを認めたことで世界が大きく広がった。真実に正面から向き合わなければ、自分がいだいていた暗黙の固定観念（たとえば「ほかの人を助けるために時間を費やせば、自分の成功が小さくなってしまう」というもの）に気づかなかっただろう。ほかの人を助ければより大きな成功を手にできる可能性があることを、知らないままだったに違いない。他人を助けるために時間を費やせば、感謝されるだけでなく、別のタイプの「所得」も得られるというのは、彼女にとって目から鱗が落ちる発見だった。

本章では、本書で何度も登場したデキュリオンのノラ・ダッシュウッドの例も取り上げる。リーダーとしてあらゆる面で目覚ましい成功を収めていたダッシュウッドは、本章で紹介するプロセスを通じて、自分の足を引っ張っている固定観念と向き合い、リーダーとしてさらに大きな成功を手にできた。

本章のアプローチに沿って自分の「免疫マップ」を作成すれば、ネクスト・ジャンプで言うところの「自分の成長」を実現するために、どのようなことに取り組むべきかが見えてくる。ブリッジウォーターの言葉で言えば、真実を知るために自分の「痛いところを衝く」ことができ、デキュリオンでよく用いられる表現を借りれば、自分の可能性を「開花」させるためにどのような自我への執着を克服すべきかを知ることができる。自分自身を、自分の人生を、自分のリーダーシップの振るい方を、自分の組織を改善したいと思っている人は、このエクササイズを通じて重要な発見を得られるだろう。

本章から最大限の効果を引き出すために、お勧めしたいことが二つある。一つは、実際にエクササイズをやってみること。単に事例を読むだけでなく、本章のアイデアを自分の思考と行動に対して用いてみよう。いくら斬新で興味深いアイデアに見えたとしても、アイデアを知るだけでは自分の能力の限界（エッジ）を知る役には立たない。理屈を理解するだけで終わってしまう。自分で実践してはじめて、アイデアを体感して完全に理解することができる。もう一つは、図6－1のような免疫マップを作成し、自分の反応を記すことを強く勧めたい（www.mindsatwork.com でマップのヒナ型をダウンロードできる）。

自分の反応を記していけば、すべて終わったときには、頭の中で問いに答えるだけでは見えないことが見えてくる。快適で信頼できる人と一緒にこの作業を実行してもいいだろう。より深く掘り下げて考える後押しになるかもしれない（これは、ＤＤＯの「ホーム」の側面をごく小規模に実践するものと言える）。

それでは、免疫マップを活用して、あなたの能力の限界を明らかにしていこう。

第1枠　改善目標

読者にはこのエクササイズをおもしろいと感じてほしいし、そう感じてもらえるという自信もある。ただしそのためには、一つひとつの項目を慎重に検討し、できるだけ正直に書いてほしい。

最初のステップは、改善目標の決定だ。これがすべてのプロセスの出発点となる。好ましい目標を決めることが重要だ。

たとえば、以下のことを考えてみるといいだろう。

- いまの役割でもっと成功するために、自分のどの点を改善すべきか？　会社や重要な活動にもっと貢献するために、どのような改善が必要か？
- 組織をＤＤＯに近づけるために、自分のどの点を改善すべきか？　自分の行動をどのように改めるべきか？
- 仕事、家庭、友人関係などの人生の側面のうち、最も重要なものはどれか？　その側面に最も大きな好影響を及ぼすためには、どのような形で自己改善をすればいいか？

図6-1

免疫マップのヒナ型

1. 改善目標	2. 阻害行動	3. 裏の目標	4. 強力な固定観念
もっと〜〜〜になりたい。			

●すでに挑戦したことがある改善目標はあるか？　おそらく、その目標には何度も挑んだことだろう。しかし、満足できる結果が得られたことは一度もないに違いない。成功したように見えたのに、効果が長続きしなかった場合もあったかもしれない。その改善目標は、どのようなものか？

いくつかの候補を挙げて、そのなかで最も強力に思えるものを選ぼう。自分自身をよく理解している人は、以上の作業だけで好ましい目標が見つかるだろう。しかし、自力で選べる人ばかりではない。社員の自己改善を助けるために多くの努力を払っているＤＤＯですら、一人ひとりが最適な改善目標を見つけるのは難しい。

そこで、ほかの人たちの意見を聞くことを勧めたい。上司や同僚や部下、あるいは友達や家族に聞いてみよう。「どの点を改善すれば、あなたの私に対する評価が、そして組織における私の可能性が最も高まるのか？　私ができる貢献のなかで、最も大きな成果を生み出せるものはなにか？　その貢献をするために、私はどの点で自分を改善すべきか？　どうすれば、私はもっとあなたの役に立てるのか？　そのためには、どのような自己改善が必要か？」。回答を集約し、最もピンと来るもの、自分の成長にとって最も重要に思えるものを探そう。

理想的な改善目標を定めるために、以下の基準を満たすようにしよう。

●**単に望ましい結果を述べるだけでなく、なにかに「上手になりたい」という形で表現しよう。**

たとえば、「いまほどコントロールしたがらない」というのは、適切な改善目標とは言えない。

これはただの結果だからだ。「コントロールしないことに上手になりたい」なら合格だが、「他人がコントロールするのを受け入れることに上手になりたい」のほうがもっと好ましい。コントロールしないためにあなたがどうすべきかが、明確に表現されているからだ。なにに上手になりたいかを具体的に述べている点も好ましい。この点は次の基準にも関係している。

- **できるだけ肯定形で述べよう。**なんらかの行動や傾向をやめると述べるよりも、どうしたいかを述べるほうが効果が高い。自分にとっての成功とはなにかを考えよう。
- **あなたにとって非常に重要と感じられるものにしよう。**目標が達成されることが自分にとって大きな価値があり、非常に望ましく、きわめて強力な体験になると思える必要がある。
- **あなたがまだ達成できていないものにしよう。**言い換えれば、改善と成長の余地が大きいことが望ましい。
- **ほかの誰でもなくあなた自身が、生き方、考え方、振る舞い方を変えなくてはならない理由が明白なものにしよう。**

ノラ・ダッシュウッドの場合

第1章で述べたように、ノラ・ダッシュウッドは、「ほかの人たちと『ともにあること』にもっと上手になる」ことを自分の課題と位置づけている。他人に指図するのではなく、一人ひとりがその人らしいやり方を見いだせるようにしたい。もし、ほかの人の意思決定が自分の意向と違っても、善意を示さずに場の空気を冷たくすることがないようにしたいと考えている。DDOでは、こうした自己改善に挑むとき、表面的な行動だけ変えるのではなく、望ましくない行動の根っこにあるマインドセットと固定観念を掘り下げる。免疫マップは、その複雑で動的なシステムを一望できるように、図に集約したものだ。図6－2は、ダッシュウッドが実際に作成した免疫マップである。マップに最初に記されたのは、左端の改善目標だ。

改善目標（第1枠）――ほかの人たちと「ともにあること」にもっと上手になりたい。コントロールせず、ほかの人のやり方を尊重することに、もっと上手になりたい。

ボブ・プリンスの場合

ブリッジウォーターの共同最高投資責任者を務めるボブ・プリンスは、CEOのレイ・ダリオから任されたプロジェクトに苦戦していた。その課題とは、債券市場のあるテーマについて掘り下げて分析すること。複雑で手ごわいプロジェクトだった。課題だけしか示されず、具体的にどのようにチームを率いてそれを実現するかは、自分で考えなくてはならなかったのだ。プロジェクトは数年越しになり、数々の失敗も経験し、プリンスは多くの反省と修正を求められていた。きわめてクリエイティブな才能の持ち主だが、安定的に結果を出すことが不得意な人物、という評価も定着しつつあった。グレッグ・ジェンセンの評（ブリッジウォーターの社員なら誰でもそれを読める）によれば、プリンスは「マッドサイエンティスト型」の人物とのことだった。「実験精神に富んでいて、素晴らしいアイデアを発案するが、安定感がなく、ときに研究所を爆発で吹き飛ばしてしまう」タイプだというのだ。

この点は本人も同意していて、それを変えたいと思っていた。「目標と通じ合うことや、さまざまな要素を調整することが本当に苦手なんです。［このプロジェクトでも］軌道をはずれて混乱状態に陥り、そこから抜け出せなかったり、好ましい結果につながらない道を進んでしまったりすることが多かった。自己規律が不十分だったのです」

こうした弱点を克服するために、プリンスは自己改善に乗り出した（図6－3の免疫マップを参照）。とくに、チームの戦略を明快に打ち出すことに上手になりたかった。たとえば、「どの役割にどのような人物が必要か」をはっきり示し、「それぞれの役職に求められる資質を書類に明快に」記し、「その情報をもとに適材適所の人事配置をおこない、部下たちが成功の道筋を見いだす手助けをし、部下たちの弱点から本人と私たち全体を守る」ことを目指していた。

プリンスは、マップの第1枠にこう書き込んだ。

改善目標（第1枠）――プロジェクトで安定して結果を出すことに上手になりたい。そのために、目標と通じ合って、さまざまな要素を調整できるようになりたい。

あなたの番

あなたも改善目標の候補を検討し、前述のすべての基準に合うものを一つ選ぼう。そして、免疫

図6-2

ノラ・ダッシュウッドの免疫マップ

1. 改善目標	2. 阻害行動	3. 裏の目標	4. 強力な固定観念
ほかの人たちと「ともにあること」にもっと上手になりたい。コントロールせず、ほかの人のやり方を尊重することに、もっと上手になりたい。	● ほかの人の話に耳を傾けない。 ● 私のやり方が正しいと説得するために、たくさん話しすぎる。 ● 私の考え方に合わないアイデアや計画を実行に移す人がいたときは、質問し続け、過度に状況確認をする。要するに、細部まで管理したがるマイクロマネジメントに走りがちだ。 ● 表情がこわばり、まわりの人を拒絶してしまう。寡黙になり、励ましの言葉を発しなくなる。 ● 自分がコントロールできるとわかっている小さな課題に取り組みたがる。 ● ほかの案を考慮しない。 ● やりたくないことに時間を割く。 ● 権限委譲をおこなわない。	不安ボックス:私には思いもよらないやり方が実践されるかもしれない。それが私のやり方より優れていれば、私の価値が下がってしまう。優れていなければ、その案を却下しなかった以上、自分が尻ぬぐいに追われることになる。それに、[阻害行動と]反対の行動を取れば、自分が好まないリーダーシップの振るい方をしなくてはならなくなる。リーダーシップの振るい方を変えれば、私が私でなくなってしまう。その結果、失敗するかもしれない。つけ込まれたり、ひどい扱いを受けたりするかもしれない。 ● 私には思いもよらないやり方が実践されることを防ぎたい。 ● 力不足が明るみに出たり、私のアイデアが無価値だとみなされたりすることを防ぎたい。 ● やり直しをせずに済むようにしたい。 ● 「導く」ことに関心をもち続けたい。 ● 自分が自分でなくなったように感じたくない。 ● ほかの人をうまく支援できないことを露呈したくない。 ● つけ込まれたり、ひどい扱いを受けたりしたくない。	● 私が上げている成果と仕事の能力は、才能よりも幸運の産物だ。私は分不相応な場にいる。 ● （デキュリオンという）特定の場に適応する形での成長はしているけれど、（あらゆる場で通用するような）真の成長はできていない。 ● ヒョウが毛皮の模様を変えられないように、自分は変われない。 ● 私は、ほかの人のことより、自分のことを大切にしている。 ● 正しい視点の持ち主であることが、私の大きな価値だ。ほかの人たちのやり方に任せれば、正しく（つまり、私の好むやり方で）ものごとが実行されない。 ● 成果を上げるためには、刺激が必要だ。 ● 私の主たる喜びの源は、いまの役割に就いていること、そして正しい視点の持ち主であることにある。

図6-3

ボブ・プリンスの免疫マップ

1. 改善目標	2. 阻害行動	3. 裏の目標	4. 強力な固定観念
プロジェクトで安定して結果を出すことに上手になりたい。そのために、目標と通じ合って、さまざまな要素を調整できるようになりたい。	● ほかの人の（とくに、自分より戦略立案が得意な人の）意見を求めずに、いつも自分なりに計画を立て、それに従って行動してしまう。 ● 自分の計画に自信をもちすぎる。 ● 自分の立てた計画に疑問をいだかない傾向が強い。	不安ボックス：自分のやりたいことができなくなる。ほかの人たちと通じ合うために、ほかの人たちとどのように接すればいいか見当がつかなくなる。ほかの人たちに行動を妨げられる。会社に十分な価値を提供できなくなる。 ● やりたいときに、自分のやりたいことをしたい。 ● 他人に行動を妨げられたり、他人に依存したりしたくない。 ● ほかの人たちと通じ合えない経験を味わいたくない。 ● 会社に十分な価値を提供できていないと感じたくない。	● 自分がやりたいことに関してほかの人たちと通じ合うことを目指すと、どのようにものごとを実行すればいいかわからなくなる。ほかの人たちに「ノー」と言われて、やりたいことが妨げられる。 ● いちばんよく知っているのは、私だ。私のプランには他人の助言など必要ない。ほかの人と通じ合ったところで、新たな価値はとくに生まれない。 ● 私の方針が決まったあとは、ほかの人たちは計画の改善に役立つというより、足手まといになるだけだ。 ● 私は、ブリッジウォーターに十分な価値を生み出せていない。 ● 自分が生み出す価値を大きく高めなくてはならない。 ● そのための最善の方法は、私のプランを押し通すことだ。 ● 仕事の一部を他人に任せても、私が生み出す価値は大きく高まらない。

マップの左端の第1枠にそれを記す。これが最初の出発点だ。もっとも、エクササイズを続けるうちに、ここに立ち戻り、この欄に書き加える必要が出てくるだろう。

第2枠　阻害行動

次のステップでは、手加減なしの正直さが求められる。どのような行動を取っているせいで（あるいは取っていないせいで）改善目標の達成が妨げられているかを徹底的に洗い出す。自分の悪しき行動を自白するのだ。できあがったリストは、あなたがまずい行動により改善目標の達成を邪魔している様子を描き出すものになる。目標を追求する代わりにあなたが実行していること、あるいは実行していないことは、なんだろう？　あなたが取っている行動や取っていない行動のなかで、改善目標への歩みを脱線させたり、その足元を揺るがせたり、邪魔したりしているものはどれだろう？

第1枠と同じく、ここに記す内容も、まわりの人たちからフィードバックを受けたほうが強力で正確になる。頻繁にフィードバックを受ける機会がある人は、そうした指摘を第2枠の潜在的な候補と考えるといい。改善目標について意見を聞かせてくれた人たちに、その目標の達成を妨げていると思われる行動パターンを教えてもらってもいいだろう。

第2枠に記す内容は、次の二つの基準を満たすものにしよう。

● **行動を書こう。それは、具体的であればあるほど好ましい。** たとえば、「部下にメンタリングしているときに退屈してしまう」と書くのではなく、「部下が自分の抱えている問題を話しているときに、上の空になる」とか、「他人の話を最後まで聞かずに、すぐに問題の解決策を示そうとする」と書くほうがいい。いずれも、内面で退屈を感じることから派生する「行動」を記している。感情や心理状態、態度などをリストに挙げたくなったときは、自分にこう問いかけよう――「自分の取っている行動（や取っていない行動）のなかで、そうした感情や態度を引き出しているものや、そうした感情や態度から派生しているものは、どれか？　その感情や態度ゆえに、自分はどのような行動を取っている（あるいは取っていない）のか？」

●**改善目標を妨げているものを書こう。**おそらく、あなたは改善目標の達成につながる行動も多く取っているだろう。しかし、ここで挙げるべきなのは、あくまでも目標の達成を邪魔している行動だ。あなたの改善目標を妨げている他人の行動のリストもつくれるだろうが、それもここに記すべきことではない。

第2枠にリストアップする要素が多ければ多いほど、あとのプロセスで強力な発見に到達できる可能性が高まる。だから、じっくり時間を取って自分の行動を検討しよう。自己改善を誓い、あるいは実際に行動の変革に乗り出したにもかかわらず、いつの間にか以前の行動に戻ってしまったときのことをよく思い返すといい。

該当する行動をすべて書き出そう。そして、それを慎重に点検し、阻害行動を徹底的に洗い出せているか、すべて具体的な行動を記せているか、改善目標の達成を妨げる行動を記せているかを確認しよう。

ノラ・ダッシュウッドの場合

改善目標（第1枠）――ほかの人たちと「ともにあること」にもっと上手になりたい。コントロールせず、ほかの人のやり方を尊重することに、もっと上手になりたい。

ダッシュウッドは第2枠に、改善目標を妨げている自分の行動を率直に書き込んだ。

- ほかの人の話に耳を傾けない。
- 私のやり方が正しいと説得するために、たくさん話しすぎる。
- 私の考え方に合わないアイデアや計画を実行に移す人がいたときは、質問し続け、過度に状況確認をする。要するに、細部まで管理したがるマイクロマネジメントに走りがちだ。
- 表情がこわばり、まわりの人を拒絶してしまう。寡黙になり、励ましの言葉を発しなくなる。
- 自分がコントロールできるとわかっている小さな課題に取り組みたがる。
- ほかの案を考慮しない。
- やりたくないことに時間を割く。
- 権限委譲をおこなわない。

この長いリストは、非常に勇気ある内容だ。これは、自分の弱点をさらけ出すものであり、自分を偉く見せる姿勢とは対極にある。ダッシュウッドは、長いキャリアのなかで大きな成功を収め、専門分野では第一人者と言ってもいい。やさしさと高度な専門知識、他人に教える能力、自分に対する厳しさをもっていて、デキュリオンでも多くの人に称賛され、愛されている。それでも、その評価に安住したり、それを盾に自分を守ろうとしたりはしなかった。自分をつくり変えることを受け入れ、それを通じて成長と学習を続けようとしたのだ。

ボブ・プリンスの場合

改善目標（第1枠）――プロジェクトで安定して結果を出すことに上手になりたい。そのために、目標と通じ合って、さまざまな要素を調整できるようになりたい。

プリンスは、自分のどのような行動が目標を妨げているかを理解することに苦労していた。オープンな精神の持ち主で、自分が苦手としている戦略立案が得意な人たちから学ぼうという気持ちはもっていた。しかし実際の場面では、そういう人たちの意見を求めるべきだと気づかずに、いつも自分なりに計画を立て、それに従って行動してきた。それでも、ブリッジウォーターでは誰もがフィードバックを受けられる。自分で気づかずに不適切な行動を取っていれば、ほかの人たちがそれに気づいて指摘してくれる。同社では、そうした指摘をすることを、ある人をみずからの弱点から守るための「ガードレールをつくる」という言葉で表現する。こうしたフィードバックは、第2枠の阻害行動に気づく手助けという性格をもつ。

プリンスの自己改善の進捗を確認する話し合いの場で、レイ・ダリオはこう述べた。「大きく言って、問題が二つあります。きみは自分に自信をもちすぎている。そして、その問題に十分に対処していない。もし、自分が戦略を誤る可能性があると認めて自分を過信しないようにしていれば、きみはもっと成功できていたでしょう。ところが、きみは断固としてそうしないので、いまのような道を歩んでしまっているのです。もっとオープンな精神をもち、もっと謙虚になれば、もっと優れた仕事ができていたと思う」。このダリオの見立てが正しければ（プリンス自身は当を得た指摘だと思っている）、ネクスト・ジャンプでは「自信過剰」もしくは「傲慢」と呼ばれる問題があることになる。

ブリッジウォーターの企業文化においては、このようなフィードバックが繰り返し提供されるようになっている。それを通じて、自分がどのような行動を取っている（あるいは取っていない）ために、目標の達成が妨げられているのかを理解させているのだ。このプロセスには痛みがともなうが、同社の企業文化は、フィードバックの受け手がそれを単なる欠点の診断とみなし、苦痛の要因と感じるのではなく、学習と成長のために必要な情報を得る手段と考えるように設計されている。同様のフィードバックは、ネクスト・ジャンプでは、チャーリー・キムの言葉を借りれば「サンシャイン（太陽の光）」と呼ばれている。これも成長を助けるための取り組みだ。

フィードバックをもとに、プリンスは以下の内容を第２枠に記した。

- ほかの人の（とくに、自分より戦略立案が得意な人の）意見を求めずに、いつも自分なりに計画を立て、それに従って行動してしまう。
- 自分の計画に自信をもちすぎる。
- 自分の立てた計画に疑問をいだかない傾向が強い。

あなたの番

あなたは、どのような行動を取っている（あるいは取っていない）せいで、自分の改善目標を妨げているだろう？

第2枠に書き込む際に失敗するパターンとして、よく見られるものが二つある。一つは、自分が目標の妨げになる行動を取ってしまう理由を書くパターン。もう一つは、どのように行動を変えるつもりかを書くパターンだ。よく見てほしい。ダッシュウッドもプリンスも、この枠に記したのは阻害行動のリストだけだ。理由の説明や改善の決意は書いていない。この欄にその種のことを書く人は多いが、あくまでも実際に取っている行動だけを記そう。

すぐに改善を誓い、そのための計画を立てたくなる気持ちは、よく理解できる。人はこのリストを見ると罪悪感や恥の意識をいだき、その感情を打ち消すために自分に厳しい態度を取って、みずからを罰し、自己規律を徹底したくなるものだ。しかし、もう一度確認しておく。第2枠に記すのは、改善目標の妨げになっている行動（および行動の欠如）だ。評価や説明や覚悟や計画を書いてはならない。

さて、あなたも自分の免疫マップの第2枠に阻害行動を書き込もう。

第3枠　不安ボックス

〝変革をはばむ免疫機能（ＩＴＣ）〟の観点から言うと、どんなに率直に自分の行動を内省しても、それだけで大規模な自己変革と学習が達成されるケースはきわめて少ない。内省は「新年の誓い」

を立てるきっかけにはなるかもしれないが、そうした誓いの類いが自己変革を長続きさせたためしがあっただろうか？　そこで、第2枠の内容を受けて、そうした阻害行動の根っこにある不安、恐れ、自我への執着、自己防衛のパターンを掘り下げて検討する必要がある。

第3枠でその作業をおこなうと、興味深いことが起きる。それまで見えていなかった力学（〝変革をはばむ免疫機能〟）が浮き彫りになってくるのだ。この欄に書き込む作業は、想像以上に強烈な経験になる場合が多い。まず、上部のボックスに記入することから始める。このボックスを「不安ボックス」と呼んでいる。下のスペースについては、あとで説明する。

このボックスには、第2枠に記したのと逆の行動を取った場合に湧き上がる不安や恐怖を記す。たいていの人は、不安の感情から自分を守るために多大なエネルギーを費やしている。自分自身と周囲の人たちに対して、自分が輝かしい能力の持ち主で、すべてのことをコントロールできていると思い込ませようとするのだ。しかし、このようなことしか感じていない人は、強力な免疫マップを描けない。不安ボックスには、恐ろしいと感じることや少しでも危険だと感じることなど、腹の中にこみ上げる感情を記す。不愉快な感情についての思考ではなく、生々しい嫌悪感や不安感そのものを引きずり出すことが狙いだ。

このステップで内省を深める際は、先を急がずに、第2枠の阻害行動と反対の行動（単に阻害行動と異なるだけの行動ではない）がもたらす結果をありありと思い浮かべるよう努めるといい。自分が阻害行動と反対のことをする場面を、あるいはしようとする場面を思い描こう。その局面に身を置くと仮定するのだ。どう感じただろう？　どのような嫌悪感や不安感（あるいは、その両方）が湧き上がってくるだろう？

あなたの番

第2枠の阻害行動を一つひとつ検討し、自分がそれと反対のことをする場面を、あるいはしようとする場面を思い描こう。どのような不安や恐怖がこみ上げてくるだろう？　どのような自分を他人に見られたくないと思うだろう？　どのような自分を最も見たくないだろう？

不愉快に思える感情を見つけたつもりでも、それがまだいくらか安全に感じられる場合は、さらに深く掘り下げよう。「そのことに関して、私にとって最悪のことはなんだろう？」と、自分に問いかける。いくつかの不安が浮かび上がった場合は、そのすべてについてこの問いを考えよう。いわば、警報ブザーが鳴りはじめるところまで掘り下げなくてはならない。自分に対する他人の評価、ものごとをコントロールする能力、愛されていて聡明で価値ある人物という自己イメージなど、なにかを喪失する脅威をひしひしと感じるところまで突き詰める必要がある。

あなたも、第3枠の不安ボックスに書き込もう。

第3枠　裏の目標

自分がいだいている不安や恐怖をあぶり出せれば、それを手がかりに「裏の目標」を明らかにできる。不安ボックスの内容は、第3枠の裏の目標を探り当てるための「生の素材」になるのだ。

〝変革をはばむ免疫機能〟の考え方の核を成すのは、人が単に恐怖心をいだいているだけでなく、賢く、ときには芸術的なまでに、その恐怖から自分を守っているという認識だ。誰だって、不安や恐怖は感じたくない。危険やリスクにさらされた状態が楽しいという人は、まずいないだろう。

ほとんどの人は、好き好んで弱さを経験しようとは思わない。そのような感情から自分を守ろうとする人が大半だ。自分に恐怖をもたらす要因に対して、自己防衛に走るのだ。人々は、不安と危険の谷底に連なる断崖に立たないようにするだけでなく、そこから遠く離れた居心地いい場所に身を置くように注意を払う。そこに危険な崖があると意識せずに済むくらい、崖から距離を置こうとする。裏の目標をいだくのは、崖から十分に離れ、恐れているものを遠ざけておくための心理的戦略なのだ。

人々は多くの場合、恐れている事態が現実にならないように活発に行動しているが、自分がいだいている裏の目標は明確に認識していない。それをはっきり認識すれば、恐怖を認識するという不愉快な思いをすることになるからだ。ほとんどの人が裏の目標を認識していない理由は、ここにある。

ノラ・ダッシュウッドの場合

ダッシュウッドは、第2枠に記した阻害行動のリストを点検し、それと反対のことをしたらどう感じるかを想像してみた。もっと人の話に耳を傾け、発言を減らしたら、どう感じるだろう？　部下に事細かに指図することをやめ、各自のアイデアをはぐくむよう後押ししたら？　そのときに感じると思われる不安は、以下のようなものだった。

私には思いもよらないやり方が実践されるかもしれない。それが私のやり方より優れていれば、私の価値が下がってしまう。優れていなければ、その案を却下しなかった以上、自分が尻ぬぐいに追われることになる。それに、［阻害行動と］反対の行動を取れば、自分が好まないリーダーシップの振るい方をしなくてはならなくなる。リーダーシップの振るい方を変えれば、私が私でなくなってしまう。その結果、失敗するかもしれない。つけ込まれたり、ひどい扱いを受けたりするかもしれない。

本人は、こうした可能性を非常に恐ろしく、しかも現実味のあるものと感じている。誰もがそうであるように、ダッシュウッドもほぼ無意識に強力な裏の目標をいだいていて、それが意識レベルでの自己変革の取り組みを邪魔していた。リーダーシップの振るい方を変えれば、失敗するかもしれない。価値ある人材だと評価されなくなるかもしれない。コントロールを弱めれば、それにつけ込む人間が出てこないとも限らない。自分が自分でなくなったと感じるかもしれない。変化に乗り出せば確実にこうした危険に直面すると、脳の一部が思っている。裏の目標は、そのような危険から自分を守ってくれているのだ。

裏の目標は、たいてい無意識下に隠れているので、不安ボックスのようなヒントを利用しないと、掘り起こして向き合うことは難しい。しかし、それをあぶり出せれば、自分がどのように自分自身の進歩を阻害しているかが見えてくる。ダッシュウッドは、自分が無意識のうちに以下のような裏の目標をいだいていることに気づいた。

- 私には思いもよらないやり方が実践されることを防ぎたい。
- 力不足が明るみに出たり、私のアイデアが無価値だとみなされたりすることを防ぎたい。
- やり直しをせずに済むようにしたい。

●「導く」ことに関心をもち続けたい。
●自分が自分でなくなったように感じたくない。
●ほかの人をうまく支援できないことを露呈したくない。
●つけ込まれたり、ひどい扱いを受けたりしたくない。

このようにダッシュウッドは、リーダーシップの振るい方を変えた場合に自分がどのように感じ、どのような状況に直面するかについて、根深い不安をいだいていた。この第3枠の作業を通じて、その不安の根源に踏み込みつつあった。

免疫マップの第1枠〜第3枠に記入することを通じて、免疫システムの回路が見えてきた。ダッシュウッドのなかのある部分は、他人のやり方をもっと尊重し、リーダーシップのスタイルを改善したいと本心から思っているのに、別の部分は、自分を安全圏に置くためにその目標を妨げることを望んでいる、というよりそれを必要としているのだ。自動車を運転しているときに、片足でアクセルを踏んで「進め！」と号令をかけ（第1枠）、同時にもう片足でブレーキを踏んで「ストップ」と叫んでいる（第3枠）ような状態だ。

この状態にある人の精神では、ひとことで説明すれば、次のようなことが起きている。私たちが思うに、肉体と同じように、精神にも免疫システムがある。免疫は、賢明でエレガントな自然の発明だ。本人も意識していない状態でつねに作動し続け、その人を守り、生き続けさせてくれる。しかし、肉体の免疫システムと同様に、心の免疫システムもときに現実を読み違えて、危険でないものを危険とみなすことがある。自分を守ろうとする作用が裏目に出て、力強く生き延びるために欠かせないものまではねのけてしまうのだ（自己免疫疾患や移植臓器への拒絶反応のようなものだ）。

ボブ・プリンスの場合

プリンスは、第2枠の行動と逆のことをしたらどう感じるかを考えるために、こう想像してみた——もっとほかの人の言葉に耳を傾け、自分の計画力や実行力に疑問を投げかけるようにすると、どうなるだろう？　そう考えると、自分の安全に関わる不安がいくつか浮上してきた。

自分のやりたいことができなくなる。ほかの人たちと通じ合うために、ほかの人たちとどのように接すればいいか見当がつかなくなる。ほかの人たちに行動を妨げられる。会社に十分な価値を提供できなくなる。

ここまで来れば、自分がどのような裏の目標を無意識にいだいているかも見えてくる。

- やりたいときに、自分のやりたいことをしたい。
- 他人に行動を妨げられたり、他人に依存したりしたくない。
- ほかの人たちと通じ合えない経験を味わいたくない。
- 会社に十分な価値を提供できていないと感じたくない。

ブリッジウォーターの用語で言えば、プリンスは自分自身の「痛いところ」を衝いた。この作業を終えると、免疫システムの全体像が見えてくる。不安を手がかりに裏の目標を割り出し、本人の意識と無意識をつなぎ合わせることにより、目標達成の足を引っ張っている力学の実態が浮き彫りになるのだ。プリンスは、意識的にいだいている目標（プロジェクトマネジャーとしてもっと成功する）を達成できていない。しかし、その失敗の原因になっている行動（ジェンセンの表現を借りれば「研究所を爆発で吹き飛ばしてしまう」ような振る舞い）は、無意識の目標（たとえば「やりたいときに、自分のやりたいことをしたい」）を達成するうえでは見事に役立っているのである。

ここまでの作業を通じて、プリンスは、自分が袋小路に入り込んでいる理由を知ることができた。ひとことで言えば、片足でアクセルを、片足でブレーキを踏んでいる状態だったのだ。そのような矛盾した態度を取っているからと言って、頭脳が明晰でないとか、非論理的だというわけではない。自分を恥じる必要もまったくない。それは、みずからを守るための免疫システムを築いてきた結果だからだ。実際、プリンスはこのシステムにさまざまな形で助けられてきた。これまでキャリアで成功し、いやしくも専門家と評価されるようになる過程でも役立ってきたのだろう。しかし、それは彼が目標を達成できずにいる原因でもある。免疫システムにからめ捕られている人は、どうしてもこのような状態に陥る。

あなたの番

あなたは、不安ボックスに書き出した不安や恐怖を感じたくないに違いない。ましてや、それが現実になることは避けたいだろう。そうした不安や恐怖の一つひとつの背後には、どのような自己防衛的な裏の目標が潜んでいるのか？　この作業をするときは、頭を絞って答えを見つけようとしてはならない。不安ボックスの内容を裏の目標（不安の現実化を防ぐという目標）に言い換えることに徹しよう。

裏の目標をリストアップする際の指針を三つ挙げておく。

●**不安ボックスの中の不安や恐怖の表現をそのまま残すこと。**「この役職の器でないと思われるのが怖い」という不安は、「低い評価をくだされたくない」とか、「無能と思われたくない」という目標に言い換える。「高い評価をされたい」「有能と思われたい」といったことは、けっして書いてはならない。遠ざけたい危険をそのまま表現しようと思えば、ぎこちない二重否定の文になるかもしれないが、それは気にしなくていい。別に作文の授業ではないのだから。

●**自己防衛のための目標を記すこと。**裏の目標は、不安や恐怖から自分を守るためのものでなくてはならない。最初に書き出した内容があまり自己防衛的でなく、立派なものだった場合は、考え直したほうがいい。自分にとって最悪に感じられる事態はなんだろう？　なにから自分を守りたいのか？　本当に脅かされるものはなにか？　最も嫌なことはなにか？　より深い場所にあり、より直視しづらくて、しかし確実に胸に響く不安を掘り起こせるまで、こうした問いを自分に問いかけ続けよう。

●**裏の目標を達成するために、第2枠の阻害行動が完全に合理的なものであること。**逆説的に聞こえるかもしれないが、裏の目標が真に強力なものなら、第2枠の行動はある意味では「賢い行動」ということになる。それは、自分を守るために、片方の足でしっかりブレーキを踏む行動だからだ。問題は、あなたに自分の行動を変える能力がないとか、意志が弱いということではない。あなたが意気地なしだとか、賢明でないとか、勇気がないという話でもない。あなたは、自分を守るためにはきわめて強力な行動を取っているのだから。本当の問題は、自分を守るという目的を果たすうえでは完全に合理的な無意識の行動が、目標の達成をはばんでいることなのだ。

第3枠の下半分（不安ボックスの下）に、あなたの裏の目標をリストアップしてみよう。

免疫システム

裏の目標をあぶり出せれば、免疫マップの第1枠～第3枠の全体像が見えてくる。そこに浮き彫りになるのは、あなたの〝変革をはばむ免疫機能〟の全容だ。自分がどのように片足でアクセルを踏み（改善目標）、片足でブレーキを踏んでいるか（裏の目標）が理解できただろう。自分がどうして改善目標を達成できないかがよくわかったはずだ。

自分がどのように、そしてなぜ、みずからの進歩を妨げているのかを理解してはじめて、人は新しい世界に足を踏み入れ、自分を変えはじめることができる。自分が変わることを妨げている障害を把握し、進むべき道を明らかにするためには、自分の精神の作用を正確にマップ化することが避けて通れない。あなたはここまでの作業により、問題を描き出した地図を――生々しくて強烈で、おそらく痛みを感じさせるような地図を――作成できているはずだ。これでいいよ、自分なりの力強い解決策を考案する段階に進める。

あなたは、その活動にどのような場で取り組むだろうか？　職場でみんなの見ている前でおこなう可能性を想像する人は、ほとんどいない。それを現実的な選択肢として検討する人はもっと少ない。大半の職場には、心理的な自己防衛反応がまかり通る文化がある。一般的な組織で働く人たちは、自分を守るために莫大なエネルギーを費やしている。自分の一部を隠し、対立を避け、無意識に変革を妨げ、全人格的な真の自分と職場での自分の間に微妙な境界線を引く。安全な場に身を置いて、自分を守るためだ。自分をさらけ出せば危険が待っていると考えている（その認識が正しいか否かは別の話だ）。そして、自分の一部を隠すことは、組織で許されていると思っている。

人々が自分の弱点を隠し、他人に好印象をもたせるためにエネルギーを費やすことほど、多くの組織で無駄を生んでいる要因はないと、本書では論じてきた。ＤＤＯを目指している組織で働く人は、次のような問いを自分に問うべきだ。自分の裏の目標をほかの誰が知るべきか？　裏の目標が職場で成果を上げる妨げになっている場面がほかにないか？　自分の免疫システムのせいで、自分やほかの人たちや組織がどのようなコストを払わされているか？

これらの問いに答えるだけで、問題を解決して苦闘に終止符を打つ方法が見つかるわけではない。しかし、あとで問題を解決するために、この作業が欠かせない。世界を救うために一時間の猶予を与えられれば、問題を定義するために五五分を費やし、残りの五分で解決策を見つけると、物理学者のアルバート・アインシュタインは言った。問題を正しく理解しなければ、正しい解決策にはたどり着けないからだ。あなたもまず、自分の問題を正しく理解する必要がある。

免疫マップを作成するとすぐに、自分の行き詰まりの原因について深い理解に到達できたと感じる人もいる。しかし、なかには、ある程度の時間と助けが必要な人もいる。ここまでの作業を通じて、あなたが強力で興味深い理解に近づいていると感じていることを願いたい。

「５点満点で採点した場合、このマップをどのように評価するか？」と自分に問いかけてみるといい。最も強力、もしくは最も興味深いと感じれば、5点だ。あなたの答えが4点や5点なら、問題ない。免疫マップ作成の最終段階である第4枠に進めばいい。1〜3点だった人は、次の囲み記事「マップを強化する」を参考に、自分の免疫マップをより強力なものにしておこう。マップに説得力を感じないとすれば、おそらく一つ、もしくは複数の枠に問題がある。

マップを強化する

自分のつくった免疫マップが興味深いものに感じられない場合は、以下の点が改善のヒントになるかもしれない。

● 不安ボックスの内容を裏の目標に転換する際は、不安や恐怖の表現が消えてはならない。もし消えていれば、あなたが免疫システムを駆使して避けようとしている危険（いわば排除すべき「ウイルス」）が第3枠で特定されていないことになる。前述のように、裏の目標は、ぎこちない二重否定の形で表現しても構わない。「発言を尊重されなくなる」という不安は、「無視されたくない」「沈黙させられたくない」「存在感を失いたくない」といった裏の目標に転換すべきだ。「話を聞いてもらいたい」というのは、適切な裏の目標とは言えない。

● 裏の目標は、自分がどのように自分を守っているかを浮き彫りにしていなくてはならない。もし、それが見えてこないようなら、「私にとって、どのような危険が潜んでいるのか？　私はどのように自分を守ろうとしているのか？」と自分に問いかけよう。

● 第2枠の阻害行動は、裏の目標を達成するために完全に合理的なものでなくてはならない。意志の力だけで第2枠の行動を変えられないのは、あなたがアクセルを強く踏めば踏むほど、もう片方の足がますます強くブレーキを踏むからだ。同時に正反対の方向へ進もうとして、ますます多くのエネルギーをつぎ込むことになる。この構図を前提に考えると、裏の目標に照らして阻害行動が理にかなったものに見えない場合は、どこかで道をはずれていると考えていい。裏の目標を修正するなり、不安ボックスに戻ってその内容をもっと明確化するなりする必要があるかもしれない。

第4枠　強力な固定観念

免疫システムを機能させなくするためには、その土台にある固定観念に狙いを定めるのが最も手堅い方法だ。本書では、免疫システムの根底にある思い込みを「強力な固定観念」と呼んでいる。固定観念とは、その人が固く信じている自己認識と世界認識のことだ。それはその人の意識の産物にすぎないが、人はそれを確固たる事実や世界の法則だと思い込む。そうした固定観念が本当に正しいかどうかは、それを特定して分析しなければわからない。

固定観念を絶対的な真理のように扱えば、それにより行動を支配されることになる。見るものすべてがその固定観念に染まってしまう。ほかの可能性を考えたり検討したりすることはなく、固定観念が強烈な支配力をもち続ける。これが、「強力な固定観念」だ。しかし、自分の強力な固定観念を突き止められれば、それが誤っている可能性を検討できるようになる。

ノラ・ダッシュウッドの場合

不安と裏の目標をあぶり出すことにより、ダッシュウッドは自分という人間についての固定観念を明らかにできた。その固定観念は、彼女のアイデンティティの核を成すものだった。

- 私が上げている成果と仕事の能力は、才能よりも幸運の産物だ。私は分不相応な場にいる。
- (デキュリオンという)特定の場に適応する形での成長はしているけれど、(あらゆる場で通用するような)真の成長はできていない。
- ヒョウが毛皮の模様を変えられないように、自分は変われない。
- 私は、ほかの人のことより、自分のことを大切にしている。
- 正しい視点の持ち主であることが、私の大きな価値だ。ほかの人たちのやり方に任せれば、正しく(つまり、私の好むやり方で)ものごとが実行されない。
- 成果を上げるためには、刺激が必要だ。
- 私の主たる喜びの源は、いまの役割に就いていること、そして正しい視点の持ち主であることにある。

ダッシュウッドのなかのある部分は、自分が変わるのは無理だと思っている。みんなの先頭に立ち、正解を知っている人物として、ものごとを前に進める牽引役を務めるというリーダーシップの発揮の仕方を変えれば、いまほど喜びを感じられなくなると思い込んでいるからだ。いまのやり方がもたらす刺激が自分には不可欠だと感じ、ものごとを正しく実行できるのは自分だけだとも思っている。新しいリーダーシップの発揮の仕方にうまく移行するためには、このような思い込みが間違っていると思えなくてはならない。そこで、新しい行動の仕方を実験することにより、想像していた以上の成果を上げられないか、もっと自分を成長させられないか、そうした変身が喜びをもたらせないかを確認する必要があった。

ダッシュウッドが自己変革に成功できたのは、本人も同僚たちも、それを技術的な課題と考えなかったからだ（「技術的な課題」と「適応を要する課題」については第5章を参照）。新しいスキルと知識だけ学べばいいとは思っていなかったのだ。この点を理解せずに自己変革に臨んでいたら、成功していなかった可能性が高い。不安や固定観念を掘り下げ、それが正しいか検証しなければ、コントロール型のリーダーシップにますます固執していただろう。脳の新皮質が目指していること（第1枠）は、扁桃体が目指すこと（第3枠）におそらく妨害されていた。心理学では、「二重処理（デュアル・プロセッシング）」「速い思考と遅い思考」（第5章参照）といったことがよく言われる。この二つの思考モードが互いに対話できれば、好ましい行動を取りやすくなる。免疫マップはそれを助ける役割を果たせる。

デキュリオンがダッシュウッドに与えた学習カリキュラムは、スキルの変更という技術的な課題だけでなく、もっと深い掘り下げを要求するものだった。会社は免疫マップの作成を通じて、どのようなマインドセットがダッシュウッドの行動を形づくり、改善目標の達成を妨げているかを把握することができた。ＤＤＯは、社員の世界認識の根底にある心理的要素を知ろうとする。免疫マップはその手立てになるのだ。

しかし、免疫マップには、これよりはるかに大きな意義もある。人々が自分自身について、こうしたことを知る機会をつくり出せるという点だ。免疫マップの作成は、自己内省のプロセスとして機能する。ＤＤＯで働く人も、それ以外の組織で働く人も、この作業を通じて、自分の手足を縛っている固定観念の心理的な根源を掘り起こせる。ダッシュウッドも、自分が直面している試練の正体をあぶり出し、みずからの〝変革をはばむ免疫機能〟を覆すことに照準を合わせて自己改善をおこなえた。

ボブ・プリンスの場合

プリンスはみずからの免疫システムを検討し、その土台を成している強力な固定観念をいくつか見いだした。

私は、以下のような固定観念をいだいているのかもしれない。

- 自分がやりたいことに関してほかの人たちと通じ合うことを目指すと、どのようにものごとを実行すればいいかわからなくなる。ほかの人たちに「ノー」と言われて、やりたいことが妨げられる。

- いちばんよく知っているのは、私だ。私のプランには他人の助言など必要ない。ほかの人と通じ合ったところで、新たな価値はとくに生まれない。
- 私の方針が決まったあとは、ほかの人たちは計画の改善に役立つというより、足手まといになるだけだ。
- 私は、ブリッジウォーターに十分な価値を生み出せていない。
- 自分が生み出す価値を大きく高めなくてはならない。
- そのための最善の方法は、私のプランを押し通すことだ。
- 仕事の一部を他人に任せても、私が生み出す価値は大きく高まらない。

どうして、このような固定観念をあぶり出す必要があるのか？　これらを「強力な固定観念」と呼ぶのは、正しいか間違っているかわからない仮説ではなく、疑問の余地のない真実と信じ込んでいるからだ。この第４枠の作業は、ブリッジウォーターで重んじられる「なにが真実か？」という問いを、症状の診断レベルだけでなく、もっと深いレベルで検討することを意味する。症状の診断だけだと、自分が本当に問題を抱えているかを検討するだけで終わるが、もっと深い治療のレベルまで踏み込めば、マインドセットを変えるための道を見いだすことができる。プリンスは、自分の強力な固定観念を知ることにより、真実を探求する道が開けた。そうなると、みずからに問いかける問いはより深いものになる。

- ほかの人たちと通じ合うことを目指すと、どのようにものごとを実行すべきかわからなくなり、ほかの人たちに「ノー」と言われて、やりたいことが妨げられる――というのは本当か？

● いちばんよく知っているのは私であり、私のプランには他人の助言など必要なく、ほかの人と通じ合ったところで新たな価値はとくに生まれない――というのは本当か？
● 私の方針が決まったあとは、ほかの人たちは計画の改善に役立つというより、足手まといになるだけだ――というのは本当か？
● 私はブリッジウォーターに十分な価値を生み出せておらず、その価値を大きく高めなくてはならない――というのは本当か？
● そのための最善の方法は、私のプランを押し通すことだ――というのは本当か？
● 仕事の一部を他人に任せても、私が生み出す価値は大きく高まらない――というのは本当か？

プリンスはこれらの問いを考えた。レイ・ダリオとの会話を記録した動画を見たことをきっかけに、自分の強力な固定観念のいくつかを問い直しはじめたのだ。視聴者の視点で見ることにより、ものごとを客観視できるようになり、固定観念を覆す可能性をもったデータを探すようになった。すると、さらにいくつかの発見を得られた。

● このケースにおいては、自分を「ものごとを安定的に実現することに苦労している人物」とみなすべきだ。
● プロジェクトのメンバーのなかには、プロジェクトマネジメントを非常に得意としている人たちがいる。
● 自分の弱点とほかのメンバーの強みについてのデータをもとに役割分担を決めれば、より好ましい結果が得られる。

プリンスは、自分が気づいていなかったことがいかに多かったかを知り、まわりの人たちがそれに気づいていたことを知った。そして、自分の強力な固定観念（自分がいちばんよく知っていて、自分のプランには他人の意見など不要で、ほかの人と通じ合ってもとくに大きな価値は生まれないという思い込み）が間違っているという明確なデータを手にした。

この固定観念が崩れはじめると、ほかの固定観念も揺らいできた。一人ひとりの強みと弱みに基づいて役割分担を決めるとより好ましい結果が得られるなら、自分のプランを一方的に押し通すことは、会社に価値をもたらすための好ましい方法とは言えなくなる。それに、へたに持論をごり押しすれば、自分の素晴らしいアイデアやプロジェクトの足が引っ張られる可能性が高い。これは、プリンスが恐れていた事態にほかならない。

プリンスはこう説明する。「仕事の仕方を変えることによって、生産性を高め、より大きな力を手にすることができ、結果として自分のアイデアを推し進め、会社に大きな価値をもたらせると気づいたのです。具体的には、マネジメントの設計をほかの人たちに委ね、目標と道筋をほかの人たちと通じ合わせる方法を学ぶべきだと思うようになりました。この発見のおかげで、私は自分を改善して、緊張を減らしつつ、会社にもたらす価値も大きくできました。その意味では、仕事のやり方を変えたことは私自身にとっても恩恵がありました」

プリンスとダリオとジェンセンの話し合い（みんなでプリンスの弱点を詳細に検討した）を記録した動画は、短いケーススタディにまとめられている。社内でそうしたストーリーを「豆情報」と呼んでいることは、前述したとおりだ。そのストーリーは、全社員に支給されているタブレット型端末に配信され、誰もが視聴して検討できるようになっている。プリンスは会社の成功に大きく貢献した偉大な英雄とみなされている半面、悪戦苦闘してきた。同社では、誰もが苦闘から多くのことを学び、厳しいフィードバックから学習して成長することが期待されているのだ。

プリンスは、自分の弱点に関するフィードバックを公の場で受け取り、それを認めたという点で、「よい苦闘」をしていた。会社に貢献できているのは、その賜物だとみなされている。ほかの社員は、プリンスのケーススタディを視聴することにより、「公の場で苦闘する」よう背中を押される。そうすることが「本人にとっても周囲の人たちにとっても好ましい結果をもたらす」とわかるからだ。

あなたの番

ここまでの免疫マップの内容、とくに第3枠の裏の目標を見てほしい。自分の免疫システムの土台を成している固定観念（自分自身と世界に関する思い込み）について、なにが見えてくるだろう？このステップでは、できるだけ多くの強力な固定観念をあぶり出そう。

その際は、以下の点を指針にするといい。

- 強力な固定観念には、さまざまなタイプのものがある。あなたが事実だと信じて疑わないものもあるかもしれない（「悪い結果を招くと私が思い込んでいるですって？　違います。悪い結果が確実に起きるのです」）。誤りだと知っているものもあるかもしれない（人は、頭では誤りだとわかっていても、それが真実であるかのように感じ、振る舞う場合がある）。あるいは、一部だけ正しいものや、状況によっては正しいものもあるかもしれない。いずれにせよ、固定観念はすべて、第4枠に記さなくてはならない。その記述は、既存の能力の限界を乗り越えて成長を目指す際に、非常に価値ある手がかりになる（囲み記事「デキュリオン幹部の強力な固定観念」では、同社のリーダーたちの強力な固定観念を本人の言葉で紹介した）。

- 強力な固定観念はすべて、第3枠に記した裏の目標の最低でも一つを必然的に生み出すものでなくてはならない。第4枠の強力な固定観念が第3枠の裏の目標を生み出し、裏の目標が第2枠の阻害行動を突き動かし、阻害行動が第1枠の改善目標の実現を妨げているという図式が明瞭に描ける必要がある。
- 強力な固定観念は、あなたが取るべき行動と避けるべき行動を明確に示すもの、すなわち、あなたの人生のルール、危険と惨事と敗北を避けるためにつねに従おうとするルールでなくてはならない。しかし同時に、あらゆるルールがそうであるように、それは（少なくとも理屈の上では）破棄できるものである必要がある。

デキュリオン幹部の強力な固定観念

自分の足を引っ張っている強力な固定観念をあぶり出せれば、一般的なスキルの学習よりも深い学習が可能になる。デキュリオンのリーダーたちは、以下のような強力な固定観念を覆そうと努めている。

●ブライアン・ウンガード（COO）「私がいま練習しているのは、最初の一歩として、自分の思いをシンプルで生々しい感情の形で表現することです。自分の思考や感じ方の裏側にあるものを、もっとさらけ出そうというわけです。私の感じている不安、それは、エキスパートとして振る舞えなければ拒絶されるのではないか、巧みにものごとをやり遂げなければ批判されるのではないか、というものです。だから、本当の情けない自分を見せるように努めています」

●ノラ・ダッシュウッド（アークライト部門COO）「私が練習しているのは、要するに、ありのままの自分を受け入れて、いまの自分で十分だと信じること、そしてもっと助けを求め、ほかの人と依存し合うようになることなのだと思います。私は、自分が強くなくてはならない、誰にも頼らず、自分のことは自分ですべきだと考える傾向があります。誰も助けてなどくれない、という発想をしているのです。移民としてこの国にやってきた両親が愛する娘に叩き込むモットーとしては、素晴らしいものでした。でも、それが有効な段階はもう過ぎてしまったと思っています」

●ジェフ・コブレンツ（ロバートソン・プロパティーズ・グループ部門プレジデント）「好ましくない結果だったときに、メンバーによそよそしく振る舞い、心を閉ざさないようにすることを心がけています。若い頃から私の行動を突き動かしてきたのは、自分が世界から痛めつけられかねないという思いです。質の高い成果を上げられれば（つまり「有能」であれば）、自分を守れると思っていました。この考え方が功を奏したときもありました。でも、『素晴らしい成功』以外は受け入れない姿勢は、子育てはもとより、ビジネスにも適していません」

マップづくりをどう感じたか？

免疫システムの診断が終わったいま、それをどうやって克服していけばいいか早く知りたいと思うのは無理もない。しかし、次のステップに進む前に、少し時間を取って考えてほしいことがある。あなたは、ここまでのエクササイズをどのように感じたか？　既存のマインドセット（それがあなたの行動パターンの根底にある要因だ）の外に踏み出すことの不快感を覚えておいてほしい。自分の能力の限界（エッジ）に挑むとはそういう経験なのだ。

ここまでのプロセスを通じて、あなたはさまざまな感情を経験したに違いない。ＤＤＯで働く人たちは、日々それを経験している。ダッシュウッドとプリンスもそうだった。あなたは、痛みや恥の感覚で胸が苦しくなったかもしれない。自分の限界について厳しい現実を知れば、そのような感情をいだいても不思議でない。一方、ある種の喜びがこみ上げてきた人もいるだろう。それは、自分の人生を根本から変える可能性を秘めた発見と成長の手段を手にしたことの喜びだ。マップの作成がそのような可能性を浮かび上がらせるのは、単に目標を定めて、やる気をかき立て、どのような非生産的な行動を改めたいかを強く意識する（第１枠と第２枠の内容）だけでなく、表面にあらわれていない不安と裏の目標と固定観念に向き合うからだ。これらの隠れた要素をあぶり出せば、直面している課題の見え方が変わり、その課題がみずからの全人格に関わるものだとわかる。そして、(もし自分にそのつもりがあれば)自分の全人格を危険にさらすことを通じて自己変革を実現する方法が見えてくる。

次にすべきこと

以上で、自分の能力の限界に挑んで成長を目指すとはどういう経験かを知り、その感触をつかめただろう。では、エクササイズを通じてあぶり出した内面の学習課題をどのように追求すればいいのか？　DDOで働いている人なら、自分の学んだことを同僚たちに話してもいい。第1枠と第2枠の記述を強化するのに有益なフィードバックを提供してもらえるだろう。強力な固定観念が本当に正しいかを検証してみてもいい(具体的な方法は、囲み記事「強力な固定観念を検証する方法」を参照)。見つけた強力な固定観念を同僚たちに聞かせて、それが本当に正しいかを明らかにする支援をしてもらってもいい。同僚たちの進化を助けるために、同様のフィードバックと支援を提供することもできる。こうしたことを日々の仕事の一部にすればいい。

これは、一般的な組織の流儀とは対照的だ。たいていの組織では、エクササイズを通じて浮上した課題には、プライベートな場で、信頼できるコーチやカウンセラーとともに取り組むものとされている。職場のみんなが見ている前で汚い下着を洗濯したくない、と思う人も多いだろう。自分の評判を守り、弱点や不完全さを隠すことが求められる職場で働いているなら、こうした発想は理にかなっている。しかし、コーチと話せるのは、せいぜい週に一時間くらい。コーチの前で新しい行動を実際に試す機会もほとんどない。

それに対し、職場で絶えずコーチングを受けながら、日々の仕事の場で安全に練習できるとしたら、どうだろう？　会社が単に善意の発露というだけでなく、ビジネス上の利害のために（あなたが弱点を長く隠し通すほど、会社が払わされる代償は大きくなる）、あなたの課題克服を助けるべきだと考えるとしたら、どうだろう？　エクササイズで浮上した課題にコーチと密室で取り組むのではなく、日々の仕事のなかで取り組むとしたら、どうだろう？

強力な固定観念を検証する方法

強力な固定観念を検証することとは、〝変革をはばむ免疫機能〟を覆すプロセスの核を成す作業だ。

検証のための実験は、あえて普段とは違う行動を取り、どのような結果が生まれるかを観察するという形でおこなう。具体的には、固定観念がかならずしも絶対的に正しいわけではないという前提で行動してみる。実験の目的は、その場ですぐに問題を改善したり、目標に近づいたりすることではないし、あなたの力量を測ることでもない。あなたが大きな成果を上げられるだけの手段や勇気の持ち主かを判断するための試みではないのだ。検証作業をおこなう際のヒントをいくつか挙げておこう。

●強力な固定観念が単純に「正しい」「誤り」と割り切れるケースはほとんどない。問題が生じるのはたいてい、過度に固定観念に従ったり、固定観念の適用範囲を過度に広げたりすることが原因だ。

●一回の実験では、結論が出ない場合が多い。実験は、複数回おこなうつもりでいよう。

●実験を成功させるためには、設計時にデータ収集の方法も計画する必要がある。

●よい実験は、「SMART」というアルファベットで表現される三つの基準を満たしている。

①　SM——**安全**（＝Safe）で**ささやか**（＝Modest）なものであること。安全とは、最悪の結果になっても耐えられるという意味だ。「S」は、小規模（＝Small）のSと考えてもいい。実験の際は、自分の行動を小規模に変えていく必要がある。ささやかというのは、実験がシンプルで実行しやすいという意味だ。わざわざ特別な機会を設けず、普通の一日のなかで普段と違う行動を取るだけで済むのが望ましい。

②　A——近い将来に（一週間程度の間に）、比較的簡単に**実行可能**（＝Actionable）であ

ること。実験をおこなえる場や機会が簡単に思い浮かばなくてはならない。

③ RT——強力な固定観念がどの程度正しいのかを**リサーチ**（＝Research）するための**テスト**（＝Test）であること。質の高いリサーチをおこなうためには、データの収集が不可欠だ（いつもと違う行動を取った際の自分の思考や感情だけでなく、ほかの人たちの反応もデータの一部になる）。実験は、あなたという人間をテストするものではなく、強力な固定観念をテストするためのものだ。だから、固定観念に対する反証を（もし反証があるなら）生み出せるものでなくてはならない。固定観念を正当化するのに都合のいい実験を設計することは避けよう。

最初に、どの固定観念を検証するかを決めよう。あなたの行く手をはばんでいる最大の障害を挙げるように言われたとき、真っ先に頭に浮かぶのはどの固定観念か？　第4枠に挙げた固定観念のなかでどれか一つを消せるとして、どれをなくせば最も大きな好影響を生み出せるか？　ここで選ぶ固定観念は、あなたにとって重要なものでなくてはならない。

続いて、実験を設計する。まず、「どのようなデータが集まれば、強力な固定観念の妥当性に疑問が生じるか？」を考えよう（この問いの答えが思い浮かばないとすれば、あなたの選んだ固定観念は検証可能性を欠いている。固定観念の選び直しが必要だ）。そして、そのようなデータを得るためには、どのような行動を取るべきかを考える。その行動はおそらく、第2枠の阻害行動の正反対の行動だったり、第3枠の裏の目標に反する行動だったりするだろう。

実験の設計と結果の検討をおこなう際は、以下のテンプレートを手引きにするといい。

固定観念の検証実験

強力な固定観念	自分の行動をこのように変える	行動によって集めるデータ	データによって明らかにしたいこと

実験結果の検討

強力な固定観念	それを検証するために、このように行動を変えた	行動を変えた結果、起こったこと	データから、固定観念に関して言えること

＊注　以上の内容について、詳しくはキーガンとレイヒーの前著『なぜ人と組織は変われないのか』（邦訳・英治出版）、とくに第10章を参照してほしい。

第7章

「ホーム」をつくる
——DDOへの道を歩みはじめる

これは最後の章だが、DDOへの道の終わりではなく、始まりについて論じたい。読者をDDOに放り込み、成熟したDDOで働くのがどういう経験かを感じとって多くのことを吸収してもらった第1章と同じ趣旨で、DDOに移行しようとしている組織の現場をいくつか垣間見てもらう。いずれも、私たちが関わっている組織だ。DDOを築きたいと思うリーダーは、どのようにその作業に手をつければいいのか？　最初の段階では、どの程度まで本格的なDDOを目指したいかはわからないかもしれないが、まずはなにから始めればいいのか？

人が能力の限界（エッジ）に挑むためには、そのための活動を具体化する慣行《プラクティス》（グルーヴ）を確立しなくてはならない。そして慣行を維持するためには、人々が弱さをさらけ出せるように支援体制（ホーム）をはぐくむ必要がある。だから、ホームをつくり出して、学習と成長を後押しする環境を整えることから出発すべきだ。

DDOへの道を歩みはじめる方法に、唯一の正解はない。以下で紹介する事例から、あなたの組織にそのまま採用できる方法が見つかる保証もない。それでも、自分の職場にどのような方法が最適かを考える役に立つのではないかと思う。

具体例の紹介に入る前に、断っておきたい。本章は、CEOや部門のリーダー、チームリーダー、マネジャーなど、主に組織で正式な権限をもっている人向けの記述になっている。組織がDDOを目指すかどうかを決める力は、誰よりもリーダーがもっているからだ。リーダーといえども一人でDDOを築くことはできないが、リーダーがその気にならなければ、その職場がDDOになることは難しい。本章の記述を読めばわかるように、DDOへの移行は、上から下へと進めることもできるし、内から外へと進めることもできる。その両方を組み合わせることもできる。しかし、どの方法を選ぶにせよ、リーダーは、DDOの精神を熱心に実践する姿をみんなに見せ、目に見える形でほかのリーダーたちと発達指向のコミュニティを形成し、組織内でほかの人たちに対してオープンな態度を取り、自分の弱さをさらけ出さなくてはならない。ブリッジウォーターとデキュリオンとネクスト・ジャンプの素晴らしいリーダーたちがそれぞれの組織文化の筋金入りの支持者であると同時に、その全面的な参加者でもあるのは、けっして偶然ではないのだ。

ただし、DDOに強い関心があるけれど、組織で正式な権限はもっていないという読者も、本を閉じないでほしい。はっきり述べておこう。組織内の地位に関係なく、人は誰でも組織に対してなんらかの影響力を及ぼせる。優れたアイデアは人から人へと広がり、一部の人たちがこれまでのやり方とは異なる方法を実践しはじめる。そうすれば、やがて正式な権限をもった誰かの目にとまるかもしれない。囲み記事「DDO以外の職場で発達を目指す」の内容を試してみるといいだろう。

あなたの情熱と考え方を意思決定者に知ってもらう機会を探そう。リーダーたちをあなたの関心と取り組みに引き込めるような主張の仕方を工夫しよう。

DDO的なコミュニティの魅力をリーダーたちに伝え、自分が実際に慣行を試すことを通じてなにを学んだかを聞いてもらえばいい。以下の問いに対する答えがすべて「イエス」である組織が、現に存在することも教えよう。その問いとは、「組織は、あなたが自分を成長させるために取り組むべき個人的な課題を——あなたにとって意義があり、組織にとっても価値がある課題を——見つけるのを助けてくれているか？」「あなたがどのような限界に挑んでいるかを知っていて、あなたがそれを乗り越えられるよう気にかけてくれる人が職場にいるか？」「あなたは、限界を克服するための支援を受けられているか？」「あなたは毎日、せめて週に一回、限界を克服するための活動を積極的におこなっているか？」「成長を遂げて能力を高めたとき、それを目にとめて祝福してもらえて、（あなたにその用意があれば）成長し続ける機会を与えられるか？」というものだ。リーダーたちにこの本を渡し、読み終わったら対話の機会を設けてもらおう。そして、本章で紹介する手法は自分たちの組織でも利用できるものなのだと、リーダーたちに伝えるといい。

では、ＤＤＯへの転換を目指す一つの企業について手短に見てみよう。

ＤＤＯ以外の職場で発達を目指す

あなたが組織の正式な権限をもっておらず、ＤＤＯでない組織で働いているとする。そのような環境で、どうすれば日々成長し続けられるのか？　以下の慣行を試してみよう。

● 一緒に成長する「相棒」をつくる。 成長に向けた取り組みをおこなうためには、

「ホーム」が生み出す安心感が不可欠だ。そうした安心感は、自己改善のための活動を誰かと互いに披露し合うことによっても得られる。ここでは、問題解決の方法についてアドバイスを送り合うことはしない。日々の仕事のなかで自分の能力の限界（エッジ）をどのように経験しているかを報告し合う。「相棒」には、以下のような問いを投げかけよう。「その経験は、あなたになにを感じさせたのか？　どうして、自分がそのような返答や反応をし、そのような思考や不安をいだいたと思うか？」

● **自分の能力の限界（エッジ）について情報を求める。**どのような課題に取り組むべきか理解できていなければ、せっかく職場で成長の機会があってもそれを生かせない。そこで、自分の能力の限界を知るために、あなたの仕事の仕方をよく知っていて、あなたが信頼できると思える人を三人選び、次の問いを投げかけよう。「あなたは、私のことをよく知っていて、私を成長させ続けたいと考えてくれていると思います。私はどういう点で行動を変えれば、もっと大きな成果を上げられそうだと思いますか？」

● **自分の成長目標に関して免疫マップを作成する。**第6章を参考に、免疫マップをつくろう。「相棒」とマップを見せ合い、強力な固定観念に関する観察結果と検証結果を披露し合おう。

● **信頼できる同僚から、有意義なフィードバックを、日常的に少しずつ受け取る。**信頼できる同僚に頼んで、会議やプレゼンやその他の場でのあなたを観察してもらい、あとで簡単なフィードバックを聞かせてもらおう。たとえば、こんなふうに頼む。「私はいま、ほかの人たちの言葉にもっと耳を傾け、発言を減らし、自分の意見の正当化や持論の展開ばかりしないように心がけています。次の会議での私の振る舞いについて、気づいたことを聞かせてください」

●**成長に向けた取り組みに上司を引き込む。**もしあなたに抵抗がないようなら、成長と学習の目標を上司に話そう。あなたが積極的にフィードバックを求め、自己改善に励み続ける姿勢を鮮明にすれば、程度の差こそあれ、上司はメンターになってくれるだろう。ほとんどのマネジャーは、自己改善に本腰を入れる部下の存在を一服の清涼剤のように感じる。それに、それは誰もが得をするウィン・ウィンの結果を生むものだからだ。

●**お手本にできる人を探す。**同僚や経験豊富なリーダーのなかに、仕事の場で成長することに関してお手本にできる人たちがいるだろう。積極的にフィードバックを求め、みんなの見ている場で模範的な学習行動を取り、ほかの人たちの成長を後押ししている人たちだ。そういう人たちの行動を観察し、職場での学習と成長のために日々どのようなことをしているか尋ねてみよう。

DDOへの移行を目指すA社

ここは、年間売上高二〇〇億ドルを超す多国籍企業A社の本社ビル、その最上階にある多目的会議室だ（社名は同社の要望により仮名としたが、記す内容はすべて事実だ）。カメラや照明器具などが散乱する部屋は、企業の取締役会議室というより、テレビ局のスタジオのようだ。私たちが見ている前で、一〇人の幹部リーダーたちが輪をつくって着席している。

私たちは、たったいまこの面々の勇気に賛辞を送ったばかりだった。約八年前、業績不振に苦しみ、ぞっとするくらい顧客を軽視していた会社の経営を引き継いだ経営陣は、複雑な組織の経営を見事に立て直した。トップダウンの組織文化を全社に浸透させ、A社を業界有数の企業と高く評価される組織に変えたのである。同社の組織文化の下では、効率性とヒエラルキー、ミスの徹底的な排除が重んじられてきた。

このリーダーたちの勇敢なところは、その組織文化を捨てる決意をした点だ。同社が新聞でたびたび称賛され、地元の住民にも褒められるようになったのは、その文化のおかげだった（私たちは、タクシーの運転手やレストランで隣になった人などに適当に声をかけて「A社のことをどう思います?」と尋ねてみたのだ）。「みなさんのように高く評価されているリーダーたちは、成果が上がらなくなるまで成功パターンを続けるものと相場が決まっています」と、私たちは言う。

これに対して同社のCEOは、「私たちが築いた文化は、危機にある会社を立て直すために必要だったかもしれませんが」と答える。「これから二〇年間のことを考えると、それが最善の文化だとは思えないのです。社員も同じ意見です」

「新しい世界に対処し、社員の能力を最大限引き出すためには、もっとコラボレーションとイノベーションを重んじ、リスクを恐れない文化が必要だと思うのです」と、人事責任者も言う。

とはいえ、彼らも知っているとおり、文化を変えるのは簡単ではない。一〇万人を超す社員を擁する企業ともなれば、なおさらだ。「私たちが導入したいと思っている新しい文化の下で働きたい人はいるかと尋ねれば、全員が手を挙げても不思議はない」と、人事責任者は言う。「でも、最初に大きな失敗をしたい人はいるかと聞くと、反応はまるで変わってきます」

これは、本書でたびたび触れてきた「適応を要する課題」の典型だ。新しい文化に移行する際、人々は新しいスキルと新しい概念を学ぶ必要があるが、それだけでは十分でない。A社が望むような変革を実現するためには、人々がマインドセットも変えなくてはならないのだ。一人ひとりが免疫マップの第3枠と第4枠の内容を掘り下げる必要がある。リーダーがトップダウン型から権限委譲型にスタイルを転換したり、社員が上司の命令に異を唱えたりすることを妨げているのは、どのような裏の目標なのか？（第6章で論じたように、裏の目標は、「目標の達成を他人に左右され、その人物に頼らざるをえなくなることを避けたい」とか、「上司に口答えをしていると思われたり、チームプレーの精神を欠くと判断されたりすることを避けたい」といった自己防衛的なものだ。改善目標を達成するためには、こうした裏の目標を克服しなくてはならない）

また、一人ひとりの社員が自分の〝変革をはばむ免疫機能〟を知るだけでなく、チームのメンバーや上司などにもそれを知ってもらうことが重要だ。

新しいタイプの「ホーム」

さて、私たちは会議室でリーダーたちに輪をつくって座らせて、なにをしているのか？　ひとことで言えば、彼らがA社で新しいタイプの「ホーム」づくりに乗り出す手伝いをしようというのだ。つくり出したいのは、社員が互いのことを一人の人間として尊重し合い、いまよりも弱さを見せ合えるようなコミュニティだ。会社が「適応を要する課題」を達成するためには、それが欠かせない。ホームづくりの第一歩として、まずは会社の最上層部から始めようと私たちは考えた。この日は、リーダーたちに各自の免疫マップを作成させ、それを互いに見せ合う予定になっている。

この何週間かあとには、人事責任者の主導により、幹部以外の層にもホームを広げる。部署のリーダーを務める六〇〇人の上級マネジャー（一五〇人ずつ四組）と私たちを引き合わせるのだ。人事責任者は、マネジャーたちがこの大組織で自分の弱さをさらけ出しやすい環境をつくるために心を砕く。

具体的には、こんなふうに語りかけることになる。「私は、みなさんがこれから取り組むことをすべて経験済みです。私だけではない。トップチームの全員がそれをみずから経験しています。もし、効果を実体験していなければ、みなさんにそれを要求しなかったでしょう。私がどのような経験をしたかというと、ｉＰｈｏｎｅのスクリーン上のアイコンが軽く揺れるときがありますね？私が味わった感覚はそんな感じでした。さて、リサ・レイヒー博士をご紹介しましょう。博士は今日、みなさんのアイコンを揺らすために来てくださいました」

A社のホームの概念は、さらに広がり続ける。何カ月かあと、私たちはより多くの社員を対象にウェブセミナーを四回開く。一二カ国をインターネットで結び、リーダーシップ開発の責任者が私たちを各回の参加者に紹介してセミナーを始める。六〇〇人の上級マネジャーたちの下には、それぞれ八～一〇人くらいで構成されるトップチームがある。その合計五〇〇〇人以上の社員を四組にわけて、セミナーを受けさせるのだ。各回のセミナーでは、一〇〇〇人以上の社員が三～四時間かけて、チームメンバーやチームリーダーと一緒に自分の免疫マップをつくる。

A社は、ホームをさらに多くの社員に拡大させることも計画している。私たちと同社は、双方向性がきわめて高く、参加者がのめり込めるようなデジタル空間を共同でつくり上げている。それを利用して社員に数カ月間のオンラインサポートを提供し、さまざまな実験を通じて強力な固定観念を検証して、それを覆すプロセスを支援しようというのだ。（この種の実験は職場だけでなく、社員の家庭でも実践されているようだ。執筆チームの一人が最近同社を訪れたとき、ある社員に声をかけられた。「あなたは私のことをご存じないでしょうが、私は『免疫マップ』関連の動画を見ていたので、すぐにあなたのことがわかりましたよ。ちょっとお話ししたいことがあるんです。正直言って、職場でどれくらい自己改善に成功しているかはわかりませんが、妻はみなさんにお礼が言いたいそうです。妻いわく、私はずいぶんいい夫になったそうです！」）

滑り出しは上々

A社は、DDOになれるのか？　社員数一〇万人以上の上場企業が全員のための文化《エブリワン・カルチャー》を実践することなど可能なのか？　それは、まだわからない。デキュリオン、ブリッジウォーター、ネクスト・ジャンプはすべて上場企業ではなく、株式の少なくとも一部を会社のリーダーたちが保有しており、社員の数もそれぞれ一〇〇〇人に満たない。こうした条件に当てはまる企業しかDDOになれないのではないか、というのは自然な問いだ。しかし、A社という実例があるように、上場している巨大な多国籍企業でも「ホーム」を拡大させていくことができる。そして、その土台の上で免疫マップ作成のような「グルーヴ（慣行）」を実践し、その助けを借りる形で人々に自分の「エッジ（限界）」に挑ませ、個人レベルと集団レベルで「適応を要する課題」を乗り越えさせることができる。

はっきり言えるのは、そうした取り組みが報われているということだ。A社は、一年半経った時点で、活動の効果と価値について中間評価を実施した。エクササイズを経験した上級マネジャーたちと、同等の地位に就いていてエクササイズをまだ経験していない人たちを比較してみた。比較基準には、担当部署の成績を用いた。この指標は、マネジャーたちのボーナス決定の基準としても用いられているものだ。

調査の結果、なにがわかったか？　エクササイズを経験したマネジャーの部署は、そうでないマネジャーの部署に比べて、合計で一〇億ドルあまり多く売上に貢献していた。

多面的な視点——四象限のモデル

DDOを目指している別の組織に話題を移す前に、少し考えてみよう。以上の簡単な描写を読むだけでも、A社でどのようなことが実践されているかについて、いくつか見えてくることがある。

● 組織全体が一つの課題に挑むことにした。それは、必然的に試練とチャンスの両方をもたらした。同社が取り組むことにした課題とは、伝統的な企業文化をもつ大企業が、イノベーション精神と起業家精神に富んだ二一世紀型の企業に変身を遂げるというものだった。

● その結果、社員は新しい課題を突きつけられた。求められる役割が変わり、「質の高い仕事」の定義も変わった。地位に関係なく、誰もが権限委譲を積極的におこない、指示を待たずに主体的に行動することが要求されるようになった。

以上の二つの要素を実践することに対しては、どの職場でも、そしてどのビジネススクールの授業でも異論が出ないだろう。DDOへの道を歩みはじめるために、突飛なことが要求されるわけではないのだ。リーダーなら誰もが考えるように、現状と未来の希望にしっかり根ざした行動を取ればいい。「私たちの会社と業界で、いまなにが起きているのか？　なにを変えたいのか？」と考えよう（もし二つ目の問いに対する答えが「変えたいことなんてまったくない！　万事うまくいっているし、このままでいけるはず」だとすれば、DDOへの道を進むどころか、いかなる変革にも乗り出せないだろう）。

しかし、A社で実践されていることは、これだけではない。あと二つの要素がある。

●同社は、外面的な目標を達成するために、内面にも徹底的に目を向けた。リーダーたちは、このような問いを考えてみた。「私たちの組織としての人柄、つまり組織文化はどういうものか？　普段の行動や反応の仕方は、私たちの考えていることや信じていることについてなにを物語っているのか？」。その結果、自社の文化があまりに権威主義的で、あまりにトップダウン型だという結論に達した。そして、イノベーションよりミスを犯さないことのほうが大事だと、暗に社員たちに指示していたと考えるようになった。そこで、リーダーたちは、みずからにこう問いかけた。「文化を変えるためには、どうする必要があるのか？　集団レベルのマインドセットのどの部分を改めるべきなのか？　私たちが集団レベルで目指している変革を邪魔したり阻止したりする可能性が最も高いのは、私たち自身のどのような面なのか？」。同社がトップダウン型のパターンから脱却するには、システムを大きく変革する必要があった。「リーダーとフォロワーが親子の関係から大人と大人の関係に転換する場合、私たちは集団レベルでどのようなリスクを負うのか？」と、彼らは考えた。

●内面の活動は、組織全体のレベルだけにとどまらなかった。組織で働く一人ひとりにも新しいことが期待され、新しい学習が求められるようになった。学習すべきことのなかに、技術的な課題だけでなく、適応を要する課題も含まれる場合は、一人ひとりがマインドセットを改め、みずからの自己変革を妨げる力学を理解しなくてはならない。〝変革をはばむ免疫機能〟のアプローチは、それを実現するための一つの方法にすぎないが、私たちが最も得意とするのがこの方法で、A社もそれを採用した。部下が上司の指示に異論を唱え、上司が部下からの異論を受け入れようと思えば、権威や責任やリスクに関する一人ひとりの固定観念は激しく揺さぶられる。

ここで、思想家のケン・ウィルバーが考案した四象限のモデルを紹介しよう。これは、あらゆる複雑な心理的・社会的現象の全容を一望するための方法論として有益だ（本書では、ウィルバーのモデルを私たちなりに自由に援用している。お礼とお詫びを申し上げたい）[1]。図7－1にあるように、このモデルでは、全体を二つの基準——個人と組織、外面と内面——により四つの領域にわけて考える。

ウィルバーの最大の狙いは、人々が狭い視野でものごとを見がちだと意識させることにあった。たとえば、心理学的な発想をする人は、変革について考えるとき、もっぱら「個人・内面」の視点で見る傾向がある。銃規制改革や人々の食生活の改善がテーマなら、「どうすれば、一人ひとりの行動の動機や感情をより深く理解できるだろう？」という考え方をする。その結果、システム全体

図7-1

DDOを目指す組織を多面的に見ると……

	組織 以下の点についてなにを変えたいか？	個人 以下の点についてなにを変えたいか？
外面	・ビジネスの成果 ・ビジネス上の目的もしくは機能 ・人事のあり方 ・人材採用・確保 ・社員に対する価値提案 ・リーダーシップのあり方 ・ガバナンス体制 ・ゴールと達成目標 ・明らかになっている問題と障害（実行面の問題、業務範囲の際限ない拡大、タコツボ化など） ・資源と資源配分（資本、時間、人間とその能力など） ・対人関係の組み立て方のパターン（チーム、会議、社員への支援など） ・顧客理解 ・報酬体系 ・未来の予測	・役割（リーダーの役割、社員の役割と責任、成果を測る指標など） ・能力（なにを知っているか、なにができるか、など） ・個人の明らかになっている問題と課題（権限委譲をしない、受け身的すぎる、信頼性がない、対立を避けたがる、冷淡すぎる、計画性がない、マイクロマネジメントをしすぎる、ほかの人たちを支援しない、チームプレーをしない、など）
内面	・ミッション（組織の深い目的ないし魂） ・組織の文化ないし組織の人格（注ａ） ・組織の（成果ではなく）健全性（注ｂ） ・集団レベルの発達面の成熟度（注ｃ） ・集団レベルの〝変革をはばむ免疫機能〟（注ｄ）	・個人的な価値観とモチベーション ・深く根差した人格的傾向（変わらない可能性が高い。たとえば、内向性や外向性などMBTIの極性）（注ｅ） ・個人レベルの発達面の成熟度（ゆっくりとしか変わらない） ・個人レベルの〝変革をはばむ免疫機能〟

a. Lee G. Bolman and Terrence E. Deal, *Reframing Organizations: Artistry, Choice, and Leadership* (San Francisco: Jossey-Bass, 2013); Edgar H. Schein, *Organizational Culture and Leadership* (San Francisco: Jossey-Bass, 2010)［『組織文化とリーダーシップ』（白桃書房）］.

b. Scott Keller and Colin Price, *Beyond Performance: How Great Organizations Build Ultimate Competitive Advantage* (New York: Wiley, 2011).

c. David Rooke, William Torbert, and Dal Fisher, *Personal and Organizational Transformations* (New York: McGraw-Hill, 1995); Frederic Laloux, *Reinventing Organizations: A Guide to Creating Organizations Inspired by the Next Stage of Human Consciousness* (Brussels: Nelson Parker, 2014).

d. Robert Kegan and Lisa Laskow Lahey, *Immunity to Change* (Boston: Harvard Business Press, 2009)［『なぜ人と組織は変われないのか』（英治出版）］.

e. マイヤーズ・ブリッグス性格指標性格指標（MBTI）。以下を参照。Isabel Briggs Myers and Peter B. Myers, *Gifts Differing: Understanding Personality Type* (Palo Alto, CA: Consulting Psychologists Press, 1980)［『人間のタイプと適性』（日本リクルートセンター出版部）］.

に関わる問題を十分に考慮しない場合が多い。「国民の七〇%が銃販売時の身元確認の義務づけを支持しているにもかかわらず、議会が動かないという現状に対して、「銃規制に反対する」全米ライフル協会はどのような役割を果たしているのか?」とか、「砂糖や肉の過剰摂取について、幼少時の環境はどのように影響しているのか?」といったことをあまり考えないのだ。

一方、システム全体のことを考え、政治的・組織論的な見方をしたがる人は、これとは正反対の視野狭窄に陥る危険がある。「組織・外面」の視点に偏りがちなのだ。そのため、組織レベルの変革とそれに対する抵抗の力学はよく理解できているのに、個人の心理レベルにおける同様の力学についての理解がお粗末なために、計画がつまずくケースが非常に多い。教育制度改革なら、改革により考え方と行動の変更を求められる現場管理者や教師の心理を見落としがちだ。

DDOへの移行を目指す人たちは、四象限のモデルを使って考えれば、すべての要素をつねに意識できる。ウィルバーはこうしたアプローチを「インテグラル(統合的)」と呼んでいるが、「ホリスティック(全体的)」という表現のほうが適切かもしれない。いずれにせよ、このモデルを用いることにより、私たち執筆チームの場合は、内面の二つの領域(個人と集団の内面的要素)を過大評価しないよう自戒できる。一方、現場のリーダーや、四半期ごとの目標達成を求められている人は、外面の二つの領域に目が行きすぎることを避けられるかもしれない。人は誰でも、このいずれかの形の視野狭窄に陥りやすい傾向をもっている。

ここで、読者のみなさんに告白しておこう。私たち執筆チームの視点は元来、まず図の右下の領域(個人・内面)に、そしてそこから出発して左下(組織・内面)の領域に偏る傾向をもっている。私たちは長年、目に見えにくい要素(図の下半分)がリーダーシップやマネジメントにおいて見落とされがちだという問題意識をもってきた。会社と社員が望むような組織のあり方を実現するためには、リーダーやマネジャーがこれらの要素に取り組む必要があると考えている。

ブリッジウォーターの「野球選手カード《ベースボールカード》」の表現を借りれば、この点は、読者が私たちについて警戒すべき「危うい要素」ということになる。図の上半分（外面の要素）は、私たちの得意分野ではないのだ。もちろん、私たちも学習している。本書の執筆を通じてＤＤＯについて学ぶ過程で、内面の要素と外面の要素が及ぼし合う影響の重要性がわかってきた。とはいえ、人は誰もがそうであるように、私たちもまだ学習の途上だ。以下の事例を読めば、私たちが依然として元々の指向に引き寄せられていることに気づくだろう。それでも、事例を通じて、あなたがＤＤＯを築く際に、どのように四つの領域すべてを意識すればいいかを具体的に理解してもらえればと思う。私たちが十分に注意を払っていない領域があると思えば、ぜひあなた自身で埋めてほしい。

フレージャー&ディーター

「お話ししたいと思っていました。みなさんが言う『発達指向になる』というのは、私たちがまさに必要としていることです」――フレージャー&ディーター（Ｆ&Ｄ）のマネージングパートナー、セス・マクダニエルは開口一番に、本書の執筆チームの一人であるアンディ・フレミングに言った（同社について詳しくは、囲み記事「フレージャー&ディーターの会社案内」を参照）。こうして、一年半にわたる対話が始まり、ついには私たちの会社ウェイ・トゥ・グロー（「成長への道」という意味）が同社の依頼を受け、一年がかりの試験プロジェクト「リードＦＤ」の設計・支援を担うことになった。

フレージャー&ディーター（F&D）の会社案内

一九八一年に設立されたＦ＆Ｄは、公開会社会計監視委員会（ＰＣＡＯＢ）に登録されている全米指折りの会計事務所・コンサルティング会社である。変化する市場で企業と個人が成功するための支援をおこない、具体的には、税務、監査、会計、さまざまな助言など幅広いサービスを提供している。

Ｆ＆Ｄは、全米で高い評価を受けている会計事務所である。

- 全米の会計事務所トップ１００に選出。
- アメリカで働きたい会計事務所の第一位に選出。
- 「実用会計慣行イノベーション賞」を六年連続で受賞。
- マネジメントがうまくいっているアメリカの会計事務所のトップ25に選出。
- 「ＩＮＳＩＤＥパブリックアカウンティング」（旧「ボウマンズ・アカウンティング・レポート」）の「全米優秀会計事務所賞」の金メダルを獲得。「会計事務所オールスター」に選出。
- 二〇一四年、アメリカの会計事務所トップ１００のなかで二番目に速いペースでの成長を達成。
- 最高水準の仕事をすることを約束し、素晴らしい成果を上げるために力を注ぎ続けている。

出典：www.frazierdeeter.com

なぜDDOを目指すのか？

マクダニエルは、発達指向型の文化へ移行しようと考えた理由を説明する。

ビジネスの面から考えれば、いたって単純な話です。一〇年先には、いま会社を引っ張っているシニアパートナーの多くが退職しています。会計事務所は一般に人材の継承をあまり重んじていないため、ビジネスの牽引役を失うとほかの事務所と合併せざるをえなくなります。私たちは、それを回避して事務所を長く存続させ、ブランドと文化を残したいと考えました。私たちにとって、その点はとても大切なことでした。それを本気で目指すなら、高い給料を払ってベテランを大勢雇うか――もっとも、一部の人はむしろ私たちの文化を台なしにしてしまうでしょう――ビジネスの牽引役になりうる人材を上手に育てられるようになるしかありません。

マクダニエルの組織変革のストーリーは、図の左上の領域（組織・外面）から出発している。対処すべきビジネス上の課題がはっきりしていたためだ。図の左上から出発したストーリーに、おのずと右上（個人・外面）へ移っていく。集団レベルのニーズに応えるためには、個人の能力が必要だからだ。マクダニエルは言う。

要するに、ビジネス開発と同じくらい、人材開発にも関心を払うべきだという結論に達したのです。私たちのような専門サービス企業にとって、この二つは長い目で見れば同じものです。

私たちがＤＤＯという概念に共感したのは、普段の職場の文化を触媒にして人を成長させるという点が理由でした。それはとても魅力的に思えました。メンバーが社内でも社外でも成長するのを助けたい。私たちは、進歩を助ける責務を負っているのです。

Ｆ＆Ｄでは、人を育てる取り組みは採用プロセスから始まる。

採用活動で嘘をつかない姿勢を貫かなくてはなりません。対外的に発するメッセージでも、採用候補者との関わり方でも、それが求められます。「会社と一緒に成長しましょう」というメッセージを打ち出すなら、実際に成長を支援しなくてはならない。私たちは、質の高い人材を大勢雇う必要があります。その点、人の成長に独特のアプローチで臨めば、競合との差別化が実現し、欲しい人材が採用しやすくなると期待しているのです。

中規模の会計事務所でもたいてい、技術的なスキルの習得は支援しています。けれども、適応を要する課題に関しては、あまり支援がなされていません。そのためのスキルを次第に磨いていくという発想はないようです。どの会社も「あなたの成長を支援します」と言うけれど、実際には、本や講習を通じて学べるような技術的なスキルの習得しか支援していません。リーダーシップや「プロフェッショナルな判断力」は、この種の方法では学ぶことはできないでしょう。教わったことは、せいぜい一カ月か二カ月もすれば忘れてしまう。既存の企業文化のままの行動に戻ってしまうのです。

ＤＤＯのモデルは、Ｆ＆Ｄのような会計事務所業界にとってきわめて有用なものに思える。

ほとんどの会計事務所は徒弟制度型のモデルを土台にしていますが、これがうまく機能する保証はありません。実際、私たちの事務所のシニアパートナーの大半は自力で頭角をあらわした人たちです。これではあまりに運任せで賭けの要素が大きすぎると、私たちは考えました。古いやり方を変えなければ、せっかく有望な若手を採用しても、潜在能力を開花させられない恐れがあると思えてきたのです。

マクダニエルにとって「人を育てる」ことは、次世代のリーダーを育てるというビジネス上の目的を達成する手段であるだけでなく、それ自体が大切な目的でもある。「成長」を、働き手に提供する重要な価値提案の一部に組み込もうとしているのだ。DDOの考え方をいち早く実践している企業では、リーダーと組織全体がこのように人の成長をビジネスの手段であり目的でもあると考えているケースが多い。

「ホーム」を築く

マクダニエルはほかの幹部たちと話し合い、若い人たちを育てることに力を入れるべきだと合意した。しかし、ただ号令をかけるだけでは変化を起こせないこともわかっていた。

そこで、私たち執筆チームの一人を招いて、大人の発達をテーマにした幹部向け合宿研修で話をさせた。マクダニエル自身でも上手に説明できたかもしれないが、自分はほかのメンバーとの対話に参加し、みんなの反応を見たいと考えたのだ。次に、一部のメンバーに免疫マップづくりを体験させることにした。このとき選ばれたメンバーは、ＤＤＯのアプローチを定着させるための旗振り役になってもらう必要があると思われた人たちだ。具体的には、私たちの一人が五人のメンバーにワークショップを実施し、ＤＤＯに移行するとはどういうことかについて理解を深めさせた。

若手を育成する必要性について幹部たちと話し合ったこと、幹部たちに大人の発達という考え方を紹介したこと、合宿研修で議論に参加したこと、数人の幹部に免疫マップづくりを経験させたこと――これらのマクダニエルの行動はすべて、変革を実現するための「ホーム」を築くという意味をもっていた。

ここで、マクダニエルの視点は四象限の下半分に広がっていった。ビジネス上の課題を見いだし、その課題がメンバーに新たな要求を突きつけることに気づき、人の成長をそれ自体として一つのビジネス上の目的と位置づけていても、課題を基本的に「技術的な課題」と考える人はいる。そういう人は、メンバーに行動変革へのやる気を起こさせるような優れた計画を立てることが最大の関心事になる。

しかし、前述のように会計事務所業界のあり方を批判したマクダニエルは、みずからのビジネス上の目標に「適応を要する課題」の側面があることに気づいている。適応を要する課題に挑む人が行動にだけ注目し、行動の土台を成すマインドセットを無視すれば、変革がうまくいかない可能性が高い。マクダニエルは、目に見える外面の行動だけでなく、目に見えない内面にも注意を払おうとした結果、図の下半分の領域に足を踏み入れていくことになったのだ。

なぜ免疫マップを用いるのか?

〝変革をはばむ免疫機能〟のアプローチが唯一の手段だと言うつもりはないし、ほかの方法論と併用してつねに用いるべきだと言うつもりもない。それでも、本章で紹介する組織の多くでは、なんらかの形でこの手法が大きな役割を果たしている。そこで、どうしてそれを用いるのかという点に、簡単に触れておくべきだろう。それは、著者のキーガンとレイヒーが開発した手法だからではない。勝手知った手法を用いたいからでもない。誰もがみずからの能力の限界（エッジ）に挑むように――それも、本能（どう感じるか）と頭脳（どう考えるか）と行動（どう行動するか）をすべて結びつける形で挑むように――背中を押す手段のなかでは、私たちの知るかぎり、これが最も無駄がなくて実用性が高く、成果が早くあらわれやすくて、組織と個人の両方にとって最も物理的なコストが少ない方法だと考えているからだ。

これ以外で最も一般的なのは、どのような方法だろうか？　それは、誰かが大失敗を犯すのを待って、そこから教訓を引き出すという方法だ。実際、適切な支援を受け、正しい意図をもって、（単に目の前の問題を解決するだけでなく）内面を掘り下げれば、失敗は学習の貴重な機会になりうる。しかし、内面の学習を後押しする原動力という意味では、このやり方には重大な限界がある。まず、全員が充実した学習カリキュラムを手にするまでに、長い時間を要する（全員が大失敗するまで待たなくてはならない）。それに、組織が多大なコストを負担する必要がある（一人ひとりの学習機会は、大きなダメージと引き換えにはじめて得られる）。また、ほとんどの人にとって、失敗を犯した直後というのは、学習に最適なタイミングではない。それに対し、〝変革をはばむ免疫機能〟のアプローチは、すべての人をただちに「エッジ（限界）」と向き合わせる。少なくとも、自分がなにを恐れていて、その恐怖の原因との戦いがどのように成果の妨げになっているかを理解させることができる。その際、ダメージが生じることもない。

A社のストーリーに話を戻そう。免疫マップづくりを実践した結果、五人のメンバーはDDOへの移行をさらに進めることで合意した。具体的には、一〇人の参加者を選んで一年間の試験プロジェクトをおこない、人の成長を加速させつつ、会社のビジネスにも好影響をもたらすことが可能かどうかを検証しようというのだ。

DDOとしての最初の慣行

試験プロジェクトは、社内のさまざまな部署と階層から一〇人を選び、発達のためのコミュニティを形成させ、自己、他者、会社の改善に取り組ませる形で実施された。参加者は最初の四カ月、会計事務所の繁忙期に、主として自分とほかのメンバーを成長させることに力を注いだ。日々の業務に関わる改善目標について〝変革をはばむ免疫機能〟の考え方に基づく小規模な実験をして、その結果を分析することを繰り返したのだ。週に一回、ペアを組む相手と会って互いにコーチングをおこない、〝変革をはばむ免疫機能〟専門の社外のコーチや、メンター役を務める社内の幹部とも話をした。

プロジェクトが始まって三カ月後の二〇一五年三月、そして同じ年の夏の合計二回、本書の執筆チームの一人であるアンディ・フレミングがマクダニエルとほかの三人に話を聞き、それまでの活動について尋ねた。一〇人の参加者たちは、最初の六週間で合計一〇〇回を超す実験に取り組み、ペアでのコーチングも二五回おこなっていた。

どうして、彼らはこんなに熱心に参加したのか？　その経験から、なにを学んでいたのか？　ものごとがどこに進もうとしていると感じていたのか？　マクダニエル、ベス・ニュートン（人材・

文化部門の責任者）、スーザン・コスチェワ（監査部門の上級マネジャー）、チャーリー・トレーラー（税務部門のマネジャー）の言葉を紹介しよう。マクダニエルとニュートンは、リスクを負ってプロジェクトを実現させた立役者であり、この活動の主たる監督者だ。一方、コスチェワとトレーラーは、募集に応じて一〇人の参加者の一員として選ばれた。

▼セス・マクダニエルの場合

「私がいだいている強力な固定観念は、自分がつねに正解を知っていなくてはならない、というものです。そこで実験として、『じっくり考えてみたけれど、私には答えがわからないのです』と、みんなに言うようにしてみました」と、マクダニエルは言う。このように、固定観念に反する行動を取ると、どのような結果になったか？　本人の言葉を紹介しよう。

別に、私がつねに正解を知っているとは思われていないのだ、とわかりました。みんなは、自分自身で問題を考えたり、私と一緒に考えたりするほうが楽しく感じる場合が多いようです。それに、日々起こる問題のすべてに対して正解を知っていなくてはならないという重荷から解放されれば、私にはもっと長期的な戦略上の問題に取り組む余裕が生まれます。

たとえば、私たちは現在、ある会計事務所との合併を検討しています。来週、社内のチームに合宿をさせて、詳細な合併・統合計画をつくらせる予定です。昔のように、細かいところまですべて自分で決めようとは思っていません。チームの面々とはすでに話をしていて、私はあとから合宿に合流し、合併候補の事務所とともに計画を検討することになっています。その合宿の日、私はある大学の重要人物たちと会う別の予定があるのです。その大学と関係を深めて、優秀な学生の採用につなげたいと思っています。

社内のコーチ役でもあるマクダニエルは、ほかの人たちの強力な固定観念についても知ることになった。社内の多くの人がいだいている固定観念の一つは、リーダー育成のプロセスにも直接影響を及ぼすものだった。マクダニエルはこう述べている。

若手スタッフの間に、営業開拓に関する不安と誤解が大きいことがわかりました。つねに大勢の知り合いをつくり、取引をまとめることが期待されていると思い込んでいたのです。この固定観念をあぶり出せたことにより、私は自分自身の営業開拓の経験を披露し、イメージほど難しいものではないと説明できました。すべては、すでに仕事で接している取引先担当者と関係を深めることから始まります。私が昇進するにつれて、先方の担当者もそれぞれの社内で昇進し、どの会計事務所に依頼するかを決める立場になっていきました。このような話を若手スタッフに聞かせました。多くの場に出掛けていき、見ず知らずの人とコネをつくるために時間と思考を費やすことは求めていません。

事務所の人たちがどのような発想をしていて、どのような発達上の弱点を抱えているか、そして、組織文化にどのような弱点があるのかがだいぶ見えてきました。この最初の一〇人が組織全体にどんな影響を及ぼすか、楽しみです。学んだことを生かして、同僚たちを助けるのでしょうか？　好影響が好影響を生む増幅効果が生まれるのでしょうか？　ここまでのところは非常に満足しています。

▼ベス・ニュートンの場合

F&Dは二〇一三年八月、ベス・ニュートンを人材・文化部門の責任者として採用した。同社はこれにより、人と文化をはぐくみたいという強い意志を明確に表現したことになる。ニュートンがF&Dに加わったのは、DDOへの移行に取り組みたかったからだという。しかし、それを実現するのが容易でないことは、彼女もわかっている。

プロジェクト参加者にとっても会社にとっても、平坦な道ではないと思っています。深い探求だけでなく、深い変化も要求されているのだという思いが強まるばかりです。なにしろ、新しい思考プロセスと新しいものの考え方を獲得してもらわなくてはならないので。それでも、深い変化は起きはじめています。元々は、規則に従って行動し、与えられた課題を漏れなく処理するよう訓練されてきた人たちでした。みずからの学習と成長に対しても、そのような姿勢で臨んでいました。それが一年半の間に、大きく変わったのです。

プロジェクトを開始して一カ月後、電話会議システムで試験プロジェクトのメンバーと話し合いました。そのとき、参加者は口ぐちにこう言いました。「自分がやっていることの全体像が見えません。終わりが見えてこない。本当に時間を費やすに値するのでしょうか?」。目に見える成果をすぐに実感したかったのです。それでも、数週間後の状況確認の話し合いでは、きわめて明瞭な変化があらわれていました。参加者は、このプロジェクトがみずからのペースで学習するための活動であることを知り、改善目標を活用して自分自身について理解を深めつつありました。これがまったく新しいタイプの学習体験であることもわかってきました。全員の目が開けたかのようでした。

参加者が同僚や顧客と接する膨大な時間に、もっとオープンな態度を取り、もっと意識的に行動し、異なる視点でものごとを見ることにもっと前向きになれば、ビジネスに及ぶ好影響は計り知れません。人々が成長を続け、この活動を経験する人が増えるにつれて、どのような成果が生まれるかを見るのが楽しみです。

▼スーザン・コスチェワの場合

私が最初に掲げた改善目標は、心配しすぎず、つねに状況をコントロールしようとしない、というものでした。仕事と家庭ですべての状況をコントロールしなくてはならないという強力な固定観念は、間違いなく私の足を引っ張っていました。最初の実験は、家庭でおこないました。それまで自分でやっていたことの一部を家族に任せたのです。これは、実験することの練習になりました。その後、職場でも権限委譲を試しはじめました。不安なときはとくに、仕事をほかの人に任せてみたのです。また、強いストレスを感じていたような状況に関する考え方を変えるようコーチに促されて、難しい状況に直面したときは素早く判断をくだし、いつまでも考えないようにしました。ぐずぐず思い悩まないように決めたのです。互いにコーチし合っていた参加者の一人がよく言うように、「完璧を目指すより、まずは仕上げることが大事」だと思うようにしたわけです。こうして問題に素早くケリをつけられるようになって、効率が高まりました。

今年、私がどのくらい成果を上げられているかは、過去の成果と直接比較することができます。担当しているプロジェクトのほとんどがリピート顧客の仕事だからです。去年と今年の同時期での進捗状況を比べればいいのです。あるいは、例年と今年を比べてもいいでしょう。現時点で、今年は例年に比べて五~六週間早く仕事が進んでいます。すでに完了した仕事もいつもより多いし、それ以外の仕事も例年より早く進捗しています。

これが私にとっても会社にとっても好ましいことなのは、間違いありません。短い時間で多くの仕事ができるようになったのですから。でも、会社にとってのメリットはほかにもあります。それは、人員に対するニーズに応じて、より柔軟に人をプロジェクトに割り振れるようになったことです。本人に一〇〇%の資質がなくて、自信をもてないような仕事であっても、その人に任せられるようになったのです。このことには、私自身が最近、お世辞にも専門とは言えない分野のプロジェクトに参加したことがきっかけで気づきました。

このとき、私はさまざまな苦境に直面しました。以前なら、その都度仕事が停滞していたでしょう。でも、このときは学んだ方法論を使い、「ほかの人だったら、この状況をどう見るだろう?」と自分に問いかけ続けました。それを学んでいなければ、感情面の問題により袋小路に入り込んでいたと思いますが、私は視点を変えて問題を見ることにより、状況に対処できました。

▼チャーリー・トレーラーの場合

私は、日々の仕事で行き詰まって、視野が狭くなり、自分のすべきことを非常に狭く考える傾向があります。みんなが大きな重圧を感じている繁忙期にはとくに、自分のことばかり考えてしまう。ほかの人たちのニーズやものの見方を考慮しない状態に陥りがちなのです。でも、このプロジェクトとコーチングを通じて、いつの間にか、自分の行動がほかの人の仕事にどのような好影響や悪影響を与えているかを考えるようになっていました。

たとえば、先週の金曜日は納税申告の締切日でした。私にとっては、マネジャーになってはじめて迎える締切日です。おおわらわの一日でした。私はパニックになったようにあちこち飛び回っていて、ある仕事を一人のインターンに任せる必要が出てきました。働きはじめてまだ四〇日あまりの人物でした。その仕事は顧客の特殊なニーズに関わるものだったのですが、私は細かい説明を端折って仕事を言い渡してしまいました。

あとで不安になってきました。「彼女は、その仕事が必要な理由をわかっていない。頼まれた仕事の要点がなにかを理解する前提知識もない」。もっと時間を割いて説明できたはずだし、そうすべきだった。実際にはそれほど時間がかかるわけではないし、長い目で見れば、同じ仕事を何度も任される可能性がある本人の役にも立つことなのだから。結局、そのときはインターンに任せたままにしましたが、その夜、家に帰ってから、ああいうときはもっと適切な行動を取らなくてはならないと思いました。もっと上手に説明し、相手が将来使える知識を提供できるようになりたいと考えたのです。

週が明けた月曜日の今日、私はまだ彼女と話していませんが、あとで話すつもりです。あのとき同席していた別の人とは、もう話しました。その人物には、「私はあなたのやり方に慣れていますが、そういう人ばかりではありませんよ」と言われました。私が重圧を感じているとき、ほかの人たちがどのような思いをするかはっきり理解できました。実際、そのとおりの局面を経験したのです。

強力な固定観念をあぶり出す作業を通じて、自分が好ましくない行動を取る理由が明らかになります。そして、それがわかると、その行動が本当に馬鹿げたものに思えてきます。私の行動を突き動かしている強力な固定観念の一つは、「ほかの人たちに先を越されている」というものです（若い頃に十分な指導を受けられなかったために、そのような固定観念をいだくようになったのです）。その固定観念のせいで、私は自分に過度の要求をしてしまいます。最近、あるシニアパートナーにこの問題を打ち明けました。相互コーチングのパートナーになっている人物です。彼女は私の固定観念に疑問を投げかけ、私が納得いくまで説明してくれました。これは本当に参考になりました。自分にどのような傾向があり、ストレスのかかる場面で自分がほかの人や仕事にどのように接しているかがよく理解できました。

私の行動改善と自己改善を励まし、力になってくれた人たちのおかげで、本当に助けられました。私たち一〇人はこれから、このプログラムで学んだ教訓を生かして、ほかの人たちを成長させ、この文化を全社に広げるよう努めなくてはなりません。

少しずつ試すアプローチ

以上で紹介したF&Dの人たちは、同社ではDDOの三要素すべてが満たされていると言うだろう。おそらく、ほかのプログラム参加者たちも同じ考えに違いない。まず、一人ひとりがエッジ、つまり個人レベルの成長目標、もしくは現在取り組んでいる「一つの大きなこと《ワン・ビッグ・シング》」をもっている。そして、ホーム、つまり一人ひとりがやっていることをよく理解し、進歩しているか気を配ってくれる人たちのコミュニティがあり、グルーヴ、つまり仕事を通じてエッジに挑むための慣行もある。この三要素がそろっているからこそ、目指しているような変革に乗り出せたのだ。

前出のA社に比べると、F&Dは、試験プログラムを通じて時間をかけて三要素を充実させていった。A社がCEOと六〇〇人のトップリーダーたちを先頭にトップダウン型のアプローチを採用したのとは対照的に、いわばミドルアウト型（内から外へ）のアプローチを実践したのだ。

しかし、共通点もある。両社は、DDOの方向へ踏み出すことを選択したからといって、完全なDDOになると決めたわけではないのだ。デキュリオンやブリッジウォーターやネクスト・ジャンプと違って、徹底した発達指向の文化を全社に浸透させることは目指していない。F&Dのリーダーたちは、限定的な形でいくつかのDDOの原則と慣行を導入しようと（一部は独自の原則と慣行をつくろうと）考えている。そして、そこから学習して、次のステップとしてなにが最善かを見いだしていくつもりだ。言ってみれば、橋を渡りながら橋を架けようというのである。

四象限のモデルで言えば、F&Dの事例は、図の上部（外面）と下部（内面）の両方を描き出し、さらには両者の関係を浮き彫りにしていると言えるだろう。しかし率直に言って、下部に関しては、個人の領域（右下）にやや偏っていることは否めない。その点、次の事例は、左下の組織の領域にもいくらか光を当てられるかもしれない。

ウェルメド社

「私たちがいだいている最大の不安は、なんだろう？　それは、ほかの医師たちから、暗黒面に堕ちたと思われることだ」

「そうだ。あと、自分が医師としての使命を裏切っていると感じること。商業主義に毒されすぎることだ」

「同感だ。でも、それとはまったく別の問題もあると思う。私たちの心の内面に関わる問題だ。私たちは、互いの感情を害したくないのだと思う。意見対立を表面に引っ張り出して対応するのではなく、対立を避けて通りたがる」

（怒りを爆発させる演技をして）「まったく同意できない！」（一同爆笑）

「みんなの指摘には納得できるけれど、もう一つ追加したい。私たちは、もっている権限をすべて生かしていないと思う。自分の権限を行使することに腰が引けている」

九人の医師が会議室で率直な議論をしている。ウェルメド・メディカル・マネジメント社（テキサス州サンアントニオ）の「医師リーダーシップチーム（ＰＬＴ）」のメンバーだ。この日は、ＰＬＴの成果について一日かけてみんなで自己点検をするために集まった。ウェルメドは、高齢者向け医療を専門とする病院経営企業だ。テキサス州とフロリダ州で一〇〇以上の診療所を運営しており、患者の数は二五万人を上回る。社員の数は二〇〇〇人を超し、二〇一五年の売上高は約二〇億ドルに達した。

この会社の特異な点の一つは、一九九〇年にジョージ・レーピア医師によって設立されて以来、医師主導の経営を貫いてきたことだ。同社には、このほかにもう一つ特異な点がある。ここ数年、職場で自分の内面の問題に取り組む幹部が増えているのだ。冒頭に掲げたような会話は、一般的な企業の取締役会ではあまり交わされない。ましてや、医師同士ではまずお目にかかれないものだ。

この日、ＰＬＴのリーダーであるリチャード・ウィタカー医師が自分たちのジレンマについて語った。「医師という職種の性格上、私たちは他人の内面、つまり他人の肉体と感情を掘り下げることに比べると、自分たちの内面を掘り下げることがきわめて不得意なようです。医師は、他人の問題を解決するのが仕事です。自分のことを検討するためには、あまり時間を割きません」

同社では、最初は個人レベルのコーチングの一環として始まった活動がリーダーシップコミュニティにも拡大していった。これまでに、ＰＬＴのメンバー全員に加えて、ＣＥＯ室のメンバー（レーピアとウィタカーも含まれる）も自分たちの免疫マップを作成している。同社はさらにＤＤＯに向けた道を進むことも検討しはじめているが、現在はホームを築こうとしている段階だ。

医師主導の病院経営企業を成功させるためには、（臨床の仕事も並行しておこない、医師としてのアイデンティティを維持するにせよ）マネジャー職を引き受ける意向のある医師を採用し続けなくてはならない。会社を急成長させたい場合は、とくにその必要性が高い。問題は、それがさまざまな面で非常に難しいことだ。レーピアはいまでこそ、医師兼企業経営者として高い評価を得ているが、会社を始めた時点では、経営者になる準備がまったくないも同然だったと、本人も認めている。

医学校や医療の現場で過ごしても、ビジネススキルはなかなか磨かれない。レーピアが言うように、「医師はたいてい権限委譲が苦手だし、人に責任をもたせることも得意でない」。しかも多くの医師は、ビジネス上の役割を担うようになると、深刻なアイデンティティの危機に直面する。冒頭の会話にあったような割り切れない思いをいだきながら新しい役割を担う場合は、なおさらだ。

このような深層レベルの問題に向き合おうと思えば、いわば水面下に潜り、深い固定観念を引っ張り出すための慣行（「グルーヴ」）が欠かせない。固定観念を検討せずに放置すれば、内面の葛藤と矛盾はいつまで経っても解消されないままになる。冒頭で紹介したやり取りは、私たちの一人がファシリテーターを務め、所定の手順に沿っておこなわれた活動の一部だ。この活動を通じて、Ｐ

LTのメンバーが自分たちの弱点を知り、その背景にどのような集団レベルの〝変革をはばむ免疫機能〟があるかを突き止められるようにしようと考えたのだ。チーム全体の裏の目標は、どのようなものか？　強力な固定観念はなにか？　こうした問いに答えることを目指した。図7－2は、このときPLTが作成した集団レベルの免疫マップである。

チーム全体が自分たちのマインドセットを知り、とくに（間違っている可能性のある）強力な固定観念をあぶり出したことにより、PLTのメンバーは、自分たちの足を引っ張っているマインドセットを改めることが可能になった。九人の医師たちは、ブリッジウォーターの人々のように「それは本当か？」とみずからに問いかけた。短期間で成功しなくてはならない、少しずつ学んでいくことなど許されないというのは、本当か？　マネジメントの能力をはぐくむためには、臨床の仕事を完全に離れなくてはならないというのは、本当か？　PLTのメンバーは、（それぞれが自分の責任範囲にだけ目を配る人々の寄せ集めではなく）真のリーダーチームになるという集団レベルの改善目標を掲げることにした。医師主導の会社を率いる役割を課されたグループにとって、これほど重要な課題はない。

以下では、DDOの方向へ歩みはじめた組織をあと二つ紹介する。この二つの事例は、これまでに紹介したものより小規模な取り組みだ（組織全体の活動ではなく、組織内の一つのプログラムなのだ）。それに、四象限の左下（組織・内面）を深く掘り下げることもしていない。しかし、それでも参考になる点がある。

まず、オーストラリアのシドニーに本社を置く保険会社、サンコープ・パーソナル・インシュアランスの戦略イノベーション部門を見てみよう。同部門の活動については、リーダーシップ開発専門家のジェニファー・ガーヴェイ・バーガーが教えてくれた。これは、大企業の中に新設された部門がDDOのように活動し、そのアプローチを次第に全社に広げていった事例である。

3. 裏の目標	4. 強力な固定観念
● 力不足だと思い知らされたくない。無能で仕事ができないと思われたくない。 ● 適応できないことを経験したくない。 ● ペースが遅すぎて時間を無駄にしていると、CEOに思われたくない。 ● まずいタイミングで問題を提起したくない。 ● チーム内外で他人の気分を害したくない。 ● これ以上のストレスを増やしたくない。さらに多くの責任を背負ったり、その結果として失敗したりしたくない。 ● 嫌われ役になりたくない。 ●「商売重視」すぎると思われたくない。 ● 不確実性に直面して不安に苛まれたくない。 ● 医師という職業に対する裏切り者になりたくない。 ● 医師としてのアイデンティティを失いたくない。サラリーマンになりたくない。 ● 自分の部署を軽んじたくない。 ● やるべきことを増やすことにより、ものごとの優先順位をややこしくしたくない。 ● 不愉快な会話をしたり、弱さをさらけ出したりしたくない。 ● 意見を否定されたくない。	● CEOが苛立っているとすれば、自分たちが間違っている。 ● 行動する権限がない。言われていないことはしてはならない。 ● チームのニーズは自分とは関係ない。 ● 無能な人間が有能になることはできない。 ● 私たちは、このような高い地位で仕事をこなす能力がない。 ● 最初からうまくできなくてはならない（チームとしてこれから学んでいくのでは遅い）。 ● PLTの一員になるためには、自分の部署の一員であることをやめなくてはならない。 ● この会社にこのチームは必要ない。 ● 待っていれば、いずれ誰かがやり方を教えてくれる。 ● 医師とは患者を診るものだ。 ● よい医師であり、同時によいリーダーであることは不可能だ。 ● リーダーとして生み出せる価値は、医師として生み出せる価値に及ばない。自分の真の価値は、患者を診ることにある。 ● リーダーになると、あら探しばかりされる。 ● 私が変わることは歓迎されていない。 ● 重要な利害関係者との関係をそこなうことは、チームの存続を脅かす。 ● 責任が増えれば、仕事が増える。 ● もっと適切なタイミングがある。 ● 不確実性がもたらす不快感は、前進の妨げになる。

図7-2

ウェルメドのPLTの免疫マップ

1. 改善目標	2. 阻害行動
リーダーたちの寄せ集めではなく、真のリーダーチームになる。	● 適切な問いを発しない（すぐに答えに飛びつきたがる）。「くだらない質問」をしない。 ● チームとしてではなく個人単位でものを考える。タコツボ化した発想をする。みんなが共有できる大きな目標を打ち出せない。 ● 直営の診療所ばかりを重んじる。 ● 快適に感じる活動や容易な課題にばかり取り組む。 ● あまりに多忙で、PLTの活動に参加できない。 ● PLTの活動以外の仕事を優先させてしまう。 ● あまり頻繁に集まって話さない。 ● チーム単位ではなく、個人単位で成績を評価し、ご褒美を与える。 ● 互いに責任をもたせない。 ● 結果が「チームのもの」と位置づけられていない。 ● さまざまな選択肢を検討しない。古いやり方のままで始めてしまう。 ● テーマごとに別個に会議をおこなう。 ● 対立を掘り起こさない。 ● 共通の目的を強く目指していない。 ● リーダーが導き、意見を述べ、方向性を示すのを待つ。 ● 自分たちの行動の影響力を過小評価する。 ● できるだけ体系的にものを考え、理解しようとしない。真実を明らかにしようと努めない。 ● ものごとを明確にしようとしない。 ● 自分たちが大きな問題を解決する力をもっていると信じていない。 ● チームにおいてなにが許されないのかが明らかでない。 ● 許されない行為があった場合に、それに対応しない（対立を避ける）。 ● チーム外で起きた出来事がチームに影響を及ぼす場合も、それに向き合わない。 ● 互いのために全力で戦ったり、主張したり、尽力したりしない。 ● 権限を行使しない。

サンコープ社の戦略イノベーション部門

サンコープの本社ビルを訪れると、ほとんどのエリアには、どの企業にもあるような景色が広がっている。壁には、安全対策やモチベーション向上のためのポスターと、社員それぞれの居場所が記された出欠ボード。オフィスは個人用に細かく間仕切りされており、その中で社員たちが忙しそうに電話している。しかし、戦略イノベーション部門の一角には、まったく違う風景がある。間仕切りはなく、キャスターつきの椅子とデスクがあるだけ。天井のレールに沿って動かせるホワイトボードがあり、それを使って部屋を区切ったり、メンバーのアイデアを記した付箋をそこに貼ったりしている。固定されている壁は一面しかなく、そこには過去三年間にメンバーが描いた絵が何枚も飾ってある。戦略、未来、リスクといった要素を、その絵の作成者にとって最もピンとくるような比喩の形で表現したものだ。

これがこの組織のホームだ。サンコープに戦略イノベーション部門が設置されたのは三年前。長期的視点に立って、競争力とレジリエンス（しなやかな強さ）への戦略的投資をおこなおうという意図だった。そのために、同部門には、戦略と未来に対する新しい考え方を組織のＤＮＡに組み込む役割が与えられた。

戦略イノベーション部門の設置を決めたマーク・ミリナーＣＥＯは、成功している企業が現状維持に陥ることのリスクを恐れ、「目に見えない変化の力が、未来の保険業界と未来の世界を一変させる」ことの脅威に不安をいだくようになっていた。また、増大する不確実性に対して新しい考え方をもつことの重要性も強く感じていた。新部門の設置という投資は「会社に未来への耐性をもたせることが狙い」だったと、ミリナーは言う。「ある朝起きると、会社がつぶれていたり、まわりの世界がすべて変わっていたりする事態を避けたい」というわけだ。

同社には、すでに従来型の戦略チームがあったし、会社の意思決定を吟味するリスク管理チームもあった。しかしミリナーは、さまざまなビジネス上のニーズに一括して応える部門を社内に設けたかった。新部門には、新しい思考を実践すること——固定観念を問い直し、状況の変化について学習を深めること——だけでなく、新しいニーズに対応した新しいビジネスモデルとアイデアを生み出し、戦略パートナーになりうる世界中の先進的な人たちとの関係を築き、会社のリーダー層の戦略思考を磨き、個人保険ビジネスを進化させ続けることも期待していた。

リスクについて考える

これらの役割を果たすために、戦略イノベーション部門のメンバーは、リスクについて普通とは異なる考え方をする。リスクを減らすことばかり考えるのではなく、リスクを新しいチャンスにつなげられないかと考えるのだ。同社では以前、個人保険のあり方を大きく揺さぶる可能性のある未来のシナリオをいくつか描き出したことがあった。それぞれのシナリオが現実になった場合に備えてさまざまな選択肢を発見し、掘り下げて検討することが、戦略イノベーション部門の最大の任務になった。

そこで、同部門のメンバーは、まだ存在しない未来の世界にどっぷり浸かり、未来の顧客の視点に立って、人々の未来の生活を想像しなくてはならない。そのうえで、そうした未来への懸け橋になりうる新しい可能性をつくり出す必要がある。

このような難しい知的・心理的活動をおこなう人たちには、普通の日々を送っているだけでは身につかないような資質が求められる。さまざまな対立する視点を同時にもたなくてはならないし、自分がいだいている最も深い固定観念をつねに疑わなくてはならない。多様性と対立を通じて、新しいアイデアを引き出す力も必要とされる。こうした課題に対応するために、戦略イノベーション部門のメンバーは絶えず協力し合い、異なるものの見方をする力を高めようとしている。チームの活動と構造と文化を「発達指向型」にすることを目指しているのは、そのためだ。

本書で多くのページを割いて紹介してきた本格的なDDOの人々と同様、この人たちも、個人の成長と業務の実行を切り離して考えていない。戦略イノベーション担当の上級ゼネラルマネジャーを務めるキルステン・ダンロップは、チームが発足した当時は「発達指向型組織（DDO）」という言葉こそ知らなかったものの、発達理論には精通していた。そのため、メンバーには、新しいことを考えるだけでなく、新しい考え方をさせたいと思っていたが、どうすればそれを実現できるかはわからなかった。しかし、いまチームのメンバーは、みずからの能力と快適ゾーンの限界（エッジ）に挑んでおり、ダンロップはそれを「裸のリーダーシップ」と呼んでいる。

チームのメンバーは、保険の未来（さらには未来全般）を新しい視点で考えるためには、既存のものの見方から飛び出す能力が重要だと考えている。これまでの自分たちの考え方やあり方はあまりに視野が狭く、イノベーションを生み出せないと思っているのだ。

そこで、発達が必須課題ということになる。別の言葉で表現すれば、環境順応型の視点は既存の文脈にとらわれすぎており、求められているような革新的なことを達成できない、というわけだ。自己主導型の視点ですら、（他者の視点に従っているわけではないにせよ）一つの世界認識にとらわれている可能性が高い。そのため、メンバーは、仕事を通じて自己変容型知性をいだくことを目指している。それがいかに難しいかも十分に理解しており、互いに成長を支え合う必要があることも認識している。

自己内省を定期的におこなう

秋めいた四月の朝（そう、ここは南半球のオーストラリア。四月は秋だ）、チームのメンバーがオフィスに集まり、二四人が大きな輪をつくって着席している。定期的に設けられている自己内省の一日だ。ホワイトボードはすべて脇にどけられて、できるだけ広いスペースを確保してある。二四人の内訳は、戦略イノベーション部門の恒久メンバーが一二人（「コア・チーム」）と、一年間だけ同部門に配属されている社員が一二人（「プリンシパル」）だ。プリンシパルの一二人は、四半期ごとに三人ずつ入れ替わる。したがって、加わったばかりの人と同部門を離れる直前の人がつねにいることになる。

この日のテーマは、コア・チームとプリンシパルたちの間に芽生えつつある緊張関係だ。なにがその原因かは誰もわかっていないが、それが仕事の妨げになり、活動のペースを遅らせはじめていることは間違いない。一同は、問題の原因を推測したり、漠然とした「チーム・ビルディング」のエクササイズを実行したりするのではなく、本書ではおなじみの方法論を実践することにした。金魚鉢《フィッシュボウル》の対話をおこない、自分たちの考えていることをあぶり出そうと考えたのだ。

まず、プリンシパルの三人が内側で輪をつくり、コア・チームとプリンシパルの違いについてどう思うかを話し合う。そして、エキサイティングで革新的な仕事に取り組めることの喜び、近いうちにメンバーの一部が去ることの重み、やがて自分たちが元の仕事に戻ることへの不安を語る。

三人の言葉が途切れると、外側で聞いていた人たちが口を開く。それまでの対話を称賛し、とくに優れた質問や傾聴の姿勢を指摘する。どこで緊張や居心地の悪さが生まれているように見えるかを指摘する人もいる。

このあと、内側と外側のメンバーを入れ替えて金魚鉢の対話が続けられる。コア・チームの数人が内側に加わり、内側にいた人の一部が外に席を移して、それまでとは別の視点で議論するのだ。会話が深まると、メンバー間の影響力の違いや、課題の割り振りに関する混乱、みずからの変化の速さに対する戸惑いが表面に浮上してくる。メンバーはそれをじっくり検討し、理解を深める。

最初の対話のときは、外側のメンバーが内側の議論に対して好意的な評価をはっきり示していた。しかし、今回はもっと批判的だ。内側の面々がチームの理念をどの程度実践しているのかと疑う声が上がる。点数を稼ぐための問いではなく、好奇心に突き動かされた問いをどのくらい発したか？　互いの言葉にどのくらいしっかり耳を傾けたか？　どのくらい本当の対立をあぶり出せているか？　こうした問いかけをきっかけに、真に重要な問題が浮上し、それが課題の割り振りの問題に代わって議論の中心になる。チーム全体としてすべきことより、みずからの利害を利己的に追求している人がいるのではないかと、一部のメンバーが漠然と不安に感じている――そのことが本当の問題だったのだ。

あるプリンシパルが言うところの「期待されている役割と個人としての成長の間にあるせめぎ合い」に関する議論のなかで、この問題が表面化する。メンバーが成長と変化を経験し、固定観念を突き崩されているという点では、多くのメンバーの認識が一致している。「私たちはとても速いペースで変化している。自分がどのように変わりつつあるかを内省する時間もほとんどない」というわけだ。自分のことがよく理解できるようになり、自分の弱点と強みが見えてきたと、メンバーは口々に語る。仕事やリーダーシップについての考え方も変わったようだ。「いままでは、リーダーシップとは、まわりの人たちとまわりの環境に注意を払うことだと思うようになった」と、メンバーの一人が言う。「以前は、目に見える成果物がなにより重要だと思っていたけれど、いまはそう思わない。リーダーシップとは、目的地に到達することより、旅を続けることなのだとわかってきた。本当の意味でものごとに気づくとはどういうことかに、私は気づきはじめた」

この点では意見が一致しているが、意見の違いも浮かび上がってくる。チームと仕事への貢献を最も重要と考える人がいる一方で、プリンシパルのなかには、一年間を通してのみずからの個人的成長を最も重要と考える人たちもいるのだ。まだ経験の浅いメンバーが言う。「自分自身のことを考えるべきだと思う。誰にも頼らずに考えて行動すること、つまり浮き輪を捨てることが求められる。自分が泳げないと感じないかぎり、人は自力で頑張ろうと思えないから。そうやって最初は自分の個人レベルの成長に集中しないと、チームのためになにが最善かを考えられるようにはならない。時間は一年しかない。自分が泳げるようにならなければ、チームのメンバーに泳ぎ方を教えることなんてできない」

すると、別のメンバーが反論する。「個人の成長は、会社のビジネスへの貢献が目的だ。会社のニーズに応えるために、私たちは成長する。自分のことばかり考えるべきではない」

「そのとおりだ」と、別の一人も言う。「私たちが自分を成長させることに力を入れるのは、仕事の質を高めるためだ。世界が変わらないなら、私たちが変わる必要はない。でも、世界が変わり、ビジネスが変わっている以上、私たちも変わらなくてはならない。そうしないと、ビジネスを前進させられなくなる」

内省に関する内省

金魚鉢の対話の第一ラウンドでは、言葉がやり取りされるペースが速く、ほかの人の言葉を受けてじっくり考えるというより、他人の意見を弾き返しているような雰囲気だった。

しかし、第二ラウンドを経て第三ラウンドにもなると、ゆっくり言葉が交わされ、内省的なムードが高まり、ほかの人の意見を注意深く聞く姿勢が見られるようになる。強い感情を込めて語り合いつつも、意見が異なる人の視点に立ち、その言い分を理解しようとしているのだ。ほかのメンバーの主張を掘り下げるために、「ぼく、きみの言っていることを誤解していない?」「こういう解釈でいいのかな?」など、相手の真意を明確化させるための問いを投げかけ合う。

メンバーは次第に、会話のプロセスそのものに関心を示しはじめる。たとえば、一人が内面の思いを声に出して言う。「うーむ。私はいま、会話が居心地の悪い場所に行かないようにしているだけなのかな?」。

自分たちがどのように変わったかも話題にのぼる。「三カ月前だったら、こんなふうに考えることはありえなかった!」。いまこの面々は、会話のプロセスと中身の両方を同時に意識している。自分のなかでこみ上げてくる感情は認識しているけれど、以前ほどはそれにとらわれない。そして、意見が異なる人の視点を深く理解し、それを検討することができる。

ここで、非常に重要な——そして、ある意味では危険な——問題が持ち上がる。「自己中心の姿勢には心から抵抗を感じる」と、コア・チームの一人が言う。「職業上の能力開発とは、個人のためにおこなうものではない。自己中心であってはならない。あくまでも、仕事の質を高めることが目的なのだから」

泣く人や怒りをむき出しにする人があらわれる。こうした強い感情を見せることは、このチームでは別にタブーではない。泣いているメンバーにティッシュペーパーを手渡したり、冗談を言ってみんなで一緒に笑ったりしたあと、この重要だが難しい会話にさらに踏み込んでいく。半年以上このチームにいるメンバーは、緊迫した空気を肌で感じながらも比較的容易にペースがつかめる。それを目の当たりにした新しいメンバーは、戦略イノベーション部門での任期を終えるまでに、自分になにができるようになるかを知る。

対話は、個人の成長とチームの成長を、つまり個人の要素と組織の要素を織り交ぜる方向に進みはじめる。金魚鉢の対話を締めくくるのは、個人レベルと（家族、地域コミュニティ、そしてこの組織という）集団レベルの目的をめぐる議論だ。保険とは、不確実な世界において希望と安心を生み出すもの——一同はこの根本的な考え方に立ち戻り、この考え方が顧客とも深く共有されていることに気づく。保険は、成長を支援し、よりよい未来を築くためにリスクを負って行動することを後押しできる。ときには、惨事に見舞われた人の唯一の救いにもなれる。メンバーは、このように会社の存在価値を再認識し、人々がいちばん大切にしているものを守る手立てを提供することの意義を語り合う。コア・チームのメンバーは、こうした目的意識を社内に広げるためにどうすべきかを論じる。一方、プリンシパルたちは、自分が成長するための支援と内省の機会、そして成長を促す手ごわい仕事に取り組む機会の必要性を語る。

九〇分の対話が終わる頃には、内側の輪の人たちは、文字どおり身を乗り出して互いの言葉に耳を傾け、ものごとを深く考えて探求しようとする雰囲気を醸し出すようになる。外側の人たちも椅子を前にずらし、内側の輪に近づいて話を聞きはじめる。メンバーがいだく懸念のなかには、全面的に正しいものもなければ、全面的に的外れなものもないと、一同は学ぶ。こうして、一緒に前に進む道をみんなで切り開いていく。なにか新しい発見があるたびに、その場に活気がみなぎる。

このあとメンバーは、一連の対話で提起された問題を掘り下げるために、コンサルタントから権力と発達と目的に関する専門的な見解を聞き、成長のための慣行を体験する。みずから新しい慣行をつくる場合もある。また、免疫マップづくりを通じて浮き彫りになった個人の裏の目標について話し合い、チームが集団レベルでいだいている裏の目標もあぶり出す。そして、人々の力関係やつながりがどのように作用しているかを検討し、同僚たちの言い分を深く理解するために話をじっくり聞く。これは、次にどうすべきかを主張するために他人の話を聞く——一般的な組織でよく見られるパターンだ——のとは異なる姿勢である。

慣行の理論

内省の日に、成長を促す慣行を実践すると同時に、なんらかのテーマについて議論するというやり方は、戦略イノベーション部門の草創期にまで遡る。同部門が発足して最初の合宿研修では、世界の複雑さ、不確かな未来、大人の発達という三つのテーマを取り上げた。このときの参加者はまず、ほかの人の話をじっくり聞き、率直なフィードバックをおこなった。そして、本章で紹介したほかの組織と同様、免疫マップを使って一人ひとりの個人レベルの強力な固定観念を突き止め、能力の限界（エッジ）を明らかにした。さらに、発達度評価を用いて自己分析し、現在の発達段階がもたらす強みと限界についてわかったことを語り合った。

その後、戦略イノベーション部門は時間をかけてコミュニティを強化し、コミュニティの成長を助けるための継続的な慣行をつくり上げていった。新しいメンバーの迎え入れと異動するメンバーの送り出しのための慣行も確立した。メンバーは、発達理論とその実践法について徹底的に考える。つねに変わり続ける組織では、メンバーを発達させるための取り組みが欠かせないのだ。メンバーは配属時に発達度評価を受け、大人の発達について理論レベルと実践レベルで学ぶ。自分の内面を外部に引っ張り出すために、みんなで絵を描いたりもする。

戦略イノベーション部門での任期を終えてビジネスの現場に戻っていくプリンシパルたち（これ以降は「パイオニア」と呼ばれるようになる）は、アクションラーニングのグループを通じた支援を受け続けられる。以前の同僚のもとに戻り、昔と同じ試練に向き合うとき、そのグループの助けを借りながら、新しい視点を見いだしていくのだ。

言葉を広げる

戦略イノベーション部門は、わずか二四人の小さなチームだ。言ってみれば、一万五〇〇〇人の社員を擁する大企業という大海に浮かぶ小島のような存在でしかない。それでも、会社の片隅で出発したチームは、サンコープが新しい商品やサービスを生み出し、世界に対する見方を広げるうえで欠かせない役割を果たすようになった。それにともない、このチームで実践されている慣行ともの考え方の一部が全社に広がりはじめている。

同部門はまだ歴史こそ浅いが、会社全体に影響を及ぼし、社員の仕事の仕方を大きく変えてきた。たとえば、革新的な在宅勤務システムを導入することにより、顧客満足度が飛躍的に向上し、社員の欠勤率は目覚ましく下落し、セールスの成績も上昇するという成果を実現した。会社が重要な提携を新たに結ぶときも主導役を務めてきた（たとえば、新興企業と提携して革新的なビジネスモデルを共同開発するなど）。来たるべき変化に備えて、会社の主軸を成す保険サービスのビジネスモデルの修正を主導したのも同部門だった。次第に、このチームのメンバーは、社内のあちこちの部署からお呼びがかかり、イノベーションを考えるために力を貸してほしいと頼まれるようになった。

いま、戦略イノベーション部門は岐路に立たされている。現在の予算や人員では、社内のニーズに応えられなくなっているのだ。部署の規模を拡大させるべきか？　あるいは、社内の各部門の中に、小規模な戦略イノベーションチームを設けるべきか？　この選択は、同部門のみならず、おそらく会社全体の発達のあり方を変えるものになる。会社全体がＤＤＯになるのか？　グループ企業全体が新しいアプローチを試すのか？　おそらく、ＤＤＯ的な慣行が組織内に伝播し、組織全体が変貌を遂げることになるだろう。

ＤＤＯのアプローチは、このように組織内で広がるだけでなく、ほかの組織にも広がっていくケースがある。これから、コカ・コーラのような老舗大企業に始まり、生まれたばかりの新興企業にいたるまで、さまざまな企業がＤＤＯのアプローチを自社に伝播させようとしている事例を紹介する。

ジョージア工科大学の「フラッシュポイント」

6:00……5:59……5:58……5:57……。デジタル時計の赤い数字が目の前でカウントダウンされていく。あなたはスタートアップの仲間と一緒に、六分間にわたり、四〇人の聡明で熱心な聴衆の前でプレゼンをする。この面々は、あなたたちから新鮮な真実を聞こうと手ぐすね引いて待っている。「これまで一週間、みなさんはなにをしましたか？」「先週、どのような新しいことを学びましたか？」「顧客やビジネスモデルについて、どのような真実を語れるようになりましたか？」「さらに多くの真実を知るために、来週なにをするつもりですか？」などと、厳しい質問が飛ぶ。

毎週火曜日の午後、ジョージア工科大学の「フラッシュポイント」――スタートアップ・エンジニアリング・スタジオと呼ばれる新しい試みだ（囲み記事「スタートアップ・エンジニアリングとは？」を参照）――に、週一回の上級クラスに参加する一〇～一五組の起業チームが集まる。

そこはオープンで自由闊達な空間で、一枚板のテーブルとアーロンチェアがいくつも置かれている。このクラスでは、受講生の成長を促すために注意深くカリキュラムが設計されており、そのなかでも最もドラマチックな活動がここで実践されるのだ。チームごとに短いプレゼンをおこない、それまでの一週間で学んだことを報告する。

そのあとは、質疑応答とフィードバックの時間だ（ときには、プレゼンをさえぎられる場合もある）。フラッシュポイントの創設者で所長のメリク・ファースト率いるベテランのメンターとアドバイザーたちが、率直な、多くの場合は批判的なフィードバックをおこなう。たいていは、曖昧な点をはっきりさせるための問いかけだ。実際にはどのように尋ねたのですか？　その問いを発したのは、どういう意図だったのですか？　相手はどのような反応を見せましたか？　その人たちは、どのような言葉を使いましたか？　その言葉は、どういう意味だと思いましたか？　どうして、あなたはそう受け取ったのですか？　あなたが確実にわかっていることはなんですか？

それぞれのチームのメンバーは二～五人。ほとんどは、持続的で大きく広がる可能性をもったビジネスを築くことを目指す新人起業家やベテラン起業家たちのチームだ。そのほかでは、企業から派遣されたプロダクトマネジャーやブランドマネジャーやイノベーション関連の専門職たちが集まってくる。目的は、（ファーストの表現を借りれば）未開拓の真の需要がある領域を見いだすこと、そしておそらくもっと重要なのが、フラッシュポイントのモデルと手法を会社に持ち帰って、イノベーションを刺激することだ。

スタートアップ・エンジニアリングとは?

スタートアップ・エンジニアリングとは、真の需要を見いだし、その需要に応えるために、成長可能なビジネスを築くことを目的とするプログラムないし枠組みのことである。スタートアップ・エンジニアは、ビジネスのターゲット顧客が生活で直面する大きな困りごとを見つけることに力を注ぐ。それは、多くの起業家が最初に根拠もなく想定する顧客ニーズとは異なるし、顧客自身が認識しているニーズとも異なる。スタートアップ・エンジニアは、顧客の改善目標について、そして既存の解決策がその目標を達成するのを妨げている要因について仮説を立てる。そのうえで、仮説の欠点を洗い出すための検証作業をおこない、その結果を受けて仮説に修正を加え、検証することを繰り返す。また、初期の新興企業につきもののリスクを把握し、限定し、緩和するための枠組みを活用して、ものごとの優先順位を判断し、進歩の度合いを測る。

スタートアップ・エンジニアリングのプロセスは、たいてい二人以上の創業者チームが約六カ月間にわたりフルタイムで没頭しなくてはならない。このプログラムを経験した新興企業の約三社に二社は、半年以内に真の需要を発見している。フラッシュポイントでは、受講生がその発見を土台に、ターゲット顧客がみずからの制約を克服して改善目標を達成する方法を提供できるように手助けをしている。そうすることで、新しい会社が安定的に利益を上げ、ビジネスの規模を拡大させられるように後押ししようというのだ。

出典：http://flashpoint.gatech.edu/startup-engineering.

火曜日のプレゼンは、すべての受講生にとって大勝負の場だ。ほとんどの人は、なんらかのアイデアなり構想なりに深い思い入れをいだいている。馬鹿にならない時間と金をつぎ込んでいる場合も多い。しかし、このプレゼンで（あるいは、フラッシュポイントの初期のどこかで）、そのアイデアが間違っていたとほぼ確実に思い知らされる。元受講生のマリオ・モンタグは、はじめてプレゼンをしたときのことを次のように振り返る（モンタグは、創業三年になる予測分析専門企業プレディクト社の創業者兼CEOだ。同社は最近、ベンチャーキャピタルから三六〇万ドルの資金調達にも成功した）。フラッシュポイントでプレゼンしたのは、自動車ローンに関する「ビッグアイデア」と信じるアイデアだった。

六カ月かけて練り上げたアイデアでした。最初のプレゼンでは、あえてテーマを絞り、そのアイデアの計り知れないメリットと、そのアイデアに基づいてできそうなことを詳しく話しました。そうすれば、聞き手が関心をもって賛同してくれると思ったのです。私は驚かされることになりました。経験豊富な起業家たちは、プレゼンの小さな隙にたちまち気づき、私たちが成功の前提としていた想定事項を見抜き、明白なリスク要因を指摘したのです。些細なことでも、その想定が正しいと立証できず、リスクを軽減できなければ、命取りになりかねない、とのことでした。

フラッシュポイントでは、顧客やビジネスモデル、自分自身に関していただいている想定について、徹底的に疑問をぶつけられる。毎週火曜日のクラスや、メンターとの面談、週一回のファースト所長との個別面談、ほかのチームとの対話、公式と非公式の免疫マップづくりの場（ときにはフラッシュポイントの開始前に免疫マップの作成をおこなう場合もある）などがその機会になる。

コカ・コーラ社のグラソー部門（ビタミンウォーターやスマートウォーターを扱うブランド）の上級グローバル・ブランドマネジャーを務めるケヴィン・バークは、フラッシュポイントの受講申し込みの際にファースト所長とはじめて面会したときのことをこう語っている。

最初の面談に臨んだとき、プランはすでに練り上げてありました。顧客層、商品、アプローチもはっきりしていた。フラッシュポイントに参加すれば、アイデアを素早く実現する手助けをしてもらえると思っていたのです。ところが、私たちがホワイトボードにプランを書くと、彼は立ち上がり、それをすべて消してしまった。正直言って、ぞっとしました。私たちは、自分たちの考えるブランドのアイデアにすっかり夢中になっていました。でも、彼いわく、プログラムに参加したいなら、もっと視野を広げ、これまでとは異なる形で顧客の言葉に耳を傾けてほしいというのです。

フラッシュポイントにおいては、顧客の言葉への耳の傾け方とその後の振る舞い方は、DDOの考え方と〝変革をはばむ免疫機能（ITC）〟の原則に強く準拠すべきものとされている。具体的には、以下のような問いが指針になる。あなたの顧客は、どのような人間性の持ち主か？　その人たちの改善目標、裏の目標、強力な固定観念はなにか？　顧客が〝変革をはばむ免疫機能〟を抑え込み、もっと自分らしくなるために、あなたはどのような商品やサービスを提供すべきか？　そのような商品やサービスを生み出し、提供するために、あなたはどういう人物であるべきか？　あなた自身は、どのような免疫システムを克服する必要があるのか？　どうすれば、フラッシュポイント内に安全と安心と支援を提供できるコミュニティをつくり、参加者が厳しい愛のムチにより挫折せず、それを受け止めて生かせるようにできるのか？

バークが顧客への理解とみずからのチームへの理解を深める過程で、免疫マップはどのような役割を果たしたのか？　コカ・コーラのマネジャーたちは、このアプローチにどのような反応を示したのか？　これらの点について、彼は次のように語っている。

わが社は、データにはすこぶる強いのですが、いつも同じ方法でデータを収集し使用していました。その点、フラッシュポイントは、別の方法を実践する機会になりました。私たちが世界中で聞き取り調査をおこなったところ、いくつかのテーマが浮かび上がり、その背後にある強力な固定観念が見えてきました。このプロセスを通じて、どのような新製品を開発すべきかがわかりました。また、新製品をつくる際に、内面の強力な固定観念が拒絶反応を引き起こすことを避け、あるいは拒絶反応にうまく対処する方法も見いだせました。受講生が〝変革をはばむ免疫機能〟のアプローチにのめり込み、その活用法に上達できるのは、所長がその方法論を活用して後押ししてくれるからです。彼はオフィスアワーの面談でも、それを実践していました。受講生はこんな問いを投げかけられます。いま、どういう状態なの？　命取りになる可能性がある最大の問題は？　それに答えると、彼がその問題についてマップをつくる。すると、受講生は次にどうすべきかが見えてくるのです。［コカ・コーラの］マネジャーたちにこの免疫マップの方法論を紹介すると、気に入ってくれて、そうした手法をもっと社内に広めてほしいと言われました。フラッシュポイントの考え方を社内に導入できたこと、それが私たちの成果の一つです。

フラッシュポイントにおける発達指向の文化は、本書で紹介してきたどの組織の場合よりも大きな広がりをもつ可能性をもっている。この活動では、企業の潜在的な顧客にまで目を向けて、発達指向の慣行を駆使することにより、その人たちの内面をありありと描き出すことも目指す。企業がプログラムに送り込んだメンバーの内面をマネジメントするだけでなく、新しい商品やサービスを試すと決断することを顧客にとっての「適応を要する課題」と位置づけ、その顧客の内面をマネジメントするべきだと考えるのだ。

受講生は、ターゲット顧客のマインドセットを考えるだけでなく、本当の顧客になってもらうために、どのような裏の目標と強力な固定観念を克服させる必要があるかをあぶり出すよう促される。また、受講生は、プログラムで実践するだけでなく、自分の会社に持ち帰れるような思考パターンも身につけられる。この点で、フラッシュポイントは、新興企業の培養器《インキュベーター》であると同時に、発達指向の強い組織、もっと言えばＤＤＯを増やすための培養器でもあるのだ。

フラッシュポイントが新興企業の培養器でもあり、ＤＤＯの培養器でもあるというのは、けっして偶然ではない。ファーストに言わせれば、発達を促すための慣行を導入し、慣行の実践を支援するコミュニティを築くことは、新興企業が成功できるかどうか——夢を現実に変えられるかどうか——を左右する重要な要素だからだ。

人は、世界のあり方に関して自分なりのささやかな理論をもって生きています。現実の世界はそんなに単純ではないのですが、自分の理論が想定しているとおりに世界が動いていないことになかなか気づきません。人が現実世界と乖離するのは、自分の理論どおりに世界が動くものと思い込むからです。人は自分の理論に合わせて〔商品やサービスを〕つくってしまう。そして、それが自分の理論には適合しているのに、実世界に適合していないことを思い知らされて、落胆し、驚くことになります。フラッシュポイントで明らかになったのは、起業家としての成功をもたらすような行動を取るためには、マインドセットを変える必要があるということです。ただし、マインドセットを変えるのは簡単ではありません。いくつかの原則を確立し、真実を見極めるための基準をもち、慣行を確立し、そして私のような人間にたびたびハッパをかけられなくてはなりません。[2]

世界をありのままに認識し、自分がどのような商品やサービスをつくるべきかを理解しても、それだけで自分とチームが変わることはありません。自己変革とチームの変革にも意識的に取り組む必要があります。それをしなければ、チームは成功できません。その点、私たちはチーム内に発達指向の文化を築く方法を発見しました。その文化に後押しされることにより、人々はお互いの〝変革をはばむ免疫機能〟に関心をいだくことができます。こうしたやり方が実際に大きな成果を生むようです。[3]

以上の事例から言えること

本章の冒頭で述べたように、ＤＤＯを始めるための方程式やチェックリストはない。それでも、ＤＤＯへの道を歩みはじめようとしている組織の描写を通じて、いくつかの必須要素を感じとれたことだろう。私たちが感じたのは、複数の側面に同時に取り組む必要性があるという点だった。

たとえば、ＤＤＯを始めるためには、「頭と心と手」をすべて動かす必要がある。この三つの要素がそろわなければ、最初の弾みがつかない。まず「頭」の要素から見ていこう。ＤＤＯになるための大きな境界線を越えるためには、**職場生活に個人の内面の要素を持ち込み、外面の行動だけでなく頭の中のことにも関心を向ける必要がある。**自分が感じていることや思っていることに、そして成長の妨げになっている感情や思考の土台を成す固定観念に光を当てなくてはならない。

しかし、善良な精神、言ってみれば「よき心」がそこになければ、誰も自分の内面を職場という公の場に持ち込みたいと思わないだろう。社員の能力を最大限引き出したいというだけの理由で、企業がＤＤＯを目指すとすれば、ＤＤＯというアイデアは、社員をコントロールするための新しい方法にしかならない。人的資源からより多くの利益を絞り取る道具になってしまうのだ。組織と個人が互いの可能性を開花させたいという強力な情熱をいだいていなければ、職場で個人の内面をさらけ出すよう求めることは、「自己改善」の名の下に懺悔と自己制裁を無理強いする結果を招く。そうなれば、職場は有害な場になる。自分の苦闘がつねに支援され、見守られ、共感を示されていると感じられなければ、不愉快な活動に熱心に取り組もうと思う人はいない。

職場に内面を持ち込むことと、職場に善良な精神があることは、ＤＤＯに欠かせない要素だが、これだけでは単なる意気込みの域を出ることができない。新しい職場生活のあり方が持続可能で目に見える形になっていないからだ。**そこで必要になるのが、「手」の要素、すなわち、繰り返し活用できる安定的な慣行や構造、ツールである。**人々とシステム全体が日々それを使って文化を築き、つくり変えていかなくてはならない。職場生活が一変するためには、「頭と心と手」の三要素が不可欠なのだ。

エッジを越えた成長──組織の内面

四象限のモデルも、ＤＤＯを目指す職場とリーダーたちに対して、いくつかの領域に同時に目を配り続けるよう促す。まず、ＤＤＯへの移行を成功させるためには、その道へ踏み出すきっかけとなる明確な理由がなくてはならない。それは、ビジネス上のチャンスや試練、脅威、実現していない夢などだ。その要素は、組織にとってきわめて重要なものである必要がある（モデルの左上の領域）。この条件が満たされていないと、最初に大きな障害にぶつかったときに（内的要因にしろ外的要因にしろ障害にぶち当たることは避けられない）、現状維持に引き戻そうとする力に対抗できない。

組織レベルの強力な目的は、社員一人ひとりの職場生活上の目的という形でも表現される必要がある（右上の領域）。さもないと、「森を見て木を見ない」結果になる。ここで問うべきなのは、次の二つの問いだ。

①　私はこの会社の社員として、ＤＤＯへの移行という目標に心震わせ、張り切っているか？
その目標を目指すことが自分にどのような意味をもつかを理解できているか？

②その移行を前進させるために、（リーダー層や会社だけでなく）私自身も変わる必要があるのか？
新しいことを求められ、役割が変わるのか？

DDOに移行するとき、組織と個人は、「技術的な課題」だけでなく「適応を要する課題」も克服することが求められる。そのため、DDOにいたる道は、四象限のモデルで言えば下半分の領域を通らざるをえない。たとえ組織を挙げて本気でDDOを目指す決意をしていても、その決意を集団レベルと個人レベルで突き崩しかねない内面の力学は、どのようなものか？　あなたの組織のグルーヴ（慣行とツール）とホーム（信頼できるコミュニティ）は、内面を外面に引き出すだけでなく、組織と個人が内面を変革し、成長するのを助けられるものになっているか？　こうしたことを問う必要がある。

DDOを目指す組織は、これらの側面の一部を偏重しないよう気をつけなくてはならない。これは、本書の著者である私たちにも言えることだ。本章の冒頭で述べたように、心理学的発想に傾きがちな私たちは、四象限のモデルの下半分、とくに右下の領域を偏重する傾向があるかもしれない。そうした傾向は、どのようにDDOへの歩みを始めるべきかについて、本章の事例からあなたが受ける印象にも影響を及ぼしている可能性がある。私たちは、誰もが自分のエッジ（能力の限界）に挑むようになるために、〝変革をはばむ免疫機能〟のアプローチが有益だと思っている。理由はここまで述べてきたとおりだ。しかし、システム全体に関わる組織的な側面にも同じくらい精力的に取り組む必要がないとは思わないでほしい。

私たちは、本書で取り上げたすべてのDDOの人たちに早い段階の草稿を渡して、感想と助言を求めた。その際、デキュリオンのブライアン・ウンガードが懸念を示したのは、そのような誤解を読者に与えないかという点だった。「〝変革をはばむ免疫機能〟のアプローチに問題があるわけではない」と、ウンガードは述べた。「素晴らしいモデルであり、方法論でもある。私たち自身はそれを活用し続けるつもりだ」。しかし、四象限の左下における活動の大切さが十分に表現されていないと、彼は心配していた。左下の活動は骨が折れるが、右下の活動を補完するものとして欠かせない、というのだ。「どのように力の要素と向き合うのか？　どのように、すべてのオペレーションに一貫性をもたせるのか？　どのように既存の外的要素と内的要素の障害を克服して変革を進めればいいのか？　変革を妨害する動きに――そうした動きが出てくることは避けられない――どのように対峙すべきか？　現在の能力と未来のニーズの間の食い違いにどのように対処すべきか？」。本章の事例でこの側面に関する記述が不十分だとすれば、それは、私たちがこれらの組織と関わって日が浅いためでもあるが、それ以上に、DDOを目指しはじめたばかりの組織との私たちの関わり方にまだ不十分な点があるためなのだろう。

あなたの「ホーム」を築く

DDOへの道を歩みはじめたばかりの組織が私たちの方法論で前に進もうとする場合、四象限の左下（組織・内面）の領域に深く関わり、その領域の活動を充実させるとは、具体的にどのようなことを意味するのか？

すでに述べたように、本章の五つの事例はすべて、左上の領域に関しては基準をある程度満たしている。ビジネス上の目標がはっきりしており、それが人々のやる気をかき立てているのだ。これらの目標は、個人に新しい要求をし、新しい役割を課す。これは右上の領域の話。そして、課題が適応を要するものだと理解していれば、おのずと図の右下、つまり個人の内面の領域に踏み込むことになる。以上の要素だけでも構わないかもしれないが、もし図の左下（組織・内面）の領域で課題に向き合う文化を――つまり、目標を達成するために、外部からの支援を受けたり、「特別なこと」をしたりせずに済む文化を――築きたいなら、ホームの要素を充実させる必要がある。

どんなに充実した慣行があっても、それを実践する環境（いわば慣行の「容器」）が安全で、安定性があり、全員のものになっていなければ、その慣行は自律的に存続できない。

「安全」というのは、誰かが自分の弱みをさらけ出して苦労している場合、その人の立場が強まりこそすれ、弱まることがない状況のことだ。けっして、自己改善に励んでいない人が許容されるという意味ではない。

「安定性がある」というのは、慣行とその背後にある精神が日々継続的に実践されるとみなせるという意味だ。驚かされるような経験がまったくないという意味ではないし、同僚と共謀したり取引したりすることで安全を確保できるという意味でもない。「きみはぼくの味方でいてくれるよね」といった話ではないのだ。

「全員のもの」というのは、このやり方を実践することに、みんなが暗黙に合意しているという意味だ。みんながやりたいと思い、一人ひとりがやろうと決意していなくてはならない。これは、みんなが同じ考えをもっているという意味ではないし、まして集団思考（グループシンク）の文化を築くという趣旨でもない。メンバーの意見がすべて一致しているのではなく、なにについての意見の一致・不一致を明らかにするかについて意見が一致しているのだ。

たとえば、ある人物のまずい意思決定の根本原因を解明するために議論しているとき、本当の原因を見いだせたか、誰かが示した分析をどう評価するかという点では、意見が一致しないかもしれない。しかし、このような活動に時間を割くことの価値については、意見の相違がない（ほかの大半の組織では、単なる人材育成の問題と軽んじられるかもしれないが）。そのような活動をすることに、みんなが同意したのだから。

本章で紹介した組織のなかでは、ジョージア工科大学のフラッシュポイントとサンコープ・パーソナル・インシュアランスの戦略イノベーション部門では、すでにこうした進化の兆候が見られる。フラッシュポイントでは、ビジネスプランに容赦ない質問や指摘が浴びせられても驚く人はいない。サンコープの戦略イノベーション部門では、新たに加わったメンバーがこのチームの流儀についてベテランから教育を受ける。チームの流儀で重んじられているのは、メンバーが常識や遠慮に縛られず、率直に意見を述べられるようにすることだ。おそらく、同部門は、こうしたことを素早く実践しやすかった面があるのだろう。複雑な組織ではないし、規模が小さくて、一つの会社ではなく一つのプログラムという性格が強いからだ。それでも、ほかの組織の参考になる点はある。

DDOへの重要な境界線を越えたいグループやチーム、部署や会社は、内面の取り組みをおこなうための環境を——安全で、安定性があり、全員のものである「容器」を——なんらかの形でつくらなくてはならない。

規範や合意やルールの共有

DDOへの重要な境界線を越えたと言えるためには、成長を目指す道筋についての規範や合意やルールを共有することが不可欠だと、私たちは考えている。

幹部向けのエグゼクティブ・コーチや強力なリーダー育成プログラムも、人の発達に関する強力な規範をメンバーに共有させ、力強い慣行を支えられる場合がある。これも一種の「ホーム」ではあるが、それは組織の内部で生まれて存続するものではない。私たちに言わせれば、それは二〇世紀型のやり方だ。また、チームや組織は、発達とは無関係の強力な文化を築き、その下で広く認知されて合意されている規範をつくり出せる場合もある（たとえば、軍の戦闘部隊、病院の手術チーム、航空管制官チームなどの高信頼性組織がそうだ）。このような場でも人が成長する場合はあるが、こうした組織をDDOとは呼べない。DDOとは、組織とメンバーが互いの成長を最も強力に支援する存在になるために設計された組織のことだからだ。

DDOを目指す組織は、成長を目指す道筋に関する規範をはぐくむために、次の問いをみずからに問いかけるといい。「お互いの成長のために、このような内面の取り組みをおこなえる環境をつくり出すには、私たちはなにを合意すればいいのか？　どのような合意を形成すれば、私たちはみずからの成長のために絶えず努力する（＝自分の成長）と同時に、同僚たちが絶えず成長し続ける（＝他者の成長）のを支援できるのか？」。この問いに答える際は、第3章で提示したDDOの典型的な特徴が参考になるかもしれない。たとえば、「地位には基本的に特権がともなわない」ということを確認すればいい。実際に、「地位には基本的に特権がともなわない」と、私たちは合意できているか？」といったことを確認すればいい。実際に、「地位には基本的に特権がともなわない」ようになっていれば、上司の主張に同意できなかったり、言っていることが理解できなかったりしたとき、部下は異を唱えることを義務と感じ、上司は部下の反論に腹を立てず、それを歓迎する。

ただし、このような合意をしさえすれば、規範に反する振る舞いを撲滅できるというものではない。地位の高い人物が部下から異論をぶつけられたとき、弁解がましい態度を取ったり、その部下を批判したりするケースはどうしても出てくる。第4章では、コンサルタントをマネジメントするためのコンサルタントを迎えることの是非をめぐる、ブリッジウォーター社内の意見対立を紹介した。

このようなことが起きても、「私たちはよいDDOではない」「私たちはDDOになるための資質をもっていない」などと、恥ずかしく思ったり、自分を責めたりする必要はない。ホームを構築し、維持し、強化する作業は、合意を形成して終わりではない。規範が絶えず破られることを前提に、違反行為を組織の学習カリキュラムに転換するための慣行（そうした慣行自体も、安全で、安定性があり、全員のものであるべきだ）を導入する必要がある。それができれば、規範に反する行為は、全員のための文化《エブリワン・カルチャー》においてみんなが学習するための機会になりうる。第4章のブリッジウォーターの事例では、「イシュー・ログ（問題の記録）」という慣行がその役割を果たした。

私たちは、規範に従わない人に学習させるためのきわめて有効な方法の一つが免疫マップづくりだと考えている。たとえば、上司に対してフィードバックをおこない、部下からフィードバックを受けるべきだという規範に同意したのに、実際にはなかなかそれを実践できない人がいるとしても、その状況を改めることは可能だ（そうすれば、本人も自分を責め続けずに済む）。それが「適応を要する課題」だと認識し、裏の目標と強力な固定観念に挑むという形で、よい苦闘をすればいい。第6章のノラ・ダッシュウッドとボブ・プリンスの例を思い出してほしい。「ほかの人の話に耳を傾けない」など、二人が免疫マップの第2枠に記した阻害行動は、本人の改善目標に反するだけでなく、共有されている規範や合意にも反する行動だった。

自分たちのことを省みると、私たちは、組織のＤＤＯへの移行を助ける技術を磨いていく過程で、「フォアハンド」（第１章参照）に頼りすぎていたことを認めざるをえない。四象限のモデルで言えば、右下（個人・内面）の領域という得意分野に偏っているのだ。その結果、私たちは図らずも、自分たち（そして、変革を手伝っている組織）を二〇世紀型のやり方に陥らせてしまう危険がある。組織の変革を支援するとき、内面の活動に関わる慣行（免疫マップなど）を実践するための環境（「容器」）を社内につくる後押しができなければ、私たちはその組織の日常業務と切り離された「特別」な活動の提供者になってしまう。組織は私たちという外部のコンサルタントに頼り、私たちが帰れば、おそらく慣行は継続されなくなる（一人ひとりの社員は個人レベルで慣行を実践し続ける場合もあるだろうが）。ホームが築けていないと、こういう結果になるのだ。

もう一つ指摘しておくべきなのは、現時点でのみずからの限界が見えてきても、自分を責める必要はない、ということだ。本書で主に取り上げた三つのＤＤＯにせよ、本章で紹介した組織にせよ、著者である私たちにせよ、そのほかの人たちにせよ、あらゆる個人と組織は、成長するチャンスを与えられるべきだ。しかし、その機会を与えられた人は、一人ひとりがよい苦闘をする責任がある。固い地表を突き崩し、新しい緑の芽が日の目を見られるように努めなくてはならない。私たちの場合は、バックハンドを改善するための取り組みに対する恐怖感や嫌悪感（免疫マップの第３枠の不安ボックス）を特定すること、集団の内面より個人の内面を偏重する傾向（第２枠の阻害行動）を「理にかなって」いて「きわめて有効」なものにしている自己防衛的な目標（第３枠の裏の目標）をあぶり出すこと、そして目標達成の足を引っ張っている思い込み（第４枠の強力な固定観念）を突き止めて検証することが必要かもしれない。

つねに「現在進行中」の取り組み——DDOの三六〇度評価

集団レベルの内面に関わる活動を強化し、どのような合意を形成したいかを考えるためには、ホームの構築がどこまで進んでいるのか、そしてどこを目指したいのかを確認できる手立てや見取り図があると便利だ。そこで私たちは、組織の現状を把握するための三六〇度評価の方法を考案した。以下のような問いに、データに基づいて答えていく。現時点で組織文化はどのくらい強い発達指向をもっているか？　もっとうまく人を育てるために、どのような発達上の強みを生かせばいいか？　DDOへの道における最大の障害はなにか？　どのギャップを埋めることから着手すべきか？　最も有望な道すじはどれか？　本格的なDDOと比較した場合、自分たちはエッジ、グルーヴ、ホームの各側面でどの程度のレベルに達しているか？　前回の三六〇度評価と比べて、どのくらいの前進があったか？

図7－3では、DDOの三つの軸（エッジ、ホーム、グルーヴ）をそれぞれ六つの要素に分解して示した。つまり、合計で一八の要素を挙げたことになる。たとえば、ホームの場合は、「自分についてのオープンさ」「自分の全人格に対する評価」「心理的な安全性」「リーダーの弱さ」「対立についての見方」「専門性についての見方」という六要素だ。この三六〇度評価の回答者は、いくつかの問いに答えることにより、一八の要素についての自分なりの評価をくだす（囲み記事「DDOの三六〇度文化評価——質問項目のサンプル」を参照）。

三六〇度評価の結果は、一つひとつの軸に関して、そして組織全体として、DDOへの歩みがどこまで進んでいるかをありありと描き出す。その結果を成熟したDDOと比較することもできるし、特定の部署と組織全体を比較しても興味深いかもしれない。

図7-3

DDOの360度評価の項目

エッジ（発達への強い欲求）
- **失敗**――ミスは、人の発達を促すチャンスとみなされているか？
- **問題の発見**――発達を促すために、問題を見つけたり、問題をつくり出したりすることがおこなわれているか？
- **自分の限界**――一人ひとりが自分の能力の限界に挑んでいるか？
- **同僚たちの限界**――人々は同僚の発達を積極的に支援しているか？
- **集団の限界**――組織として、集団レベルの固定観念を克服しようとしているか？
- **目的**――組織の目的が個人の発達と結びついているか？

ホーム（発達を後押しする安全で信頼できるコミュニティ）
- **自分についてのオープンさ**――人がみずからの限界をさらけ出すことは、発達の源として歓迎されているか？
- **自分の全人格に対する評価**――個人の強みは発達の源とみなされているか？
- **心理的な安全性**――チームや同僚同士の関係は、心理的に安全な場をつくり出せているか？
- **リーダーの弱さ**――リーダーもほかの人たちと同じように、発達のための活動に本格的に取り組んでいるか？
- **対立についての見方**――対立は発達の源とみなされているか？
- **専門性についての見方**――役職や経歴をもった専門性の持ち主への遠慮は、最小限にとどめられているか？

グルーヴ（発達を実現するための慣行）
- **学習の支援**――仕事と切り離された仕組みではなく、日々の仕事に組み込まれた学習支援の仕組みが発達のために活用されているか？
- **一人ひとりに適した役職**――個人の発達を後押しするために、役職や課題がつくり出されたり、修正されたりしているか？
- **フィードバック**――個人の発達上の目標について、誰もがつねにフィードバックをおこなったり、フィードバックを受けたりしているか？
- **慣行の定例化**――発達のための慣行は定例化されているか？
- **シンボル**――発達に関わる言葉や明示された原則があるか？
- **プロセスの改善**――メンバーは、発達を促すプロセスを改善することに体系的に取り組んでいるか？

DDOの360度文化評価——質問項目のサンプル

以下の記述がどの程度該当するかを１～５点で答える。
（まったく当てはまらない＝１、非常に当てはまる＝５）

エッジ

- 上司の個人レベルの改善目標を知っている。
- この会社は、金を稼ぐことより大きな目的を追求している。

ホーム

- 上司の考えに同意できないとき、それを上司に言うことを安全だと感じている。
- 人々は陰口を言わず、本音を直接かつオープンに語り合う。
- 上司は自分のミスを率直に認める。

グルーヴ

- チームでうまい具合に行っていないことがあれば、時間を取って原因を話し合う。
- チームの仕事のやり方が間違っていると思えば、それをほかのメンバーに言うことが期待されている。
- 人々の正式な役職が頻繁に変わる。
- 職場で新しい試練に挑み続けることを期待されている。

終わりのないプロセス

ニューヨークで、ある人がタクシーの運転手に尋ねた。「カーネギー・ホールにたどり着くには、どうすればいいですか?」。すると、運転手はこう答えた——「練習、練習、練習あるのみですよ」。有名なジョークだが、真理を突いている。

ブリッジウォーターのグレッグ・ジェンセンに言わせれば、文化を維持するのは、毎日戦いに赴くようなものだという。つねに戦い続けなければ、文化は守れないのだ。ネクスト・ジャンプのチャーリー・キムは、それを長い試合になぞらえる。デキュリオンのクリストファー・フォアマンは、古代ギリシャの哲学者アリストテレスの言葉を引いて、個人や集団の人格をはぐくむことは一生をかけた取り組みだと言っている。

私たちが本章で——そして本書全体を通して——やってきたのは、DDOを目指す人のために、マニュアルやチェックリストの類いを示すのではなく、コンセプトやツール、実在の組織の例を示すことだった。それを通じて、あなたがDDOへの道を踏み出すことを助けたいと考えたのだ。DDOを目指すことをやめないかぎり、あなたはこの道を歩み続けなくてはならないのだから。

エピローグ

職場での人の「あり方」を変える

私たちがこの本を書いたのは、職場での人の「あり方」を変えることへの関心を高めたかったからだ。この五〇年の間に、人々の職場での「行動の仕方」は目を見張る変化を遂げた。データと情報をどのように扱い、分類し、保存し、やり取りするかというのも、その一つだ。新しいテクノロジーが登場して、職場での「行動」の側面は根本から様変わりした。

一方、職場での人の「あり方」のほうはどうか？　会社はメンバーの能力以上のことを達成できないという考え方に同意する人でも、ビジネスを成長させるために人の成長に対してまったく新しいタイプの投資をせよと言われると、多くの疑問が湧いてくるだろう。たとえば、次のような厳しい問いをぶつけたくなるかもしれない。

本当に不思議なんです。同じ五〇年間に、人間についての——つまり人の学習と成長、そしてそれらに対して人々が示す抵抗についての——基本的な知識の面では、「行動」の側面のような目覚ましい進歩はまったくなかったのでしょうか？　現在の知識を生かす新しい方法は、本当にないのでしょうか？

既存の人材開発の枠組みをいじるだけで、未開拓の可能性を解き放てると思っていいのでしょうか？　いままでと同じことをより徹底して実行するだけで結果が変わると、期待する以外にないのでしょうか？

まったく新しい人の「あり方」の実践例はあるのですか？　画期的な科学的研究成果を土台に、強力で斬新な慣行《プラクティス》をおこない、複数年にわたって成功を収め続けている組織の例を教えてください。

いずれもまっとうな疑問だが、説得力のある解答はこれまで示されてこなかった。

疑問に答える試みがなされてこなかったわけではない。五〇年前、デジタル時代が幕を開けようとしていた頃、心理学者は、自分たちが人間の心理面に同様の一大革命を起こしつつあると思っていた。いわゆる「ヒューマン・ポテンシャル・ムーブメント（人間性回復運動）」だ。それは、人間の弱点や疾患に光を当てていた既存の心理学からの脱却を目指す動きだった。こうして、自己実現、強い自我、レジリエンスを扱う心理学が登場した。これらは、弱点と疾患ではなく心理面の強みと健全性にも注意を払うことを目的としていた。

しかし、一九六〇年代のヒューマン・ポテンシャル・ムーブメント（や同時期に登場した新潮流の多く）の成果は、いかなる公正な評価基準に照らしてもきわめて期待はずれと言わざるをえない。ポジティブ心理学、ストレングス・モデルの評価、序章で述べた「新しい所得」に関する主流派の幸福観など、この系譜に連なる最新のアプローチの前向きな側面は、確かに魅力的だ。しかし、人間の潜在能力《ヒューマン・ポテンシャル》を開花させるための変化を地道に推し進めていくという点では、強力な原動力になっているとは言い難い。

どうして、このような結果になったのか？　その理由は、ヒューマン・ポテンシャル・ムーブメントとその流れをくむアプローチが、強力な理論的土台や科学的方法論を欠いているという点にある。人間の潜在能力について明らかにしようと思えば、人の能力が段階的に開花していくプロセスに光を当てられる真の「発達」理論が必要だ。それは、人の強みと弱みの区分を絶対不変のものとは考えず、時間が経てば強みが弱みに変わり、克服すべき対象になる場合があることも認める理論でなくてはならない。

ここまで読んできた読者は知っているように、そのような理論は存在する。それは、ヒューマン・ポテンシャル・ムーブメントと同じ時期に誕生し、大学の研究室ではぐくまれてきた。最初は子どもの発達が主な研究対象だったが、いまでは大人の意識の発達と自己理解の成長について理解するための強力な手段になっている。最近は、最先端の脳科学と組み合わさって、人の成長を促す慣行とアプローチの土台を成すようにもなっている。そうした手法は、個人単位で実施した場合、さまざまなタイプの人たちに対して目覚ましい効果を上げてきた。

それを意識しているかどうかはともかく、その同じ理論の土台の上で職場における人の「あり方」を大きく変えるとすれば、具体的にはどのような形になるのか？　この問いの答えは――そして、先に挙げた厳しい問いのすべてに対する答えは――いまあなたがもっている本の中にある。本書で紹介した企業の数々は全体として、仕事をする場に対してあなたがもっているイメージを変えたに違いない。発達指向型組織（ＤＤＯ）は、組織と個人が互いの成長を後押しする最強の要素になる組織だ。ＤＤＯという組織のあり方は、インターネットとコンピュータが情報処理とデータ転送のあり方を根本から変えたように、人間と組織の可能性を開花させる方法論に飛躍的な変化をもたらすかもしれない。

＊＊＊

デキュリオン、ネクスト・ジャンプ、ブリッジウォーター、そしてノラ、ジャッキー、ウッディ――あなたが本書で見てきたのは、現実の組織と、そこで働く生身の人間たちだ。こうした組織と人々はみな、自己改善の過程にある。会社はノラ、ジャッキー、ウッディの成長を助け、ノラ、ジャッキー、ウッディは会社の成長を助けている。デキュリオンの用語を借りれば、両者が「一体」をなしているのだ。

本書で述べたように、この「一体」の精神を実践するのは容易でないが、それは不可能ではない。DDOの考え方を説明すると、人間の性質を理由に実現可能性に疑問を呈する意見がかならず出てくる。「自分を守ろうとし、自分を実際よりよく見せたいと思うのは、人間の避けられない性質だ」「人が職場で弱みをさらけ出すなどというのは、青臭い理想論だ。理屈としては素晴らしいけれど、人間はそういう生き物ではない」といった具合だ。

このような粗雑な人間観は、組織に対する見方にも投影される。「ビジネスの状況が厳しくなれば、営利企業が社員のためにこんなに時間を割くことはありえない。個人の成長の状況より、利益追求がつねに優先される」

しかし、本書の中であなたが遭遇した人たちは、架空の人物ではないし、どこかほかの惑星の住人でもない。一時的に我慢して、人間の性質に反する振る舞いをしているわけでもない。何年もの間、このような活動を続けているのだ。この人たちが働いている会社も、それを長年続けている。

そう考えると、「人間の性質」に関する常識が本当に正しいのか疑わしくなってくる。あと何人のノラやジャッキーやウッディが登場し、あといくつのＤＤＯが出現し、あと何年成功を収め続ければ、人間の性質に対する常識が変わるのか？　真に画期的な考え方とは、最初は既存の常識に反し、無謀なアイデアに見えるものなのだろう。だからこそ、固定観念を破壊できるのだ。そうしたアイデアは、人々の行動の仕方だけでなく、考え方も根底から揺さぶる。

＊＊＊

私たちにとって、デキュリオン、ブリッジウォーター、ネクスト・ジャンプの三社から学ぶことは非常に価値ある経験だった。類い稀な組織を訪ね、そこで働く人たちと一緒に時間を過ごしたことで、私たちの考え方と感じ方も根底から揺さぶられた。それまで別々の問題と考えていたこと、つまり個人や組織の外面と内面、組織の改善と個人の改善が不可分なものだと気づき、全体的な見方ができるようになったのだ。三社の実例に触発されて、自分たちの強い部分だけでなく弱い部分もチームの活動に持ち込んだ結果、私たちはより全人格的に活動に臨めるようになった。

本書の冒頭に記した警告をご記憶だろうか？　ＤＤＯに触れることにより、自分自身との向き合い方が変わるかもしれないという警告だ。私たち自身がそういう経験をしたのだ。私たちは、未知の世界を探求することを通じて、自分たちの内面をより深く知ることになった。ルーミーの詩「ゲストハウス」の精神を実践したと言ってもいいだろう。それはこんな詩だ。

人間は一つのゲストハウス。
毎朝、新しい客がやって来る。
喜び、憂鬱、意地悪さ——
一瞬湧き上がる感覚が
思いがけない客として訪ねてくる。
そのすべてを歓迎し、歓待しよう！
たとえそれが悲しみの群れで
家をめちゃくちゃにし
家財道具をすべて持ち去ってしまうとしても
すべての客を大切に扱いなさい。
新しい喜びを迎えられるように、場所を空けてくれているのかもしれない。
邪な考えやごまかし、悪意が訪ねてきても
戸口で笑って出迎えて
中に迎え入れなさい。
誰が訪ねてきても感謝しなさい。
その一人ひとりは、あなたを導くために
かなたから遣わされた存在なのだから。

序章では、人々が仕事に対して新しいタイプの「所得」を——旧来の物質的な意味での所得だけでなく、自分の内面のための所得（やり甲斐や幸福など）を——求めはじめたことを、好ましい傾向と位置づけた。そして、非常に長い歴史をもつ「幸福」の定義を紹介した。それは、幸福を「状態」（快適で苦痛のない状態）とみなす考え方である。社員に新しい「所得」を提供していることで近年脚光を浴びている職場の多くは、この考え方を土台にしている。

しかし、もう一つの幸福観があることも序章で指摘した。幸福を「プロセス」（可能性を開花させ、進化し、よりよい自分になる過程）とみなす考え方だ。この考え方に立つ人は、「ゲストハウス」に多くのものを受け入れる。よき苦闘、すなわち、新しい人生に向けた産みの苦しみを門前払いにしたりはしない。それは、自分が望む人間になるための案内役かもしれないのだから。

私たちは、仕事の——つまり、人が睡眠以外で最も多くの時間を割いている活動の——意義を大きく高められる職場が存在しうると証明するために、この本を書いた。そのような職場をつくれるという希望の種火を点火したかった。その種火をみんなで大きな炎に成長させたとき、なにが起きるのかを見るのが楽しみだ。

謝辞

ブリッジウォーター、デキュリオン、ネクスト・ジャンプという三つの類い稀な組織の人々には、感謝の気持ち、そしてそれ以上に称賛と愛情しかない。この数年間、彼らや彼女らは全身全霊をかけて私たちと一緒に学び、いまも一緒に学び続けてくれている。その過程では、透明性を重んじる組織の原則に従い、私たちをあらゆる場から締め出さず、すべての活動を見せてくれた。個人レベルと集団レベルの学習という親密な場に私たちを招き入れるという思慮と寛大さと勇気には、強い感銘を受けた。

とくに、ブリッジウォーターのレイ・ダリオ、グレッグ・ジェンセン、ボブ・プリンス、ザック・ウィーダー、ジョン・ウッディ、デキュリオンのノラ・ダッシュウッド、クリストファー・フォアマン、ジェフ・コブレンツ、ボブ・ロックヘッド、ブライアン・ウンガード、ネクスト・ジャンプのジャッキー・エドワーズ、チャーリー・キム、グレッグ・クンケル、ミーガン・メッセンジャー、エリーズ・ピアポントには深く感謝している。

ＤＤＯ研究チームの一員でもあるイナ・マーカル・ライターとチャーリー・リーの価値ある貢献と素晴らしい伴走者ぶりにも感謝したい。とくに、イナは、研究チーム自体をある種のＤＤＯにする先頭に立った。

草稿に目を通してコメントを寄せてくれた多くの人たちにも、お礼の言葉を伝えたい。ただし言うまでもなく、本書に欠陥があるとすれば、その責任はすべて私たちにある。ダイアン・アージリス、ジェニファー・ガーヴェイ・バーガー、ニコ・キャナー、ロレーヌ・ハイルブラン、ビル・ホジェッツ、ニール・ジャニン、マイケル・ユング、ビル・レイヒー、フレデリック・ラルー、エリック・レート、ローラ・ロジャーズ、ジー・スミス、ハリー・スペンス、ビル・トルバート。とくにジェニファー・ガーヴェイ・バーガーは、みずからがある組織と取り組んでいる活動について詳しく教えてくれた。マンダナ・ファフーディ・モバーガーは、丁寧に、そしてアイデア豊富に原稿整理をしてくれた。長く苦しめてしまったのに、ひとことも文句を言わずに付き合ってくれたハーバード・ビジネス・パブリッシングの編集者、ジェフ・キーオの知恵と忍耐にも感謝している。

私たちは、「発達への期待をいだくコミュニティ」を構想した友人のジム・ファウラーのことを忘れておらず、いまも高く評価し続けている。

最後に、私たち執筆チームは、お互いに対して、そして一緒に本書をつくり上げたプロセスに対して感謝の気持ちを表したい。五人で本を書くというのは、非生産的なストレスと緊張の原因になってもおかしくない。それが避けられたのは、私たちの学習の賜物だと思っている。少なくとも、この本の教訓がいくらか役立っていることは間違いない。

ロバート・キーガン
リサ・レイヒー
マシュー・L・ミラー
アンディ・フレミング
デボラ・ヘルシング

第3章

1. Carol Dweck, *Mindset: The New Psychology of Success* (New York: Random House, 2006).［キャロル・S・ドゥエック『マインドセット』（今西康子訳，草思社，2016 年）］
2. Karl E. Weick and Kathleen M. Sutcliffe, *Managing the Unexpected: Resilient Performance in an Age of Uncertainty* (San Francisco: Jossey-Bass, 2001).［カール・E・ワイク，キャスリーン・M・サトクリフ『不確実性のマネジメント』（西村行功訳，ダイヤモンド社，2002 年）］
3. Ray Dalio, *Principles* (Bridgewater Associates, 2011).
4. Edgar H. Schein, *Organizational Culture and Leadership* (San Francisco: Jossey-Bass, 1984).［エドガー・H・シャイン『組織文化とリーダーシップ』（梅津裕良，横山哲夫訳，白桃書房，2012 年）］

第4章

1. 私たちが研究した DDO はすべて，学習指向の活動に関して，自社のリーダーに教師およびファシリテーターの役割を担わせている．そして，その教師役のリーダーが学習者から大量のフィードバックを受けるようにしている．DDO では，リーダーであることが練習と成長の機会をもたらすのだ．

第5章

1. この仮説が正しいかどうかを確認する 1 つの方法は，ほかの 2 つの DDO を見ることだ．このきわめて重要なビジネス上の指標に関して，これらの企業に目を見張るべき点があるか？
　数年前，デキュリオンのリーダーたちは本社の大幅な人員削減を決めた．その際，社外の助言者たちはそろって，その決定をできるだけ長い間秘密にしておくよう勧めた．早々と退職してしまう社員や，やる気を失う社員が出てくることを防ぐためだ．しかし，同社のリーダーたちは，方針が決まるとすぐに社員たちに発表した．実際に解雇がおこなわれる何カ月も前のことだ．「私たちは考えている内容を完全に透明化しているので，コミュニティ全体が人員削減のプロセスの主人公になるようにしました」と，クリストファー・フォアマンは言う．「辞めてもらう人も残ってもらう人も，すべての社員の成長を後押しし続けました．その結果，残ってほしい人は一人も流出させずに済みました．たったの一人も失いませんでした」．ブリッジウォーターは、グレッグ・ジェンセンの言葉を借りれば「社員が働き続けるのが難しく，同時に，辞めるのが非常に難しい」職場だ．入社後の最初の 2 年間の退職率は 42% に達する半面，2 年以上勤め続けた人はその後ほとんど辞めないのだ．最近，10 年前に採用された人たちのその後を調べたところ，最初の 2 年で辞めた人が 40% 前後，10 年経ったいまも働き続けている人が約 50% だった．
2. Jeffrey T. Polzer and Heidi K. Gardner, "Bridgewater Associates," Case 413-702 (Boston: Harvard Business School, 2013), 4.
3. Daniel Kahneman, *Thinking, Fast and Slow* (New York: Farrar, Straus, and Giroux, 2013).［ダニエル・カーネマン『ファスト & スロー』（村井章子訳，ハヤカワ文庫，2014 年）］
4. Ronald Heifetz, *Leadership Without Easy Answers* (Cambridge, MA: Harvard University Press, 1998).［ロナルド・A・ハイフェッツ『リーダーシップとは何か！』（幸田シャーミン訳，産能大学出版部，1996 年）］

第6章

1. Robert Kegan and Lisa Laskow Lahey, *Immunity to Change* (Boston: Harvard Business School Press, 2009).［ロバート・キーガン，リサ・ラスコウ・レイヒー『なぜ人と組織は変われないのか』（池村千秋訳，英治出版，2013 年）］

第7章

1. Ken Wilber, *Integral Psychology: Consciousness, Spirit, Psychology, Therapy* (Boston: Shambhala, 2000.)［ケン・ウィルバー『統合心理学への道』（松永太郎訳，春秋社，2004 年）］
2. "What is Startup Engineering? with Merrick Furst," YouTube video, 8:43, featuring an interview with Scott Henderson, posted by "HypepotamusTV," June 24, 2013, https://www.youtube.com/watch?v=S-U1nqfOUPY.
3. "Merrick Furst Explains Flashpoint and Startup Engineering," YouTube video, 32:38, from the Atlanta CEO Council's Next Big Idea series, posted by "Flashpoint at Georgia Tech," July 24, 2014, https://www.youtube.com/watch?v=4EdA5pjaTT0).

原注

第 1 章

1. Brené Brown, *Daring Greatly: How the Courage to Be Vulnerable Transforms the Way We Live, Love, Parent, and Lead* (Garden City, NY: Avery, 2015).［ブレネー・ブラウン『本当の勇気は「弱さ」を認めること』（門脇陽子訳，サンマーク出版，2013 年）］
2. Josh Waitzkin, *The Art of Learning: A Journey in the Pursuit of Excellence* (New York: Free Press, 2005).［ジョッシュ・ウェイツキン『習得への情熱』（吉田俊太郎訳，みすず書房，2015 年）］
3. Joseph Jaworski, *Synchronicity: The Inner Path of Leadership* (San Francisco: Berrett-Koehler, 1996)［ジョセフ・ジャウォースキー『シンクロニシティ［増補改訂版］』（金井壽宏監訳，野津智子訳，英治出版，2013 年）］; and Peter M. Senge, *The Fifth Discipline: The Art and Practice of the Learning Organization* (New York: Doubleday, 1990).［ピーター・M・センゲ『学習する組織』（枝廣淳子，小田理一郎，中小路佳代子訳，英治出版，2011 年）］
4. Jeffrey T. Polzer and Heidi K. Gardner, "Bridgewater Associates," Case 413-702 (Boston: Harvard Business School, 2013).

第 2 章

1. Robert Kegan, *The Evolving Self: Problem and Process in Human Development* (Cambridge, MA: Harvard University Press, 1982); and Robert Kegan, *In Over Our Heads: The Mental Demands of Modern Life* (Cambridge, MA: Harvard University Press, 1994).
2. Stanley Milgram, *Obedience to Authority: An Experimental View* (New York: Harper and Row, 1974)［スタンレー・ミルグラム『服従の心理』（山形浩生訳，河出文庫，2012 年）］; Irving L. Janis, *Groupthink: Psychological Studies of Policy Decisions and Fiascoes* (Boston: Houghton Mifflin, 1982); and Paul 't Hart, *Groupthink in Government: A Study of Small Groups and Policy Failure* (Baltimore: Johns Hopkins University Press, 1990).
3. Keith Eigel, "Leader Effectiveness" (PhD dissertation, University of Georgia, 1998). アイゲルは，私たちがほかの研究者たちと共同で開発した主体客体インタビューの手法に従い，90 分間の面接調査を実施した (L. Lahey, E. Souvaine, R. Kegan, et al., *A Guide to the Subject-Object Interview* [Cambridge, MA: The Subject-Object Research Group, 1988]). 主体客体インタビューは，この 30 年間，世界中のあらゆる分野で用いられてきた．この方法を用いることにより，ある人がどの知性の段階にあるか，同じ段階のなかでどの水準にあるかを明らかにできる．評価のばらつきはきわめて少ない．
4. Paul T. Bartone et al., "Psychological Development and Leader Performance in West Point Cadets," paper presented at AERA, Seattle, April 2001; Phyllis Benay, "Social Cognitive Development and Transformational Leadership" (PhD dissertation, University of Massachusetts, 1997); Gervaise R. Bushe and Barrie W. Gibb, "Predicting Organization Development Consulting Competence from the Myers-Briggs Type Indicator and Stage of Ego Development," *Journal of Applied Behavioral Science* 26 (1990): 337–357; William R. Torbert et al., "Human Development and Managerial Effectiveness," *Journal of Group and Organizational Studies* 12, no. 3 (1987): 257–273; and William R. Torbert and David Rooke, "Organizational Transformation as a Function of CEOs' Developmental Stage," *Organization Development Journal* 16, no. 1 (1999): 11–29.
5. Nathaniel Branden, *The Six Pillars of Self-Esteem* (New York: Bantam, 1995), 22–23.
6. Chris Argyris and Donald Schön, *Organizational Learning* (Reading, MA: Addison-Wesley, 1978), 21.
7. Ibid.
8. 私たちがはじめて，この科学的知見を組織研究に導入したという印象を与えるつもりはない．構造発達理論の組織論への適用に先鞭をつけたのは，ビル・トルバートである（次の著作を参照．W. Torbert, and D. Fisher, *Personal and Organizational Transformations* [New York: McGraw-Hill, 1995]; W. Torbert, *The Power of Balance* [Thousand Oaks, CA: Sage Publications, 1991]）．最近の重要な研究としては，自己変容型の段階にある組織に関するフレデリック・ラルーの著作がある (F. Laloux, *Reinventing Organizations* [Brussels: Nelson Parker, 2014]).
9. Frederick Winslow Taylor, *The Principles of Scientific Management* (New York: Harper and Brothers Publishers, 1911).［フレデリック・W・テイラー『新訳 科学的管理法』（有賀裕子訳，ダイヤモンド社，2009 年）］

◉ 著者
ロバート・キーガン Robert Kegan
リサ・ラスコウ・レイヒー Lisa Laskow Lahey

リーダーシップ学習の専門サービス会社「マインズ・アット・ワーク」の共同創設者。ロバート・キーガンとリサ・レイヒーは、30年にわたって一緒に研究と実践に取り組んできた。二人の共著に、『なぜ人と組織は変われないのか』（英治出版）、『あの人はなぜウンと言わないのか』（朝日新聞社）がある。キーガンは、ハーバード大学教育学大学院教授（成人学習・職業発達論）。レイヒーは、同大学院教員。

（執筆チーム）
マシュー・L・ミラー Matthew L. Miller

ハーバード大学教育学大学院講師、学習・教育担当副学長。

アンディ・フレミング Andy Fleming

「DDO」の研究とコンサルティングの拠点である「ウェイ・トゥ・ゴー」社の共同創設者兼CEO。

デボラ・ヘルシング Deborah Helsing

ハーバード大学教育学大学院講師。「マインズ・アット・ワーク」の研修責任者。

◉ 監訳者
中土井僚 Ryo Nakadoi

オーセンティックワークス株式会社代表取締役。広島県呉市出身。同志社大学法学部政治学科卒。リーダーシップ・プロデューサー。「自分らしさとリーダーシップの統合と、共創造（コ・クリエイション）の実現」をテーマに、マインドセット変革に主眼を置いたリーダーシップ開発及び組織開発支援を行う。コーチング、グループファシリテーション、ワークショップリードなどの個人・チーム・組織の変容の手法を組み合わせ、経営者の意思決定支援、経営チームの一枚岩化、理念浸透、部門間対立の解消、新規事業の立ち上げなど人と組織にまつわる多種多様なテーマを手掛ける。過去携わったプロジェクトは食品メーカーの理念再構築、業績低迷と風土悪化の悪循環が続いていた化粧品メーカーのV字回復や、製造と販売が対立していた衣類メーカーの納期短縮など100社以上に及ぶ。アンダーセンコンサルティング（現:アクセンチュア）とその他2社を経て独立。2005年よりマサチューセッツ工科大学上級講師であるオットー・シャーマー博士の提唱するU理論の日本における啓蒙と実践にも携わり、現在に至る。著書に『U理論入門』（PHP研究所）、『マンガでやさしくわかるU理論』（日本能率協会マネジメントセンター）、共訳書に『U理論』『出現する未来から導く』（英治出版）がある。

◉ 訳者
池村千秋 Chiaki Ikemura

翻訳者。主な訳書に、キーガンとレイヒーの前著『なぜ人と組織は変われないのか』（英治出版）、『LIFE SHIFT』（東洋経済新報社）、『マネジャーの実像』（日経BP社）などがある。

● 英治出版からのお知らせ

本書に関するご意見・ご感想を E-mail（editor@eijipress.co.jp）で受け付けています。
また、英治出版ではメールマガジン、Web メディア、SNS で新刊情報や書籍に関する記事、
イベント情報などを配信しております。ぜひ一度、アクセスしてみてください。

メールマガジン　：会員登録はホームページにて
Web メディア「英治出版オンライン」：eijionline.com
X / Facebook / Instagram　：eijipress

なぜ弱さを見せあえる組織が強いのか

すべての人が自己変革に取り組む「発達指向型組織」をつくる

発行日　2017年 8月 9日 第1版 第1刷
2025年 3月 17日 第1版 第6刷

著者　ロバート　キーガン、リサ・ラスコウ・レイヒー
監訳者　中土井僚（なかどい・りょう）
訳者　池村千秋（いけむら・ちあき）

発行人　高野達成
発行　英治出版株式会社
〒150-0022 東京都渋谷区恵比寿南 1-9-12 ピトレスクビル 4F
電話　03-5773-0193　FAX　03-5773-0194
www.eijipress.co.jp
プロデューサー　下田理
スタッフ　原田英治　藤竹賢一郎　山下智也　鈴木美穂　下田理　田中三枝
平野貴裕　上村悠也　桑江リリー　石﨑優木　渡邉吏佐子　中西さおり
齋藤さくら　荒金真美　廣畑達也　佐々智佳子　太田英里　清水希来々
印刷・製本　中央精版印刷株式会社
装丁　重原隆
校正　小林伸子

ISBN978-4-86276-220-7　C0034　Printed in Japan

ロバート・キーガンの成人発達理論

なぜ私たちは現代社会で「生きづらさ」を抱えているのか

ロバート・キーガン著　中土井僚、鈴木規夫監訳　野津智子訳
対人支援の世界に革命（パラダイムシフト）をもたらした不朽の名著。職場、対人関係、親子関係……あらゆる場面における課題の根本原因を追求し、成人が発達するとはどういうことか、それを促すためには何が必要かを明らかにする。成人発達理論の世界的大家による、現代社会への鋭いメッセージ。

なぜ人と組織は変われないのか　ハーバード流 自己変革の理論と実践

ロバート・キーガン、リサ・ラスコウ・レイヒー著　池村千秋訳
変わる必要性を認識していても85%の人が行動すら起こさない――？「変わりたくても変われない」という心理的なジレンマの深層を掘り起こす「免疫マップ」を使った、個人と組織の変革手法をわかりやすく解説。発達心理学と教育学の権威が編み出した、究極の変革アプローチ。

ティール組織　マネジメントの常識を覆す次世代型組織の出現

フレデリック・ラルー著、鈴木立哉訳、嘉村賢州解説
これから私たちは、どんな組織・働き方・社会を選ぶのか？　従来のアプローチの限界を突破し、圧倒的な成果をあげる組織が世界中で現れている。歴史的スケールで解き明かす組織の進化と人間社会の未来とは。世界17カ国・60万部突破のベストセラー。

恐れのない組織　「心理的安全性」が学習・イノベーション・成長をもたらす

エイミー・C・エドモンドソン著、野津智子訳、村瀬俊朗解説
Googleの研究で注目を集める心理的安全性。このコンセプトの生みの親であるハーバード大教授が、ピクサー、フォルクスワーゲン、福島原発など様々な事例を分析し、対人関係の不安がいかに組織を蝕むか、そして、それを乗り越えた組織のあり方を描く。

U理論［第二版］　過去や偏見にとらわれず、本当に必要な「変化」を生み出す技術

C・オットー・シャーマー著　中土井僚、由佐美加子訳
自己・組織・社会のあり方を根本から問い直す――。VUCAの時代、私たちが直面する課題に対処するには、「過去から学ぶ」のでは到底足りない。必要なのは、「未来から学ぶ」ことである。経営学から心理学、認知科学、東洋思想にまで及ぶ学際的な研究と、多様な分野のイノベーターたちへの取材をもとにMITで生まれた変革理論の第二版。

学習する組織　システム思考で未来を創造する

ピーター・M・センゲ著　枝廣淳子、小田理一郎、中小路佳代子訳
経営の「全体」を綜合せよ。不確実性に満ちた現代、私たちの生存と繁栄の鍵となるのは、組織としての「学習能力」である。自律的かつ柔軟に進化しつづける「学習する組織」のコンセプトと構築法を説いた世界250万部のベストセラー、待望の増補改訂・完訳版。

「学習する組織」入門　自分・チーム・会社が変わる 持続的成長の技術と実践

小田理一郎著
ますます激しく変化し、不確実性を増す今日の事業環境。変化への適応力をもち、常に進化し続けるには、高度な「学習能力」を身につけなければならない。「人と組織」のあらゆる課題に奥深い洞察をもたらす組織開発メソッド「学習する組織」の要諦を、ストーリーと演習を交えてわかりやすく解説する。